管理学基础

（第2版）

主　编　王　婷　叶　娜　朱宏雁
副主编　于　玲　张珊珊　邹明芮
　　　　孙宗耀　王运来　陈明佳

北京理工大学出版社
BEIJING INSTITUTE OF TECHNOLOGY PRESS

内 容 简 介

本书根据高等职业教育人才培养目标及专业教学改革的需要，依据最新标准编写而成。全书共分为九个项目，主要内容包括管理与管理系统、管理思想与管理理论、管理环境与管理道德、计划、决策、组织、领导、控制、创新与创业等。

本书以培养学生的管理思维和实践能力为导向，每个项目由简短、有趣的情景案例导入，正文配有相关理论的案例分析、管理故事、二维码小视频、知识链接等。教材设计充分淡化理论的枯燥感，以提高学生学习管理学的兴趣。

本书深入浅出、通俗易懂，不仅适合作为高职高专经济管理类各专业教材，亦可供学生自学或管理工作人员参考使用。

图书在版编目（CIP）数据

管理学基础 / 王婷，叶娜，朱宏雁主编. --2 版
. --北京：北京理工大学出版社，2024.1
　　ISBN 978-7-5763-3519-4

　　Ⅰ . ①管… 　Ⅱ . ①王… ②叶… ③朱… 　Ⅲ . ①管理学
-高等职业教育-教材 　Ⅳ . ①C93

中国国家版本馆 CIP 数据核字（2024）第 041736 号

责任编辑：武丽娟　　　**文案编辑**：武丽娟
责任校对：刘亚男　　　**责任印制**：李志强

出版发行 / 北京理工大学出版社有限责任公司
社　　址 / 北京市丰台区四合庄路 6 号
邮　　编 / 100070
电　　话 / （010）68914026（教材售后服务热线）
　　　　　　（010）68944437（课件资源服务热线）
网　　址 / http://www.bitpress.com.cn

版 印 次 / 2024 年 1 月第 2 版第 1 次印刷
印　　刷 / 涿州市新华印刷有限公司
开　　本 / 787 mm×1092 mm　1/16
印　　张 / 14
字　　数 / 326 千字
定　　价 / 82.00 元

管理学是一门系统研究管理活动的普遍规律和一般方法的学科。尽管管理活动千差万别，但管理者在处理问题时，都要通过一定的计划、组织、领导和控制等职能来实现组织的目标。在实施这些管理职能时，其内容虽有所不同，但管理者要遵循的基本原理和原则却是一样的，这就是管理的共性，也是管理学所研究的对象。

"管理学基础"是管理类专业的专业基础课，也是市场营销、会计学、财务管理和工商管理等专业的必修课。通过本课程的学习，学生应掌握现代管理的基本原理、一般方法，并树立科学的管理理念，为进一步学习专业课和日后的实际管理工作奠定理论基础。

本书根据教育部对高等院校人才培养目标、培养规格、培养模式，以及与之相适应的基本知识、关键技能和素质结构的要求进行编写，在编写时力求做到理论联系实际，注重科学性、实用性和针对性，突出学生应用能力的培养。本书内容新颖、层次清晰、结构有序，注重理论与实际的结合，加大了实践运用力度。本书的基础内容具有系统性、全面性，具体内容具有针对性、实用性，满足专业人才素质的培养要求。本书在第一版的基础上，以党的二十大精神为指引，融入了思政元素，更新了教材案例，以更好地发挥铸魂育人的功能。

本书主要阐述了管理与管理系统、管理思想与管理理论、管理环境与管理道德、计划、决策、组织、领导、控制、创新与创业等内容。为方便教师的教学和学生的学习，本书各项目前均设置有"项目介绍""学习目标""技能目标"等，对该项目的教学要求做出了引导，并列出了该项目的重点内容和关键知识点。每个项目均由若干个"任务"组成，各任务均从"任务描述""任务分析""相关知识"和"任务实施"等环节展开阐述，符合学生的认知和学习规律，注重循序渐进，体现了职业岗位核心技能要求和工学结合、校企合作的特点。此外，每个项目后还设置了"项目测试"，便于学生对所学的知识进行检测，构建了一个"引导—学习—总结—练习"的教学全过程。

本书由山东工程职业技术大学王婷、叶娜、朱宏雁担任主编，于玲、张珊珊、邹明芮、孙宗耀、王运来、陈明佳担任副主编。王婷负责全书编写方案的设计、初稿、统稿和定稿等工作；各项目具体分工如下：叶娜编写项目一和项目二，王婷编写项目三和项目四，朱宏雁编写项目五，于玲编写项目六，邹明芮编写项目七，张珊珊编写项目八，孙宗耀、王运来、陈明佳编写项目九并负责本书的案例收集和整理。每位成员在不同的方面做出了贡献，具体分工使整本书更具可读性和实用性，希望给学生带来更多的学习启发和帮助。

本书在编写过程中参阅了大量的文献，在此向这些文献的作者致以诚挚的谢意！由于编写时间仓促，编者的经验和水平有限，书中难免有不妥和疏漏之处，恳请读者和专家批评指正。

编　者
2023 年 10 月

项目一 管理与管理系统·································(001)

    任务一 管理系统与职能·························(002)

    任务二 管理主体与客体·························(007)

    任务三 管理方法·······························(013)

项目二 管理思想与管理理论···················(020)

    任务一 管理思想·······························(021)

    任务二 管理理论·······························(027)

项目三 管理环境与管理道德···················(046)

    任务一 管理环境·······························(047)

    任务二 组织文化·······························(052)

    任务三 企业社会责任·························(057)

    任务四 管理道德·······························(063)

项目四 计 划·······························(068)

    任务一 计划职能概述·························(069)

    任务二 计划的编制与调整···················(078)

项目五 决 策·······························(087)

    任务一 决策职能概述·························(088)

    任务二 决策步骤·······························(095)

    任务三 决策方法·······························(098)

项目六 组 织·······························(107)

    任务一 组织职能概述·························(108)

    任务二 组织结构设计·························(114)

    任务三 职权配备·······························(122)

任务四　人员配备 ………………………………………………………（129）
任务五　组织变革 ………………………………………………………（133）

项目七　领　导 ……………………………………………………………（139）
任务一　领导职能概述 …………………………………………………（140）
任务二　指挥与协调 ……………………………………………………（147）
任务三　沟通与激励 ……………………………………………………（154）

项目八　控　制 ……………………………………………………………（167）
任务一　控制职能概述 …………………………………………………（168）
任务二　有效控制 ………………………………………………………（173）
任务三　控制过程 ………………………………………………………（176）
任务四　控制方法 ………………………………………………………（182）

项目九　创新与创业 ………………………………………………………（191）
任务一　创　新 …………………………………………………………（192）
任务二　创　业 …………………………………………………………（204）

参考文献 …………………………………………………………………（216）

项目一 管理与管理系统

📝 项目介绍

　　管理源于人类的共同劳动，是人们在一定的组织环境下从事的一种智力活动。通过管理，人们能够有目的、有秩序地组织生产，改善生活和从事其他社会活动。随着社会的不断进步、科学技术的迅速发展，组织任务的复杂化程度不断提高，人类社会日益需要通过集体协作来达成组织目标，管理越来越受到重视。本项目将对管理与管理系统的有关内容进行简单的介绍，以帮助学生初步认识该学科。

🎯 学习目标

　　(1) 熟悉管理的内涵，掌握管理系统与职能。
　　(2) 熟悉管理主体的概念，掌握管理主体的分类、技能等。
　　(3) 熟悉管理客体的含义，掌握管理对象的内容。
　　(4) 熟悉管理方法的含义，掌握管理方法的分类。

📍 技能目标

　　(1) 能够对管理有深入的理解，能够从管理系统的角度分析管理现象。
　　(2) 具有管理者的素质和技能，能够对管理客体进行科学管理。
　　(3) 掌握管理的各类方法，具备独立的管理能力。

🔷 案例引入

胖东来的成功秘诀

　　近年来，永辉、沃尔玛和家乐福等大型连锁超市在中国市场上关闭了上百家门店，但有一家扎根三四线城市的商超连锁——胖东来却活得风生水起，零售界有句话流传甚广：中国超市只有两种，胖东来和其他超市。

有人曾问于东来："你的经营秘诀是什么？"于东来回答道："很简单，你对咱人民多一点儿好，就啥都有了。我既然做零售行业的超市，我就想着怎样把这个民生问题给解决好，然后我有合理的回报，合理的利润，让顾客受益，让自己受益，让社会受益，形成这样的良性循环，自然就成了。"胖东来确实也是这样去践行的。

第一，胖东来不盲目开店、大举扩张。公司认为，在管理跟不上、服务能力不达标时，只会坑了顾客和员工。第二，胖东来把对顾客的服务体验做到极致，让顾客体会到了"上帝"的感觉。第三，虽然有着70亿的营收，但把利润的95%都分给了员工。一直以来，其员工工资都是河南零售行业内的最高水平，高于同行约30%。第四，胖东来杜绝一切加班，强调快乐人生。胖东来规定工作满一年的员工，每年强制带薪休假30天。在每年春节放假5天外又推出每周二闭店休假的制度，打破了中国零售业"白天永不歇业""节日即黄金时间"的规则。第五，胖东来在一方面建设关爱与快乐的文化同时，另一方面则狠抓制度管理。通过细致的制度规范、严厉的处罚制度矫正员工的不正确行为，强化服务的质量。

大多数同行讲供应链、讲KPI、讲市场占有率这些舶来品的时候，于东来在他的管理中更多地讲怎么尊重员工、尊重消费者，只要他们满意了，其他的目标便水到渠成。

结合上述案例，谈谈什么是企业管理？企业为什么要进行管理？

任务一　管理系统与职能

任务描述

什么是管理？大家对管理有怎样的认知？

任务分析

本任务要求学生掌握管理及管理系统的内容。

相关知识

一、管理的内涵

1. 管理的概念

【视频】管理的概念

管理，古已有之，但长期以来人们对管理的理解不尽相同。其中，最通俗的一种解释就是将管理界定为"管人"和"理事"，即对一定范围内的人员和事物进行安排与处理。尽管这种字面意义上的解释颇为精练，但难以严格地表达出管理本身所具有的完整含义。

管理始于人类有组织的活动，寓于组织之中，因而，要全面、准确地掌握管理的内涵，首先应该对组织有基本的认识。组织是一切管理活动的载体，也就是说，管理不可能独立于组织而单独存在。

管理就是通过计划、组织、领导和控制，协调以人为中心的组织资源与职能活动。具体而言，管理的目的是有效实现组织目标，管理的对象是以人为中心的组织资源与职能活动，管理的本质是协调，管理的职能是计划、组织、领导和控制，管理的性质是人从事的有目的的社会活动。

知识链接

"管"字，可以分解为竹和官。"竹"代表文化、知识，有范围；"官"象征权力。"管"可理解为通过文化和权力来进行管理活动。

"理"字，可以分解为王和里。"王"象征权威；"里"指老虎脊背上长短相交、有规律地分布的花纹，引申为事物的规律。"理"可理解为深入事物的本质，掌握事物的规律，掌握权力。管理就是在掌握一定知识和文化的基础上，在一定的管辖范围内，运用权力深入事物内部，研究事物发展规律，推动生产力的发展。

2. 管理的性质

（1）管理的科学性和艺术性。

1）管理的科学性。管理作为一项活动，存在着一系列基本的客观规律。人们经过长期的实践，归纳总结出了一系列反映管理客观规律的管理理论和方法。利用这些理论和方法来指导管理实践，又以管理活动的结果来衡量这些管理理论和方法，从而使管理的科学理论和方法在实践中不断地得到验证和丰富。因此，管理是一门科学，它以反映客观规律的管理理论和方法为指导，有一套分析问题、解决问题的科学方法论。

2）管理的艺术性。管理活动虽然可以遵循一定的原理和规律，但由于在管理过程中存在很多不确定因素，包括突发性、偶然性的因素，这些因素复杂多变，单靠管理理论和方法是不能够进行有效管理的。管理者必须在管理实践中发挥人的积极性、主动性和创造性，灵活地把管理知识与具体的管理活动结合起来，才能获得满意的管理效果。管理的艺术性强调管理活动除依靠一定的理论和方法外，还要灵活地运用这些知识和理论，以达到更好的效果。

管理是科学与艺术的结合，要求管理者既要注重管理理论的学习，又要灵活地运用管理理论。注重科学性与艺术性的结合，是实现成功管理的一项重要保证。

管理故事

小明起床

小明上学经常迟到，原因是晚上很晚才睡，早上起不来。爸爸每天早上6点半提醒小明起床，每次爸爸都会粗暴地推开门，大声说"起床啦，起床啦，再不起要迟到啦"。头几次小明还能起床，久而久之，小明对这种枯燥的行为感到厌烦，就是不起床。爸爸打了小明，更让小明产生强烈的抵抗心理。

对此，小明的妈妈换了一种方法，每天用不同的音乐唤醒小明，小明每天都带着兴奋的心情在想：明天起床时会放什么音乐呢？这样，就把抵触情绪转移到了好奇上来。从此，小明上学再也没有迟到过。

管理启示：要管理好具体的人，当然需要科学的管理方法，否则，对方就不会服从。但要取得最好的效果还需要讲究一定的技巧和灵活性，这样才能使对方心服口服，使管理更加有效。这就是管理的科学性和艺术性。

（2）管理的双重性。

管理的双重性是指在协作劳动中，管理既具有自然属性，又具有社会属性。

1）管理的自然属性。管理的自然属性是指在管理过程中要处理人与自然之间的关系，实现合理组织生产力的管理功能。管理的这一属性与生产力的发展相联系，反映了社会化大生产中各个方面配合协调，以提高生产效率的客观要求。因此，管理的自然属性与社会制度、生产关系无关，由自然属性所产生的与之相适应的管理手段、管理方法是通用的、具有共性的。

2）管理的社会属性。管理的社会属性是指在管理过程中要处理人与人之间的关系，维护一定的社会生产关系。管理的这一属性与生产关系、社会制度相联系，表现为在不同的历史阶段、社会制度和社会文化背景下，管理思想、管理目标乃至管理手段都会表现出一定的差异，使管理具有特殊性。管理的社会属性往往体现着统治阶级的意志，具有明显的政治性。

管理的自然属性存在于所有的社会经济形态中，反映社会化大生产的要求，不因社会制度的改变而改变，因此，管理是进行社会化大生产所必需的。而且，管理的自然属性决定了管理职能具有普遍性和永久性的特征。现代科学管理存在着共同规律与趋势，这为我们学习和借鉴发达国家先进的管理经验和方法提供了理论依据。管理的社会属性表明：管理总是在一定的生产关系下进行的，它与社会制度、生产关系相关。因此，不能盲目照搬国外的管理理论和方法，应当有区别、有选择地加以引进和运用，建立具有中国特色的管理科学，更好地指导我国的管理实践。

管理故事

袋鼠与笼子

一天，动物园管理员发现袋鼠从笼子里跑了出来。大家开会讨论，一致认为是笼子的高度过低，决定将笼子的高度由原来的10米加到20米。但第二天，袋鼠还是跑到外面了，他们决定将高度加到30米。没想到，隔天居然又看到袋鼠全跑到了外面。于是管理员们大为紧张，决定一不做二不休，将笼子的高度加到100米。

一天，长颈鹿和几只袋鼠闲聊，"你们看，这些人会不会继续加高你们的笼子？"长颈鹿问。"很难说，"袋鼠说，"如果他们再忘记关门的话！"

管理启示：管理者不从根源上寻找原因，仅凭主观臆断，是无法解决问题的。

3. 管理的意义

（1）组织目标的实现离不开有效的管理活动。

管理的载体是组织。组织具有明确的组织目标，组织成员在加入组织后，组织为其提供用于实现组织目标的资源或手段，使组织成员能够完成的任务远超个人所能及的范围，而且组织成员在推动组织目标实现的过程中，也能促进自身利益最大化的实现。但在缺乏管理的情形下，组织成员所制订的具体目标和行动计划具有多样性，有些目标和计划甚至相互冲突。因此，需要通过管理对组织成员的各种活动进行安排，以减少冲突和混乱，促进组织成员围绕共同目标努力。管理作为一种活动，在组织中是一直存在并发展着的。

（2）资源的稀缺使管理活动成为必要。

人类的需求具有无限增长和扩大的趋势，相对于人类无限的需求而言，在一定时间与空间范围内存在的资源总是相对不足。相对不足的资源与绝对增长的需求之间的矛盾，导致每个组织和个人在其生存和发展的过程中所能获取的资源都是非常有限的，整个社会能用于生产的资源也是有限的。管理的过程是对资源的价值进行评估、构建分配模式与协调机制的过程。对现代社会而言，每一个组织都需要通过有效的管理实现资源的合理分配与协调，以提高资源的使用效率，使组织的有限资源得到有效运用。

二、管理系统

1. 管理系统的含义

管理系统是由相互联系、相互作用的若干要素或子系统，按照管理的整体功能和目标结合而成的有机整体。关于管理系统，可以从以下几个方面理解。

1）管理系统是由若干要素构成的，这些要素可以看作管理系统的子系统，而且这些要素之间是相互联系、相互作用的。

2）管理系统是一个层次结构，其内部划分成若干子系统，并组成有序的结构。对外，每个管理系统又成为更大的社会管理系统的子系统。

3）管理系统是整体的，发挥着整体功能，即其存在的价值在于管理的功能。任何一个子系统都必须是为实现管理的整体功能和目标服务的。

2. 管理系统的构成

1）管理目标。管理目标是指人们在管理活动中，运用合理科学的管理措施后要达到的预期结果。管理目标是管理系统建立与运行的出发点和归宿，管理系统必须围绕目标来建立并运行。

📖 管理故事

游泳的故事

在海岸以西 21 英里的卡塔林纳岛上，一个 43 岁的女人准备从太平洋游向加州海岸。她叫费罗伦丝·查德威克。

那天早晨，雾很大，海水冻得她身体发麻，她几乎看不到护送她的船。时间一个小时一个小时地过去，千千万万人在电视上看着她。有几次，鲨鱼靠近她了，被人开枪吓跑了。

15 小时之后，她又累又冻得发麻。她知道自己不能再游了，就叫人拉她上船。她的母亲和教练在另一条船上。他们都告诉她海岸很近了，叫她不要放弃。但她朝加州海岸望去，除了浓雾什么也看不到……

人们拉她上船的地点，离加州海岸只有半英里！后来她说，令她半途而废的不是疲劳，也不是寒冷，而是因为她在浓雾中看不到目标。查德威克小姐一生中就只有这一次没有坚持到底。

（资料来源：百度文库）

管理启示：目标要切合实际，看得见，摸得着。看得见的目标才能激励人们去追逐它，才能促进人们形成动力，获得最终想要的结果。制定目标是明确做什么，完成目标是明确如何做，与其用一个高目标给员工压力，不如制定一个合适的目标并帮助员工制订行动计划，共同探讨障碍并排除，帮助员工形成动力。

2）管理主体。管理主体即管理者，是指掌握管理权力、承担管理责任、决定管理方向和进程的人。

3）管理对象。管理对象是管理者为实现管理目标，通过管理行为使其发挥作用的客体。管理对象不仅包括不同类型的组织，也包括各组织中的构成要素及职能活动。

4）管理媒介。管理媒介主要指管理机制与方法，是管理主体作用于管理对象的过程中运用的一些运作原理、实施方式和手段。管理机制是管理问题的核心，有什么样的管理机制，就有什么样的管理效果。

5）管理环境。管理环境是实施管理过程中的各种内外条件和因素的总和，包括自然环境、经济环境、社会环境及心理环境。管理环境对管理行为产生直接或间接的影响。

三、管理职能

1. 管理职能的含义

管理职能是指管理者在管理过程中的各种基本活动及其功能。管理的各项职能总体上为管理的目标服务。

2. 管理职能的内容

1）计划职能。计划职能的主要任务是在收集大量信息和资料的基础上，对组织未来环境的发展趋势进行预测，根据预测的结果和组织拥有的可支配资源建立组织目标，然后制订出各种实施目标的方案、措施和具体步骤，为组织目标的实现做出完整的谋划。

【视频】管理的职能

2）组织职能。组织职能有两层含义：一是进行组织结构的设计、构建和调整，如成立某些机构或对现有机构进行调整和重塑；二是为达成计划目标进行必要组织的过程，如进行人员、资金、技术、物资等的调配。

3）决策职能。决策是管理活动中的一项重要内容，是领导的一项基本职能，是领导者为达到领导目标而制定决策和实施决策的过程。对一个领导者来说，在某种程度上，领导就是决策，决策就是在多个可行的方案中选择一个满意方案的过程。因此，决策的前提是必须具备多个可供选择的可行方案，选择的原则是满意原则。

4）领导职能。领导职能是指组织的各级管理者利用各自的职位权力和个人影响力去指挥和影响下属，使其为实现组织目标而努力。为了使领导工作卓有成效，管理者必须了解个人和组织行为的动态特征，激励员工并进行有效的沟通。

5）控制职能。控制职能就是检查组织活动是否按既定的计划、标准和方法进行，及时发现偏差、分析原因并进行纠正，以确保组织目标的实现。控制职能与计划职能具有十分密切的关系，计划是控制的标准和前提，控制的目的是实现计划。

3. 管理职能之间的关系

管理的各项职能相互融合、相互交叉。在管理实践中，计划、组织、领导和控制职能一般是按顺序履行的，即先要执行计划职能，然后是组织职能、领导职能，最后是控制职能。

管理职能存在着普遍性与差异性。原则上讲，各级各类管理者的管理职能具有共同性，都体现在执行计划、组织、领导、控制这四大职能上；但同时，不同层次、不同级别的管理者执行这四大职能时的侧重点与具体内容又各不相同。

📖 知识链接

用人之道

去过寺庙的人都知道，一进庙门，首先是弥勒佛笑脸迎客，而在他的北面，则是黑口黑脸的韦驮。

相传，在很久以前，他们并不在同一个庙里，而是分别掌管不同的庙。弥勒佛热情快乐，所以来的人非常多，但他什么都不在乎，丢三落四，没有好好地管理账务，所以每天入不敷出。而韦驮管账虽然是一把好手，但成天阴着个脸，太过严肃，结果人越来越少，最终香火断绝。佛祖在查香火的时候发现了这个问题，就将他俩放在同一个庙里，由弥勒佛负责公关，笑迎八方客，而韦驮铁面无私，则负责财务。两人分工合作后，庙里欣欣向荣。

其实，在用人大师的眼里，没有无用之人，关键是看如何运用。

📋 任务实施

1. 任务讨论

讨论管理的概念，以及对管理的认识。

2. 任务执行

分组讨论。学生从自身经历出发，分析做过哪些方面的管理工作及对自己有什么影响，然后当众讲解。

3. 总结评价

让每位同学相互评分，教师总结。

任务二　管理主体与客体

📋 任务描述

什么是管理主体？管理主体应具备哪些素质和技能？什么是管理客体？

📋 任务分析

本任务要求学生掌握管理主体及管理客体的相关内容。

📋 **相关知识**

一、管理主体

1. 管理主体的概念

管理主体即管理者，是指履行管理职能，对实现组织目标负有贡献责任的人。传统的观点认为，管理者是运用职权，对人进行统驭和指挥的人，它强调的是组织中正式的职位和职权，强调管理者必须拥有下属，如企业的厂长、公司的经理、学校的系主任等。而现代观点则认为，管理者首要的标志是对组织目标负有贡献责任，而不是拥有权力。只要共同承担职能责任，对组织的成果有贡献，就应视为管理者，而不在于其是否有下属，如拥有知识并负有贡献责任的工程师也是管理者。另外，管理者除了指挥别人完成某项具体工作外，也可能承担某项具体工作。例如，一些公司的销售经理，除了监督及激励其下属完成指定销售额以外，自身也可能承担一部分具体的销售任务。

📖 **知识链接**

管理者角色

20世纪60年代末，加拿大学者亨利·明茨伯格（Henry Mintzberg）对总经理的工作进行了仔细的观察和研究。在大量观察的基础上，他于1973年提出了一个管理者究竟在做什么的分类纲要，其结论是管理者扮演着10种不同但高度相关的角色。这10种角色可以从总体上分为三大类型：人际关系角色，包括挂名首脑角色、领导者角色、联络者角色；信息角色，包括信息接收者或者监听者角色、信息传播者角色、发言人角色；决策制定角色，包括企业家角色、故障排除者角色、资源分配者角色、谈判者角色。这10种角色不能轻易分开，它们形成了一个整体。

例如，一家造纸厂有4名员工，张某是这家造纸厂的厂长。这家造纸厂正面临着一项指控：厂里排泄出来的废水污染了邻近的河流，因此，张某必须到当地的管理局为本厂申辩。王某是该厂的技术工程部经理，他负责协调自己部门的工作和销售部门的计划。李某负责厂里的生产管理，他刚接到通知：昨天向本厂提供包装纸板箱的供应厂商发生了火灾，至少在1个月内无法供货，而本厂的包装车间需要临时的解决方案。李某说，他会解决这个问题的。最后一个是罗某，她负责文字处理和办公室的工作。办公室里的职员为争一张办公桌刚发生了一场纠纷，因为该办公桌离打印机最远，环境比较安静。

在上面的案例中，张某、王某、李某、罗某都是管理者，但分别扮演了不同的管理者角色。

2. 管理主体的类型

（1）按管理者的层次分类。

按所处的管理层次，管理者可以分为高层管理者、中层管理者和基层管理者，如图1-1所示。

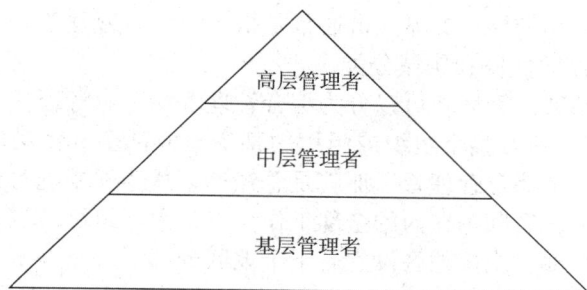

图 1-1　管理者的层次

1）高层管理者，指对整个组织的管理负有全面责任的人，是重大问题的决策者。其主要职责是制定组织的总目标、总战略，掌握组织的大政方针并评价整个组织的绩效。高层管理者在外界的交往中，往往代表组织，以"官方"的身份出现。

管理故事

丙吉问牛

西汉时期，有一个丞相叫丙吉。有一天，他到长安城外去视察民情，走到半路有人拦轿喊冤，查问之下原来是有人打架斗殴致人死亡，家属来告状。丙吉回答说："不要理会，绕道而行。"走了没多远，发现有一头牛躺在路上直喘气，丙吉下轿围着牛查看了很久，问了很多问题。人们议论纷纷，觉得这个丞相不称职，死了人不管，对一头生病的牛却那么关心。

皇帝听到传言之后，就问丙吉为什么这么做，丙吉回答："这很简单，打架斗殴是地方官员该管的事情，他自会按法律处置，如果他渎职，我再来查办他，我绕道而行没有错。丞相管天下大事，现在天气还不热，牛就躺在地上喘气，我怀疑今年天时不利，可能有瘟疫要流行。要是瘟疫流行，我没有及时察觉就是我这个丞相的失职。所以，我必须了解清楚这头牛生病是因为吃坏了东西还是因为天时不利。"皇帝听后非常赞赏。

管理启示：管理者应该清楚自己所处的层次和自己的职责，明白什么该管，什么不该管，有所为有所不为。

2）中层管理者，通常指处于高层管理者和基层管理者之间的一个或若干个中间层次的管理者，是决策的贯彻执行者。其主要职责是贯彻执行高层管理者所制定的重大决策，监督和协调基层管理人员的工作。与高层管理者相比，中层管理者更注重日常的管理事务。

3）基层管理者，又称一线管理者，指在组织中处于最低层次的管理者，他们所管辖的仅仅是作业人员，不涉及其他管理者。其主要职责是给下属作业人员分派具体的工作任务，直接指挥和监督现场作业活动，保证各项任务的有效完成。

（2）按职权关系的性质分类。

按职权关系的性质，管理者可以分为直线管理人员和参谋人员。

1）直线管理人员，是指有权对下级直接指挥的管理者。他们与下级之间存在着领导隶属关系，是命令与服从的职权关系。直线管理人员的主要职能是决策和指挥。直线管理人员主要指组织等级链中的各级主管，即综合管理者。

2）参谋人员，是指对上级提供咨询、建议，对下级进行专业指导的管理者。他们与上级是参谋、顾问与主管领导的关系，与下级是非领导隶属的专业指导关系。参谋人员的主要职能是咨询、建议和指导。参谋人员通常是指各级职能管理者。

（3）按管理者工作的性质和领域分类。

按工作的性质和领域，管理者可以分为综合管理者和专业管理者。

1）综合管理者，指负责整个组织或组织中某个事业部全部活动的管理者。对于小型组织来说，可能只有一个综合管理者，那就是总经理。总经理要统管组织内包括生产、研发、营销、人事、财务、后勤等在内的全部工作。对于大型组织来说，可能会按照产品类型分别设立几个产品分部，或按地区设立若干个地区分部。

2）专业管理者，指仅仅负责管理组织中某种职能的管理者。根据所管理的专业领域，可以将专业管理者分为生产部门管理者、研发部门管理者、营销部门管理者、人事部门管理者、财务部门管理者等。

3. 管理主体的素质

管理主体的素质，即管理者的素质，是形成管理水平与能力的基础，是做好管理工作、取得管理功效极为重要的条件。管理者的素质主要包括以下三个方面。

1）良好的身心素质。管理活动是一种艰苦的实践活动，要求管理者必须具有良好的身心素质。身心素质指管理者本人的身体状况与心理条件，包括健康的身体，坚强的意志，开朗、乐观的性格，广泛而健康的兴趣等。

【拓展知识】优秀管理者的 10 种素质

2）较高的政治文化素质。政治文化素质指管理者的政治思想水平和文化基础，包括政治坚定性、敏锐性；事业心、责任感；思想境界与品德情操，职业道德；人文修养与广博的文化知识等。

3）较好的业务素质。业务素质指管理者在所从事的工作领域内的知识与能力，包括一般业务素质和专门业务素质。

4. 管理主体的技能

管理主体的技能主要是指管理者为有效行使管理职能所需具备的知识、技术、能力和态度。根据罗伯特·卡茨（Robert L. Katz）的研究，管理者必须具备技术技能、人际关系技能和概念技能。

1）技术技能。技术技能是指运用特殊的专长或技艺，熟练完成某一专业领域内特定工作所需的能力，包括专业知识及熟练运用专业工具的技术等，如工程师、经济师、会计师等拥有专门的知识和技术。

2）人际关系技能。人际关系技能是指与处理人事关系有关的技能，包括理解、激励他人的能力，以及与他人良好合作的能力。

【视频】管理者的技能

3）概念技能。概念技能又称思维技能，是指纵观全局、辩证思考和分析解决综合问题

的能力。概念技能是一种洞察组织与环境相互影响的复杂性的能力，包括理解事物的关联性、判断关键性因素、确定和协调各方面关系、权衡不同方案优劣和内在风险的能力等。

处于不同层次的管理者应掌握和应用的技能有一定差异。一般而言，高层管理者主要应掌握概念技能，能很好地理解组织各部分之间的关系，对组织的战略发展方向和战略目标有清晰的把握和准确的定位，使组织更好地适应不断变化的环境。中层管理者应认识到自己在企业管理中的重要作用和地位，了解工作职责和任务，学会运用班前预测、班中控制、班后掌握的技巧，有效地防范、控制与解决现场的问题。基层管理者则需要有很好的技术技能，要在基层的作业环节中带领团队，实现企业的既定目标。不论是基层管理者、中层管理者还是高层管理者，对他们同等重要的则是人际关系技能。

二、管理客体

1. 管理客体的概念

管理客体，也称管理对象，是指管理者为实现管理目标，通过管理行为使其发挥作用的客体。管理是对一个群体或组织实施的行为，所以，管理对象首先可以理解为不同功能、不同类型的社会组织。任何社会组织为发挥其功能、实现其目标，都必须拥有一定的资源与要素，管理正是要对这些资源或要素进行配置、调度、组织，使管理目标得以实现。这些资源或要素就是管理的最终对象。组织要实现功能和目标，就必须展开职能活动，形成一系列工作或活动环节，管理对象之间的关系如图1-2所示。

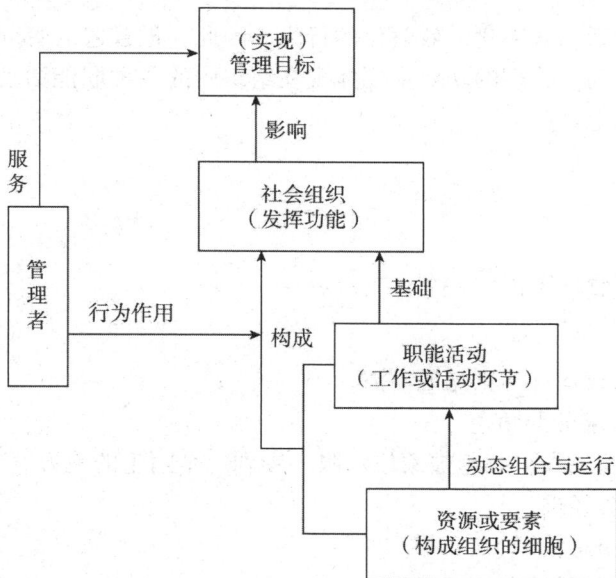

图1-2　管理对象之间的关系

2. 管理客体的内容

（1）社会组织。

社会组织是指为达到特定目的、完成特定任务而结合在一起的人形成的群体，既包括具有法人资格的群体，如政党、企业、学校，也包括法人组织内部的单位或部门，如生产车间、销售部门。

（2）资源或要素。

管理的主要任务除实现组织与环境相适应的目标外，还必须实现人、财、物、信息、技术、时间、社会信用等一切资源的优化配置，用最少的资源投入实现最佳的经济效益和社会效益，具体内容如下。

1）对人的管理，主要涉及人员分配、工作评价、人力资源开发等。

2）对资金的管理，主要涉及财务管理、预算控制、成本控制、资金使用、效益分析等。

3）对物的管理，主要涉及资源利用，物料采购、存储与使用，设备保养与更新，办公设施维护等。

4）对信息的管理，主要涉及对组织外部、内部信息的快速收集、传递、反馈、处理与利用，以及对发展趋势的准确预测等。

5）对技术的管理，主要涉及新技术和新方法的研发、引进与使用，各种技术标准和工作方法的制定与执行等。

6）对时间的管理，主要涉及合理安排工作时间并提高工作效率，以在最短的时间内达到组织目标等。

7）对社会信用的管理，如通过实践活动、媒体宣传和从事公益事业等手段，树立本组织良好的社会声誉和社会地位，为组织目标的实现创造良好的环境。

（3）职能活动。

管理是使组织的活动效率化、效益化的行为，因此，最普遍的管理对象是社会组织实现基本职能的各种活动。管理的功效主要体现在组织中的各种职能活动更有秩序、更有效率、更有效益地运行上。

任务实施

1. 任务讨论

讨论管理主体与管理客体。

2. 任务执行

模拟一个公司场景：看不见与说不清。

（1）同学们按要求分配角色。

1）三名学生扮演工人，一起被蒙住双眼，带到一个陌生的地方。

2）两名学生扮演经理。

3）一名学生扮演总裁。

（2）同学们按规则扮演各自的角色。

工人可以讲话，但什么也看不见；经理可以看，可以行动，但不能讲话；总裁可以看，可以讲话，也可以指挥行动，却被许多无关紧要的琐事缠住，无法脱身（他要在规定时间内做许多与目标不相关的事）。所有的角色需要共同努力，才能完成游戏的最终目标——把工人转移到安全的地方去。

3. 总结评价

企业上下级的沟通非常重要。事件完全根据企业现实状况而设计，总裁并不能指挥一切，他只能通过经理来实现企业的正常运转；经理的作用更重要，他要上传下达；而工人最需要的是理解和沟通。

这项任务的目的是使学生深刻地认识到，在工作中遇到问题，一定要以"角色转换"的心态来对待及处理。

任务三　管理方法

📋 任务描述

管理方法分为哪几类？

📋 任务分析

本任务要求学生掌握管理方法的分类。

📋 相关知识

一、管理方法的含义

管理方法，是指管理者为实现组织目标，组织和协调管理要素的工作方式、途径或手段。管理方法是管理机制的实现形式，管理机制的功能和作用是通过具体的管理方法实现的。

✍ 管理故事

特色的管理

王某是某大学管理学院的学生，在校期间热衷于参加学校举办的各种文艺活动，由于表现突出，被辅导员选为本院文艺部部长。

因学院最近要举办健美操比赛，王某从一年级学生中抽取了20名学生组成健美操队，为了能在比赛中得到好的成绩，她制订了详细的训练计划，如每天6：30在操场集合训练，一直训练到7：40；20：30训练到22：00……但是没过几天，就出现了人员出勤率不高、迟到早退、纪律松散、效率低下等情况。于是，王某以学生会干部的名义号召大家遵守纪律，按时参加训练，还宣布表现好的同学可以在学期末加素质拓展学分。刚过一天，在高强度的训练下，有的队员竟然提出要退出健美操队。这可急坏了王某，团队纪律松散的问题还没解决，眼下人员又出了问题。

王某静下心来，冷静分析了该团队中出现的问题：一开始队员纪律就比较松散，她没有及时督导，导致整个团队的团队意识淡薄；以学生会干部的身份去下"命令"，更是使大家积极性下降，素质拓展加分的诱导并没有起到很大作用。于是，王某约大家出来聊聊天，让队员将训练中的不满情绪宣泄出来，又单独跟几个"不合作"的队员谈工作、谈生活、谈学习，并让他们说出训练中存在的问题。没想到，队员们还真提出不少意见，王某根据这些意见改进了自己的工作方法。第二天，又请队员在饭堂吃了一顿还算丰盛的午餐，真诚地告诉大家学校对比赛的重视及对大家的期望，请大家共同制定健美操训练的纪律。在愉快的气氛中，王某解决了训练中的问题，也与其他人成了好朋友。

管理启示：管理方法不同，达到的效果也不一样。在实践中，管理者应针对具体情况，有意识地思考，采用最佳的管理方法。

二、管理方法的分类

管理方法按其作用的原理，可分为行政方法、法律方法、经济方法和教育方法。

1. 行政方法

行政方法是指依靠行政组织的权威，运用命令、规定、指示和条例等行政手段，按照行政系统的职权，有层次地进行管理。行政方法的主要形式有命令、指示、计划、指挥、监督、检查、协调等。

行政方法的主要特点是权威性、强制性、单一性、稳定性和时效性；局限性是由于这一方法强制干预，容易使被管理者产生抵抗心理，单纯依靠行政方法很难进行持久的有效管理。

2. 法律方法

法律方法是指借助国家法律法规和制度，严格约束管理对象，以便实现组织目标的方法。法律方法的主要形式有国家法律、法规，组织内部规章制度，司法和仲裁等。

法律方法的主要特点是强制性、规范性、严肃性；局限性是这一方法不适用于特殊情况，缺乏灵活性。

3. 经济方法

经济方法是根据客观经济规律，运用各种经济手段，调节不同经济利益之间的关系，以提高组织的整体经济效益与社会效益的方法。宏观管理中的经济方法主要有价格、税收、信贷等；微观管理中的经济方法有工资、奖金、罚款、经济责任等。

经济方法的主要特点是利益性、平等性和关联性；局限性表现在这一方法可能使被管理者过分看重金钱，影响其工作的主动性和创造性。

4. 教育方法

教育方法是通过宣传一定的精神观念，从真理性方面激发人们的理想，使之成为组织行为的动机，从而为实现组织目标而努力，如说服、讨论、谈心、奖励与批评等。

管理故事

"南风"定理

法国作家拉封丹写了一则寓言：北风和南风比威力，看谁能把行人身上的大衣脱掉。北风猛烈吹起，寒风凛冽刺骨，结果行人都把大衣裹得紧紧的；南风则徐徐吹拂，带来风和日丽之感，于是人们纷纷解开纽扣，脱掉大衣，因而南风获得了胜利。

管理启示：这则寓言形象地说明一个道理，即温暖胜于严寒。企业领导者在管理中要学会运用"南风"定理，真正去尊重和关爱下属，以人为本，推行严格中不失人情味的管理方式，使下属随时感受到温暖，从而去掉包袱，产生最大的工作积极性。

📖 **知识链接**

中国之治

　　中国之治，是指中华人民共和国成立以来，中国共产党领导人民治理国家的中国治理体制和中国治理道路。中国之治，是历史上从没有过的新型国家治理体系，体现着对解决人类面临共同问题的中国智慧，更具有中国气派、中国特色、中国风格。

　　一、治理历程

　　天下大治，是古往今来无数治国者孜孜以求的理想，也是中国共产党带领中国人民矢志不渝的追寻。

　　1957年，中华人民共和国的缔造者言语谆谆：我国的社会主义制度还刚刚建立，还没有完全建成，还不完全巩固。

　　1992年，改革开放的总设计师高瞻远瞩：恐怕再有30年的时间，我们才会在各方面形成一整套更加成熟、更加定型的制度。

　　2019年，新时代的领航人庄严宣示：我们已经走出了建设中国特色社会主义制度的成功之路，只要我们沿着这条道路继续前进，就一定能够实现国家治理体系和治理能力现代化。

　　二、治理逻辑

　　中国之治得益于中国制度科学管用，具有合实际、合规律、合目的的制度逻辑。合实际，是指中国制度符合中国历史实际、国情实际和时代实际；合规律，是指中国制度符合经济社会发展规律和制度发展规律，能够集中力量办大事，充分发挥优势和潜力；合目的，是指中国制度始终坚持以人民为中心，保障人民当家作主，在促进人的全面发展中解放和发展生产力。

　　三、治理智慧

　　中国之治，体现着党对解决人类面临共同问题的中国智慧，更具有中国气派、中国特色、中国风格。中国的高效治理，具有明显的制度优势和强大的自我完善能力，跳出"其兴也勃焉，其亡也忽焉"的历史周期律，创造了世界经济的奇迹，实现了经济快速发展和社会进步。新时代中国的国家治理体系和治理能力现代化，超越了西方政治家提出的"民治、民有、民享"的理念，创新实践着中华民族"大道之行，天下为公，选贤与能，讲信修睦"的理想，创新实践着马克思主义中国化。

　　四、治理体系

　　中国之治，是历史上从没有过的新型国家治理体系。它不是凭空照搬的"飞来峰"，不是简单延续中国历史传统的母版，不是简单套用马克思主义的模板，不是其他国家社会主义实践的再版，也不是国外现代化发展的翻版，而是立足党的领导和社会主义制度这个本根，吸收了古今中外一切有益经验，是先进国家治理理论和实践的集大成者。有外媒甚至认为，中国提出的推进国家治理体系和治理能力现代化，是继"四个现代化"之后提出的第五个现代化。推进国家治理体系和国家治理能力现代化，是要充分地发挥中国特色社会主义的制度优势，更好地集中力量办大事，让经济和社会发展更好地满足人民群众的新需要。

五、治理成果

中国之治、中国式民主取得了伟大的历史性成就，得到了最广大中国人民的衷心拥护。中华人民共和国成立七十多年来，在中国共产党领导下，久经磨难的中华民族迎来了从站起来、富起来到强起来的伟大飞跃，创造了世所罕见的经济快速发展奇迹和社会长期稳定奇迹。中国早已跃升为世界第二大经济体，人均 GDP 已连续两年超过 1 万美元。实践证明，中国特色社会主义制度符合中国发展实际，具有显著优势，中国人民有能力、有智慧解决好自身的问题。

任务实施

1. 任务讨论

讨论管理方法。

2. 任务执行

请同学们根据以下故事，分析管理方法。

三个和尚有水吃

有一句俗语叫"一个和尚挑水吃，两个和尚抬水吃，三个和尚没水吃"，并被拍成了动画片《三个和尚》。以前的"三个和尚没水吃"，说明人多了反而不如人少。如今，三个和尚的故事已经演绎为"一个和尚没水吃，三个和尚水多得吃不完"。

山上的和尚到底是怎么解决吃水问题的呢？

话说一座山上有三座寺庙，分别位于山顶、山腰和山脚。山上唯一的一口井在半山腰，为了解决吃水问题，三座寺庙的和尚采取了不同的方法。

（1）山顶和尚的做法。

问题：由于庙在山顶，山陡路长，三个和尚挑上满满一桶水，路途颠簸，回到庙里可能只剩下半桶水了，如果要挑满一缸水，会非常累。

方案 1：接力法。每个和尚负责 1/3 的路程，每到 1/3 的路程，就由另一个和尚接过去，这样就减轻了每个和尚的负担。而且他们排定了值日表，可以轮流选择 1/3 的路程，这样在挑水的路上还可以欣赏美丽的风光。

方案 2：双人搭配挑水制度。方案 2 是方案 1 的改进版。方案 1 在初期解决了挑水的和尚较累的问题，但是过一段时间就发现，在挑水过程中一个人会比较寂寞，不人性化，于是就提出了双人搭配挑水方案，路上每隔一段就换一次，两个和尚可以在路上说说笑笑，既轻松又可以在挑水的过程中互相学习，探讨深厚的佛理。

（2）山腰和尚的做法。

问题：由于水井就在半山腰，所以挑水非常容易，但是正是因为太方便，三个和尚都学着偷懒，总想着自己少干点，因此缸里的水一直满不了。

方案：制定合理的奖惩制度。

大家每人负责一口缸的挑水任务，每天谁缸里的水最多，谁就可以在晚饭加道菜，缸里水最少的那个就只能吃白饭，没有菜；如果三口缸都是满的，大家就可以因为工作出色而争取到吃小灶的权利。

实施这个制度后，三个和尚就拼命挑水，自然每个人的缸都是满的。如果一个和尚生病了或者有事，其他和尚也会主动代挑那缸水。这样，三口缸永远都是满的，三个和尚也就经常享受到吃小灶的权利。

（3）山脚和尚的做法。

问题：山脚和尚由于离井很远，而且山路崎岖，天天到山腰挑水非常累。

方案1：挖渠引水。由于水往低处流，三个和尚就挖渠引水。大家没日没夜地挖了七七四十九天，眼看水快到庙里了，发现有一块非常大的石头，使水无法引入庙里，而且渠道里的水经过流失，水流已经干涸。三个和尚精疲力竭，懊恼异常，辛辛苦苦挖了这么长时间，最后才知道线路选择得不对，为什么不提前勘探线路呢，挖渠太累了。

方案2：引水入流。经过方案1的挫折后，和尚们仔细思考，想到山上有很多很粗的竹子，可以利用这些竹子把水引下来。和尚们说干就干，做了详细的勘探线路，并仔细设计了工作进度，制订了一份详细的计划，并且不再像以前那样没日没夜地干活了，大家日出而作，日落而息，每日按进度完成工作。因为途中会遇到很多山石阻碍，和尚们就计划在环山路几个被石头阻挡的地方建水潭蓄水，将水引下山。砍来合适的竹子，掏空竹节，铺好竹路，完成引水工程，从此水就可以源源不断地引入庙，再也不需要人挑水了。

3. 总结评价

（1）小组长根据组员讨论表现评分。

（2）选派一名代表进行班级交流发言，教师根据发言内容对小组成绩进行评分。

（3）教师根据各小组提交的管理方法分析并进行评分。

实践训练

实训项目——企业调查与访问

1. 实训目标

（1）使学生结合实际，加深对管理系统的认识与理解。

（2）初步培养学生的现代管理者素质。

2. 实训内容

按下列要求，完成对企业的调查与访问。

（1）分组。由学生自愿组成小组，每组6~8人，并选出小组负责人。

（2）调查前的资料准备。每组选择所要调查的中小企业，并根据该企业特点制订调查访问提纲，包括调研的主要问题与具体安排。

3. 实训要求

学生能了解调查企业的下列问题。

（1）该企业管理系统的构成状况。

（2）企业中主要有哪些管理工作，属于哪种管理层次？这些管理工作的职责和权利是什么？做好这些管理工作都需要管理者具有哪些素质？如何培养？

（3）重点访问一位管理者，了解他（她）的职位、工作职能、胜任该职务所必需的管理技能，有哪些管理创新之处，以及可采用的管理方法等情况。

（4）该企业的一般环境与任务环境。

（5）该企业中有哪些你感兴趣的管理机制？

4. 实训考核与评价

（1）以小组为单位，由组长根据各成员在调研与讨论中的表现进行评估打分。

（2）由教师根据调查报告内容和PPT展示内容进行打分。

（3）将上述诸项评估得分综合为本次实训成绩。

案例分析

升任总裁后的思考

郭某最近被一家生产机电产品的公司聘为总裁。在准备接任此职位的前一天晚上，他回忆起他在该公司20多年的工作情况。

郭某大学学的工业管理，大学毕业后就到该公司工作，最初担任液压装配单位的助理监督。当时他对液压装配所知甚少，在管理工作上也没有实际经验，几乎每天都手忙脚乱。但他非常认真好学，一方面，仔细查阅该单位所定的工作手册，努力学习有关的技术知识；另一方面，监督长也主动指点他，使他渐渐摆脱了困境，胜任了工作。经过半年多的努力，他已有能力独自承担液压装配的监督长工作。可是，当时公司没有提升他为监督长，而是直接提升他为装配部经理，负责包括液压装配在内的四个装配单位的领导工作。

在当助理监督时，郭某主要关心的是每日的作业管理，技术性很强。而担任装配部经理时，他发现自己不能只关心当天的装配工作状况，还得进行此后数周乃至数月的规划，还要完成许多报告和参加许多会议，他没有多少时间去从事喜欢的技术工作。上任后不久，他就发现原有的装配工作手册已过时，因为公司已安装了许多新的设备，吸收了一些新的技术，于是他花了整整一年时间去修订工作手册，使之切合实际。在修订过程中，他发现要让装配工作与整个公司的生产作业协调起来，还需要进一步研究转化。他主动到几个工厂访问，学到了许多新的工作方法，并把这些方法用到修订工作中。由于该公司的生产工艺频繁发生变化，工作手册也不得不经常修订，但郭某完成得很出色。工作几年后，他不但学会了这些工作，还学会如何把这些工作交给助手去做，并教他们如何做好。他腾出更多时间用于规划工作和帮助他的下属，使下属工作得更好，他也有更多的时间去参加会议、批阅报告和向上级进行工作汇报。

在担任装配部经理6年之后，该公司负责规划工作的副总裁辞职，郭某便主动申请此职务，此岗位需同另外5名竞争者竞争。由于表现出色，郭某被正式升为规划工作副总裁。他自信拥有担任此项新职务的能力，但职务的工作复杂，使他在刚接任时碰到了不少麻烦。但他还是渐渐适应了，并做出了成绩，后来被提升为负责生产工作的副总裁，而这一职位通常由该公司资历最深、辈分最高的副总裁担任。现在，他又被提升为总裁。

郭某深知一个人出任公司最高主管职位时，应该相信自己有处理可能出现的任何情况的才能，但他也明白自己尚未达到那样的水平。想到明天就要上任了，今后数月的情况会怎么样，郭某不免为此而担忧！

请根据上面的案例，回答以下问题：

（1）郭某当上总裁后，他的管理职责与过去相比有哪些变化，他应如何去适应这些变化？

（2）郭某要胜任公司总裁的工作，需要具备哪些重要的管理技能，他具备这些技能吗？

（3）假如你是郭某，你认为当上公司总裁后，自己应该在哪些方面努力，才能使公司取得更好的成绩？

项目测试

一、单选题

1. 管理的本质是（　　）。

A. 计划　　　　　　　　　　　　B. 控制

C. 协调　　　　　　　　　　　　D. 组织

2. 管理的双重性是指（　　）。

A. 科学性和艺术性　　　　　　　B. 主观性和客观性

C. 自然属性和社会属性　　　　　D. 普遍性和特殊性

3. 管理方法按其作用的原理，分为行政方法、法律方法、经济方法和（　　）。

A. 民主方法　　　　　　　　　　B. 逻辑方法

C. 科学方法　　　　　　　　　　D. 教育方法

4. 关于管理者技能，下列选项错误的是（　　）。

A. 技术技能　　　　　　　　　　B. 控制技能

C. 人际关系技能　　　　　　　　D. 概念技能

5. 组织的各级管理者利用各自的职位权力和个人影响力去指挥和影响下属，使后者为实现组织目标而努力的过程，称为（　　）。

A. 计划职能　　　　　　　　　　B. 组织职能

C. 领导职能　　　　　　　　　　D. 控制职能

6. 王强向营销副总裁上报工作内容，同时他又是监督者，一些基层员工直接向他汇报，那么王强是（　　）。

A. 基层管理者　　　　　　　　　B. 中层管理者

C. 高层管理者　　　　　　　　　D. 执行者

二、简答题

1. 管理活动有什么意义？

2. 管理系统由哪些部分构成？

3. 如何理解管理的二重性？有何重要意义？

4. 如何对管理人员进行分类？不同层次的管理人员有何差异？

项目二　管理思想与管理理论

项目介绍

　　从古至今，管理思想不断引领人类向前发展。回顾管理学发展的历史，其间产生了很多优秀的管理思想，有些至今仍在指导着人们的实践。系统地研究管理思想史，有助于透析不同管理思想产生的文化背景，把握管理思想及其主要流派的来龙去脉，构建管理知识的概念体系，为管理技术和方法的应用打下坚实的理论基础。

学习目标

　　(1) 熟悉中西方古代管理思想及演进历程。
　　(2) 熟悉管理理论的产生。
　　(3) 掌握古典管理理论。
　　(4) 掌握现代管理理论。

技能目标

　　(1) 能够了解中西方古代管理思想，取其精华，去其糟粕。
　　(2) 能够应用现代管理理论分析和处理实际的管理问题。

案例引入

格力，让世界爱上中国制造

　　格力集团成立于 1985 年 3 月，经过 30 多年的发展，目前已成为珠海市规模最大、实力最强的集团企业之一，其家用空调产销量自 1995 年起连续 22 年位居中国空调行业第一，自 2005 年起连续 16 年位居世界第一。

格力让世界爱上中国造。"爱"体现了格力对消费体验的尊重，时刻以满足顾客对美好生活的需要为己任；"中国造"是指格力作为中国制造业的一员，勇于为中国制造业奉献的责任担当和使命追求，以及质量自信的匠人匠心。

格力在实现中国制造的道路上一直秉承匠心精神。第一，格力的匠心精神是指少说空话，多干实事，将社会效益、企业的长远利益放在更高的位置。第二，格力的匠心精神是指不断挑战自我，不断给自己"挑刺"，对产品追求完美，力求达到与消费者的无缝对接。第三，格力的匠心精神是不拿消费者当试验品，产品要以满足消费者需求为追求，为人们的美好生活赋能。匠心精神造就了格力产品过硬的质量。

在企业文化方面，格力形成了以"实、信、廉、新、礼"为核心的价值观，以"忠诚、友善、勤奋、进取"为企业精神，以"少说空话、多干实事"为工作态度，做世界一流产品，服务于全世界。公司以人为本，尊重员工，"任人唯贤，人尽其才"，建立全程式培养、锻炼、任用、提拔的人力资源体系。在科技创新方面，格力十分注重创新，在科技创新的资金投入颇高，为研究人员提供大展拳脚的机会，因此，格力在科技创新方面一直都遥遥领先于其他企业。在制度管理方面，格力坚持细节决定成败，公司治理必须坚持原则，遵守制度。因此，格力制定了严苛的管理制度，培养了一批遵守规则、执行力强的格力员工。在人才管理方面，牢固树立人才资源是企业第一资源的观念。格力认为优秀的企业要有担当，要懂得给员工创造安全感，让员工有依赖感，因此，企业除了制定严格的制度外，还应有相关的人才福利政策，同时，不合格的员工要及时淘汰。

格力管理最大的一个特点就是狠抓制度。董明珠在多次的演讲中提到：一个企业的成功，不仅仅是营销的成功，更是靠技术领先和管理领先。一个优秀的管理制度，是良好企业文化的催化剂，是企业无形资产的重要组成部分。

结合上述案例，谈谈格力的成功体现了哪些管理思想？

任务一　管理思想

📄 任务描述

如何理解中国古代的管理思想？怎样学习西方古代的管理思想？

📄 任务分析

本任务要求学生收集大量有关管理思想的资料，整理中国、西方的古代管理思想，提高对管理的认知能力和判定能力。

📄 相关知识

一、中国古代管理思想

中国古代有着丰富的管理实践并产生了很多精辟的管理思想，涵盖了政治、军事、经济、工程等各个领域。例如，由李冰父子主持修建的集分洪、灌溉、排沙等诸功能于一体的都江堰水利工程，隋朝人工挖建的京杭大运河等，这些伟大工程无不凝聚了我们祖先的管理才能和丰富的管理思想。在浩如烟海的古代政治、军事、历史等著作中，也蕴涵着十分丰富的管理思想，如《论语》《老子》《孙子兵法》《三十六计》《资治通鉴》《史记》《菜根谭》等古籍中的管理思想，至今仍备受世界各国管理界的推崇。

在国家治理方面，我国古代的管理思想主张以人为本，提倡"德治"和"仁政"，强调爱民、富民。孔子竭力主张"行仁德之政，因民之所利而利之"，以"仁"为核心、以"礼"为准则、以"和"为目标是他以德治国思想的主要内容。战国末年，荀子专门著有《富国篇》，历代人士论述富国强兵之道的内容也载满史册，如春秋时期管子说："政之所兴，在顺民心；政之所废，在逆民心"（《管子·牧民》）。孟子说："得天下有道，得其民，斯得天下矣"（《孟子·离娄上》）。西汉贾谊说："闻之于政也，民无不为本也。国以为本，君以为本，吏以为本"（《新书·大政上》）。在人事管理方面，我国古代管理思想有关选人、用人、激励人方面的论述极为丰富。尊重人才、知人善任是我国历代推崇的优良传统，如春秋末年墨子说："尚贤者，政之本也"（《墨子·尚贤》）。荀子说："欲立功名，则莫若尚贤使能矣"（《荀子·王制》）。诸葛亮总结汉朝的历史经验说："亲贤臣，远小人，此先汉之所以兴隆也；亲小人，远贤臣，此后汉之所以倾颓也"（《前出师表》）。在用人方面，坚持"德才兼备、以德帅才"的用人标准，用人之所长而避其所短，正确挑选，全面考核，既用人又育人，不拘一格用人才等，都有详尽的论述。《晏子春秋》则把对人才"贤而不知""知而不用""用而不任"视为国家的"三不祥"，其害无穷。在激励人方面，强调团结（"人和""和为贵"），做好思想工作，赏罚公正，讲究艺术等论述，都给人以启迪。

在生产经营管理方面，因长期轻视工商业，古人的论述相对较少，但历史上也出现过杰出的工商业家，如子贡、范蠡、白圭等。他们不仅取得了巨大的财富，而且提出了卓越的经营管理思想和方法。管仲强调经营管理要顺应事物自身的客观规律，"不通于轨数而欲为国，不可"；办事要从实际出发，认为"动必量力，举必量技""不为不可成，不求不可得"；主张办一切事情必须统筹谋划，提出"事无备则废""以备待时"的观点。司马迁《史记》中的《货殖列传》，既从宏观上阐述了富国之策，又从微观上总结了"治生"之道。他在总结白圭经营成功的范例时引用白圭语，"吾治生产，犹伊尹、吕尚之谋，孙吴用兵，商鞅行法是也"（《史记·货殖列传》）。此外，他提倡"能巧致富"和"节俭致富"（《史记·货殖列传》）。在强化预测、正确决策、诚实经营、讲求信誉、竞争有术等方面，古人的精辟论述也不少。

在理财管物方面，孔子主张"崇俭"，"节用而爱人，使民以时"（《论语》）。墨子主张"俭节则昌，淫佚则亡"（《墨子·辞过》）。荀子主张富国与富民并举，提倡"上下俱富"，为此必须"节其流，开其源，而时斟酌焉。潢然使天下必有余，而上不忧不足"（《荀子·富国》）。这些观点都说明，"开源节流""崇俭拙奢"是我国历来倡导的思想。中国古代对物进行管理的一个指导思想就是"利器说"。孔子说："工欲善其事，必先利其器"（《论语》）。《吕氏春秋》指出，使用利器可达到"其用日半，其功可使倍"的效果。对财物保管和收纳支出也早有制度，并有专门官员分类管理。

在管理的方法论方面，我国古代管理思想也贡献卓越，如系统思想的起源可追溯到春秋战国时期，它重视事物的整体性，重视事物之间的区别和内在联系，重视人对客观事物的适应和促进，这种思想源远流长。

管理故事

张瑞敏与中国传统文化

海尔文化是"以德服人"。海尔集团的总部在山东青岛，那里儒道文化非常盛行。海尔集团的总裁张瑞敏儒学造诣极高，他到美国演讲，很多地方使用的是文言文，台下的教授都听不懂。后来记者采访台下的学者，他们就说"高深"。张瑞敏在国内企业家中，对儒学与墨学乃至道学的研究最深，是国内少数能将《孙子兵法》《道德经》倒背如流的企业家之一。

管理启示：我国古代的管理思想，涵盖了政治、军事、经济、工程等领域，有很多可以应用到现在的企业管理中。但是对于文言文，现代人理解是比较困难的，要适地而用。

知识链接

儒商文化

我国传统文化源远流长，历史上，儒家思想曾被成功地运用于经济领域，形成了独具特色的儒商文化。儒商是儒家伦理价值观念与商业经营活动有机结合的产物，儒商经营理念和儒商文化是儒商在长期的商业经营活动实践中沉淀而成的，它对当前的企业经营发展有着重要的启示意义。

儒商文化以儒家学说的价值观、道德观为取向，体现了儒商在日常经营、生意往来和为人处事时的思维方式和处事准则，有其独特的文化模式。儒商文化有如下内涵。

1. 仁者爱人的人本思想

"人本"与"仁爱"是儒家思想的核心理念，也是诸多儒家著述中反复提到的精神与思想。"仁爱"来源于"人本"，儒家思想将"人"放在宇宙和人类世界的中心，进而衍生出"由此及彼"的"仁爱"思想，这也是中国儒商所秉承的核心经营理念。只有处处以人为本，多为顾客与生意伙伴着想，才能更好地发展自己的事业。

2. 以义取利的商业道德

儒商文化倡导经商应以"义"字为先。孔子认为，"富与贵，是人之所欲也，不以其道得之，不处也。贫与贱，是人之所恶也；不以其道得之，不去也"。荀子也认为，"先义而后利者荣，先利而后义者辱"。由此可见，儒家思想肯定人的趋利性，但更强调"义"对"利"的决定作用，正所谓"君子爱财，取之有道"。

3. 诚实守信的行为准则

"诚信"是儒家思想中重要的价值标准，是儒商在经营过程中遵守的基本准则。"与朋友交，言而有信"（《论语·学而》）。"诚者，天之道也；诚之者，人之道也"（《中庸》）。"诚信生神，夸诞生惑"（《荀子·不苟》）。中国儒商讲究的是为人处事的"诚信"，这是他们做人做事的根本守则。

4. 互惠互利的商业智慧

"天时不如地利，地利不如人和"（《孟子·公孙丑下》）。中国儒商文化一直崇尚和气生财、互利共赢的经营理念，这是一种极具长远眼光和可持续发展的商业智慧。

5. 慎言笃行的实干敬业作风

儒家思想中有一种强烈的实干敬业精神，如孔子为了传业布道，不辞劳苦奔走于各诸侯国；"天行健，君子以自强不息"（《周易·象传》）。这种坚韧不拔的精神体现在儒商文化中，就是一种高度敬业、踏实肯干的优良品质和作风。

二、西方古代管理思想

1. 早期的管理实践与管理思想

管理活动随着人类集体协作、共同劳动而产生。西方的管理思想，从起源上来讲，主要来自古希腊、古罗马、古埃及和古巴比伦等文明古国，它们在国家管理、生产管理、军事和法律等方面都有实践。

古巴比伦国王汉谟拉比颁布了一部法典——《汉谟拉比法典》。该法典涉及社会及商业管理的许多方面，如出售、契约、合伙、协议、借贷、租赁、转让、抵押、遗产、奴隶等，对各种职业、各阶层人员的责、权、利关系给予了明确的规定，提出了民事控制、事故责任、生产控制与激励以及最低工资的规定。古希伯来人同样注重依法管理，其法典比《汉谟拉比法典》开明、进步一些。古罗马立法和司法的分权制则为后来立宪政府的制约和平衡体制树立了一个典范。

古埃及人建立了以法老为最高统治者的中央集权的专制政权。法老是全国土地的最高所有者，拥有对埃及国家财产的全部支配权。法老政权制定了土地制度、税收制度、档案制度，把权力和财富都集中在自己手上。古罗马人建立并实行一种连续授权的组织制度，这是一种将行政授权与军事控制相结合的集权型等级制度。

2. 中世纪及文艺复兴时期的管理思想

随着城市的兴起、行会的建立、贸易的发展和大学的兴办，西方管理思想也得到了发展。

在中世纪初期，尽管没有关于管理思想的专门著作，但在一些思想家的论述中还是可以发现许多重要的管理思想，如格札里提出王者的品质和不能有的四种缺陷（嫉妒、傲慢、狭隘、怨恨）：一是公正；二是智慧；三是耐心；四是谦虚。托马斯·阿奎那（Thomas Aquinas）提出消费的适可原则，生产上的二因素论——劳动和徒弟，经济活动的干预主义、公平价格论、货币论、利息论、商业论等。

15世纪，世界上最大的工厂之一——威尼斯兵工厂，在成品部件的编号和存储、安装舰只的装配线、人事管理、部件的标准化、会计控制、存货控制、成本控制等方面积累了成型的管理经验。威尼斯兵工厂的管理代表这一时期最高的管理水平。

14—16世纪的文艺复兴运动，是一次具有划时代意义的人类思想大解放。文艺复兴时期的主要社会思潮为人文主义，其核心是肯定人，注重人性，要求把人、人性从宗教束缚中解放出来，推崇人的经验和理性，提倡认识自然。这个时期，人文主义兴起，同时也是管理思想大发展的时期。文艺复兴运动对人认识的深化、对行为科学的兴起有着潜在影响。

3. 资本主义早期的管理思想

18—19 世纪中期，欧洲成为世界经济的中心。随着城市的发展，资本主义生产方式从封建制度中脱胎而出，家庭手工业制的主导地位逐渐被工厂制所取代。始于英国的工业革命，使机器大生产和工厂制度普遍出现，对社会经济的发展产生了重要影响。工厂为了在竞争中求生存，也为了追求更高的利润，扩大生产规模成为必然趋势，但由此提出的管理要求却无法满足，传统的凭企业主个人经验和判断对生产全局及各种因素进行管理的方法，不能适应生产实践在客观上提出的许多管理问题。一些思想家对此进行了探索，如亚当·斯密（Adam Smith）、罗伯特·欧文（Robert Owen）、查尔斯·巴贝奇（Charles Babbage）等。

1）亚当·斯密的管理思想。亚当·斯密是英国古典政治经济学的建立者，他的主要代表作《国民财富的性质和原因的研究》于 1776 年出版。该书主要研究促进或阻碍财富发展的原因，论证资本主义制度比封建制度更能促进财富的增长。他认为，每个人的一切活动都受"利己心"的支配，人人都追求个人利益，客观上会促进整个社会共同利益的发展。这种个人利益的追求者就是"经济人"。他的经济思想的中心内容是经济自由，力图排除一切封建障碍，反对重商主义，要求自由地发展资本主义。

亚当·斯密探讨了管理的许多问题。他以制针业为例，论述了劳动分工及其经济效果。他指出，有了分工，同等数量的劳动者就能完成比过去多得多的工作量，其原因包括劳动者技巧的提高、工种转换时间的减少、机械的发明。

2）罗伯特·欧文的管理思想。罗伯特·欧文是英国的空想社会主义者和企业管理的改革家。他于 1800—1828 年在苏格兰的新拉纳克担任纺织厂的经理，并进行了一些企业管理改革的试验，主要体现在人事管理方面。他逐步改善工人的生活状况，同时也使工厂获得了很高的利润。这方面的管理改革试验可分为两个阶段：第一阶段，欧文致力于改进工厂的条件及职工的家庭状况；第二阶段，欧文致力于以工厂为中心的社区改革。

欧文是人事管理的先驱。他认为，人是环境的产物；重视人的因素在工业中所起的重要作用。他在一篇论文中对监工们说："你们中的许多人长期以来有这样的经验：在你们的制造工作中，由于机器设计良好和运行正常而得到很大的好处，既然你们对死的机器赋予适当的注意就能带来如此巨大的好处，那么，如果你们对主要的、构造更奇异的机器（即工人）赋予同样的注意，有什么不能期望得到的呢？"由于欧文在人事管理实践和理论方面的贡献，他被称为"人事管理之父"。

3）查尔斯·巴贝奇的管理思想。查尔斯·巴贝奇是一位天才数学家、发明家，是科学管理的先驱，他的管理思想集中体现在以下几个方面。

第一，巴贝奇于 1822 年设计出世界上第一台计算机——小型差数机，并利用这台小型差数机来计算工人的工作数量、原材料的利用程度等，他称之为"管理的机械原则"。巴贝奇还发明了一种监督制造厂的方法，这种方法同后人提出的"作业研究的科学的、系统的方法"非常相似。

第二，巴贝奇进一步发展了亚当·斯密关于劳动分工的思想，分析了分工能提高劳动生产率的原因：分工节省了学习所需的时间，节省了学习中所耗费的材料，节省了从一道工序转变到另一道工序所耗费的时间，节省了改变工具所需的时间，技术容易熟练，工作速度加快，能改进工具和机器，设计出更精致适用的机器。

第三，在劳资关系方面，巴贝奇强调劳资协作，强调工人要认识到工厂制度对他们有利的方面。他提出一种固定工资和利润分享的制度，认为这种制度有以下好处：一是每个工人的利益同工厂的发展和利润的多少直接挂钩；二是每个工人都会关心浪费和管理不善的问题；三是能促使每个部门改进工作；四是由于表现不好的工人所分享的利润较少，能鼓励工人提高技术和品德；五是由于工人同雇主的利益一致，能消除劳资之间的隔阂，共求繁荣。

综上所述，资本主义早期的管理思想首先在产业革命比较集中的地区得到了初步发展，但是，这些思想还不够系统、全面，并没有对管理进行系统的整体性研究，因而也没有形成专门的管理理论和学派。

任务实施

1. 任务讨论

比较中外古代的管理思想。

2. 任务执行

（1）每名学生收集2~3则体现中外古代管理思想的名句。

（2）将所有学生收集到的管理名句分为中外两类，并将全班同学分为中方与西方两组，每组对各自的管理名句进行归纳整理。

（3）组织一次课堂讨论，各组选派代表向大家展示自己收集到的管理名句，并解释其意义。

（4）大家围绕中外古代管理思想的特点进行比较，展开自由讨论。

（5）每名学生将讨论的结果形成一份专题报告。

3. 总结评价

由教师根据表2-1所列的考核成绩，对学生的任务完成情况进行考核与评价。

表2-1　考核成绩

考试内容	考评标准		考评权重/%	小计/%
收集管理名句	内容	相关性	15	30
	数量	丰富性	15	
讨论发言	内容	合理性	10	40
		准确性	10	
	现场表现	语言流利	10	
		表现自如	10	
书面报告	内容	条理性	10	30
		简明性	10	
		创新性	10	
		合计	100	

任务二　管理理论

任务描述

如何理解管理理论的产生？如何理解中外、古典、现代的管理理论？

任务分析

本任务要求学生了解管理理论的产生过程，掌握中外、古典、现代的管理理论，能将所学的管理理论运用到实践中，解决实际问题。

相关知识

一、管理理论的产生

在人类社会早期相当长的时间里，管理思想并未形成系统的理论体系，但这些早期的管理思想为管理理论的产生奠定了基础。一般来说，管理理论产生之前，管理思想已经历了两个阶段：早期管理思想形成阶段和管理理论产生的萌芽阶段。

1. 早期管理思想形成阶段

早期管理思想主要是指工业革命以前的管理思想，包括古代社会、中世纪和文艺复兴三个阶段。最初的管理思想主要是针对国家、军队、教会、家庭的初级的经济活动，法典是重要的管理工具，也是管理思想的集中体现。随着中世纪城市的兴起、行会的建立、贸易的发展和大学的兴办，管理思想也得到了发展，如帕西奥利建议交易文件要编码存档、定期核查，以便及时了解和控制现金和存货的状况。到了文艺复兴时期，管理的内容、范围、方式、途径均发生了极大变化，以人为本的思想渗透到管理之中。

知识链接

外国古代社会的管理思想

古巴比伦人——制定《汉谟拉比法典》，建立了最早的法律体系，对各种职业、各个阶层的责、权、利关系给予明确的规定，提出了民事控制、事故责任、生产控制与激励及最低工资的规定。

古埃及人——建立起以法老为最高统治者的中央集权的专制政权，制定了土地制度、税收制度、档案制度。在建造金字塔的过程中，建立了"以十为限"的监督管理制度。

古希腊人——突出民主管理思想，建立了有一定民主成分的政府。同时，一些思想家提出了一些重要的管理思想。如柏拉图提出专业化与合理分工的原则；苏格拉底提出管理具有普遍性；色诺芬提出把财富是否增加作为检验管理水平高低的标准，认为加强人的管理是管理的中心任务。

古罗马人——建立并实行一种连续授权的组织制度。同时，一些奴隶主思想家在其著作中也体现出了较为丰富的管理思想，如贾图明确提出管家要经过挑选，并规定了管家的职责。

2. 管理理论产生的萌芽阶段

随着社会的进步和生产力的不断发展，西方国家开始进行工业革命。工业革命促进了西方资本主义工厂制度的兴起。随着企业规模的不断扩大，劳动产品的复杂程度与工作专业化程度日益提高，工厂及公司的管理问题越来越突出，计划、组织、控制的职能相继产生。随之而来的便是管理思想的革命，出现了一批代表人物和管理思想，该阶段是管理理论产生的萌芽阶段。近代管理思想的代表人物及其主要观点见表2-2。

表 2-2　近代管理思想的代表人物及其主要观点

代表人物	国籍	年代	代表著作	主要观点
詹姆斯·斯图亚特（James Denham Steuart）	英国	1712—1780	《政治经济学原理研究》	工人重复操作可以提高生产率；提出工作方法研究和鼓励性工资，以及管理人员与工人分工等问题
亚当·斯密（Adam Smith）	英国	1723—1790	《国富论》	系统地提出了劳动价值论及劳动分工理论；提出了控制职能；计算投资还本问题；提出了经济人的观点
查尔斯·巴贝奇（Charles Babbage）	英国	1792—1871	《论机器和制造业的经济》	着重论述专业分工与机器工具使用的关系；提出固定工资加利润分享的分配制度；提出"边际熟练"原则；主张实行有益的建议制度
罗伯特·欧文（Robert Owen）	英国	1771—1858	《论工业制度的影响》	提出要重视工厂管理工作中人的因素，工厂应致力于对人力资源的开发和投资
查尔斯·杜平（Charles Dupin）	法国	1784—1873	《关于工人情况的谈话》	最早提出把管理作为一门独立的学科来进行教学；提出初步的工时研究和劳动分工后的工作量平衡等问题；提出工厂领导者处于高位的是他的智力
卡尔·冯·克劳塞维茨（Carl von Clausewitz）	德国	1780—1831	《战争论》	提出管理人员应进行细致的规划，使不确定性最小化并做出决策、采取行动
安德鲁·尤尔（Andrew Ure）	英国	1778—1857	《制造业的哲学》	把企业有机地划分为三类有机系统；提出要在工厂内部建立必要的规章制度

二、人际关系理论

1. 产生背景

以弗雷德里克·温斯洛·泰勒（Frederick Winslow Taylor）、亨利·法约尔（Henri Fayol）等人为杰出代表提出的古典管理理论，对管理的科学性、合理性进行了深入研究，却未对管理中人的因素给予足够重视。这种重物轻人的思想在使劳动生产率大幅提高的同时，也使工人的劳动变得异常紧张、单调和劳累，引起了工人的不满，劳资关系日益紧张，这促使管理学家开始重视生产中人的情绪和积极性对劳动生产率的影响。20 世纪 30 年代，人际关系理论开始逐渐形成，而人际关系的研究最初始于著名的"霍桑试验"。

📖 知识链接

霍桑试验

1924 年，美国国家科学院的全国科学研究委员会开始在西方电器公司的霍桑工厂开展试验研究，分析工作条件与生产效率之间的关系。1927 年，美国哈佛大学心理学教授乔治·埃尔顿·梅奥（George Elton Mayo）作为顾问加入试验活动，直到 1932 年结束。后人将他们在此期间开展的一系列试验活动称为"霍桑试验"。

研究人员在前期进行了照明试验和继电器装配工人小组试验，对不同的工作小组提供不同的照明强度、工资报酬、休息时间、工作日长度等条件，但试验结果表明，工作条件和福利待遇的改善并不能明显地影响劳动生产率。随后，研究人员进行了两年的访谈试验，由工人自由选择话题进行倾诉，从而获得了大量有关工人态度的第一手资料。研究人员发现，工人的劳动效率在很大程度上与工作中发展起来的人际关系有关。为了进一步验证这个结论，研究人员又进行了接线板接线工作室试验，观察计件工资下一个生产小组中的工人在集体工作时的表现。结果发现，尽管实行刺激性的计件工资，但工人并不追求最高产量，而是有意识地限制自己的产量，保持在中等水平上，以保证其他同伴不会因产量低而失业。工人中有一种默契和一种无形的压力，有自己的行为规范和非正式领袖，这些左右着工人的行为。

2. 主要观点

在总结霍桑试验研究成果的基础上，1933 年，梅奥出版了其代表作《工业文明中的人类问题》，创立了人际关系理论，书中对人及人际关系提出了与古典管理理论不同的新观点，主要观点如下。

1）工人是"社会人"，而不是单纯追求金钱收入的"经济人"。作为复杂社会系统的成员，人的行为并不单纯地出自追求金钱的动机，人们还有社会和心理方面的需要，追求人与人之间的友情、归属感、安全感和受人尊敬等。

2）企业中除了"正式组织"外，还存在着"非正式组织"，它是企业成员在共同工作过程中，由于具有共同的社会感情而形成的非正式团体。这种非正式组织有特定的规范和倾向，左右着成员的行为。它与正式组织是相互依存的，对劳动生产率的提高有很大影响。

3）生产率主要取决于士气和工作态度，而士气又取决于人际关系，工资报酬、工作条件等不是影响生产率的第一因素。因此，不仅要为工人提供舒适的工作环境，还要创造一种工人参与管理、自由发表意见、同事之间及上下级之间坦诚交流的和谐的人际关系。

4）企业领导要善于正确处理人际关系，善于听取员工的意见，在正式组织的经济需求和非正式组织的社会需求之间保持平衡，能够通过提高员工的满意度来提高士气，从而提高生产率。

3. 对管理实践的启示

梅奥的人际关系理论对管理实践活动的启示主要体现在三个方面：一是企业高层领导

不能实行"一言堂"，否则会导致"万马齐暗"的局面；二是管理人员应该关心员工8小时工作之外的日常生活，通过改善员工的业余文化生活等调动员工积极性；三是企业领导要善于利用非正式组织，引导其在企业中发挥积极作用，防止拉帮结派。

三、古典管理理论

19世纪末20世纪初，资本主义获得空前发展，企业规模不断扩大，生产技术更加复杂，传统经验管理方式已经难以适应客观要求，迫切需要改进企业管理。

管理故事

马萨诸塞铁路公司聘用经理事件

1841年10月5日，在美国马萨诸塞至纽约的西部铁路上，两列火车相撞，造成近20人伤亡。美国社会舆论哗然，公众对这一事件议论纷纷，对铁路公司老板粗劣的管理进行了严厉抨击。为了改变这种群情激愤的局面，在马萨诸塞州议会的推动下，这家铁路公司不得不进行管理改革，资本家交出了管理权，只拿红利，另聘具有管理才能的人担任企业领导。这成了美国历史上第一次正式聘用领薪金的经理人员管理企业的案例。

管理启示： 马萨诸塞经理事件虽属偶然，但两权分离是生产发展的客观要求。管理权分离后，越来越需要管理职能专业化，要求有专职的管理人员，建立专门的管理机构，用科学的管理制度和方法进行管理。同时，也要求对过去积累的管理经验进行总结，使之系统化、科学化并上升为理论。一些管理人员与工程技术人员开始致力于总结经验，进行各种试验研究，并把当时的科技成果应用于企业管理，出现了一系列管理理论与方法，最终形成了科学管理理论。

古典管理理论主要由科学管理理论、一般管理理论、行政组织理论等共同构成。古典管理理论是管理理论的最初阶段，该阶段管理理论的研究侧重于从管理职能、组织方式等方面研究企业效率问题。

1. 科学管理理论

【拓展知识】古典管理理论的代表人物

科学管理理论在20世纪初得到了广泛的传播和应用，对欧美资本主义国家的制造业产生了积极影响。一般认为，泰勒于1911年出版的《科学管理原理》是科学管理理论正式形成的标志。

（1）主要观点。

科学管理的中心问题是提高劳动生产率。泰勒认为，要抛弃根据经验和主观假设来管理的做法，用科学的观点去分析工作，制定出有科学依据的合理的工人日工作量，让每个人都用正确的方法作业，并用此方法对工人进行指导训练，从而提高劳动生产率。其内容包括以下几个方面。

1) 劳动方法标准化。要使工人掌握标准化的操作方法，使用标准化的工具、机器和材料，并使作业环境标准化，用之代替传统的经验，进行调查研究，拿出科学依据。为此，泰勒亲自做了大量的试验。例如，在米德维尔钢铁厂进行金属切削试验，在贝瑟利恩钢铁公司进行搬运生铁和铁铲试验。

📖 **知识链接**

泰勒在贝瑟利恩钢铁公司的铁铲试验

泰勒通过对贝瑟利恩钢铁公司工人劳动过程的观察，特别是通过使用秒表和量具来精确计算工人铲煤的效率与铁铲尺寸的关系，发现每铲重量为21磅（1磅≈0.45千克）时效率最高，探索出实现铲煤效率最高的铁铲尺寸和规范的铲煤动作，并设计出12种不同规格的铁铲。每次安排劳动任务前，除指派任务外，还根据材料的比重指定所用铁铲的规格（确保每铲重量为21磅），以提高劳动效率。试验前，干不同的活拿同样的铲，铲不同的东西每铲重量不一样。试验后，铲不同的东西拿不同的铲，生产效率得到大幅提升。

2) 挑选和培训"第一流的工人"。泰勒认为，"第一流的工人"是指那些自己愿意努力，工作对其又适合的工人。管理人员的责任在于按照生产的需要，对工人进行选择、分工和培训，使其达到最高效率，成为"第一流的工人"。

3) 实行刺激性的工资报酬制度。为了最大限度地提高工人的劳动积极性，泰勒提出通过工时研究和分析，制定出一个定额或标准，按照工人完成的工作量和实际表现而采用不同的工资率，即执行有差别的计件工资制度。

4) 劳资双方进行"精神革命"。泰勒认为，劳资双方要想从生产中获得各自的收益，就必须进行一场"精神革命"，变互相指责、怀疑、对抗为互相信任和合作，为共同提高劳动生产率而努力，这是实现科学管理的第一步。

5) 把计划职能与执行职能分开。泰勒主张把计划和执行职能分开，成立专门的管理部门负责调研、计划、培训，以及发出指示和命令。所有工人和部分工长只承担执行职能，即按照管理部门制订的操作方法和指示，使用规定的标准工具，从事实际操作。

6) 实行职能工长制。泰勒主张将管理工作细分，使所有管理者只承担一种管理职能。他设计出八个职能工长，代替原来的一个工长，其中四个在计划部门，四个在车间，每个职能工长负责某一方面的工作。

7) 在组织机构的管理控制上实行例外管理。泰勒认为，规模较大的企业组织管理必须应用例外原则，即企业高级管理人员把例行的一般日常事务授权给下级管理人员去处理，自己只保留对例外事项的决定权和监督权。

20世纪初，有许多与泰勒同时代的学者也积极从事管理实践与理论研究。例如，亨利·L.甘特（Henry Laurence Gantt）发明了甘特图，为PERT（计划评审技术）奠定了基石，并提出"人的因素最重要"的思想；弗兰克·吉尔布雷斯（Frank Gilbreth）夫妇在动作研究、疲劳研究、劳动者心理等方面做出了巨大贡献；哈林顿·埃默森（Harrington Emerson）在工时测定、提高效率方面进行了大量研究，并提出了效率原则。他们的研究成果丰富和发展了科学管理理论。

（2）对管理实践的启示。

泰勒的科学管理理论是管理思想发展史上的一个里程碑，是使管理成为科学的一次质的飞跃。作为一个较为完整的管理思想体系，泰勒的科学管理对管理实践的启示主要有四个方面：第一，管理活动不是一门不可传授的艺术，而是一种可以传授的知识和科学，管理活动不是单纯依靠经验进行的，而是要遵循一定的科学规律，按照一定的科学方法进行的；第二，企业开展管理活动的目标是提高效率，因此，企业内部需要广泛地开展分工与合作；第三，企业应加强制度建设，制订专业的管理职能和组织体系；第四，通过对工人的培训，可以达到提高生产效率的目的。

管理故事

亨利·福特用科学管理打造汽车帝国

纵观福特汽车公司的成长史，亨利·福特把泰勒的科学管理理论发挥到了极致，福特汽车公司的大规模生产就是科学管理思想的演示。

福特汽车公司的技术人员吸收了泰勒数年前在美国钢铁业提出的流水线生产理论，创造了新的汽车生产方式。他们将制造各种部件的每一机械操作细分化、标准化、制度化、规模化，在这一原则下，连续化、专业化的设想渐渐从部件供应线的应用转向最后的车体组装，大幅度提高了劳动生产率。1925年10月，福特汽车公司一天就制造出9 109辆汽车，平均每10秒钟生产1辆汽车，在全世界同行业中遥遥领先。福特首创的大规模装配线生产方式和管理方法，不仅为今天高度发达的工业生产奠定了基础，也是加快工业建设速度的重要因素。

福特公司实施的"5美元工作日"制度，效果极其显著，具有划时代的意义。"5美元工作日"几乎引起了美国一场全国范围的大迁徙，尽管当时福特公司宣布只需要4 000名新工人，可一下就吸引了15 000多人，吸收了大量劳动力中的精华，可谓映衬了泰勒的"挑选第一流工人"原则。福特公司的工资制像是一块磁石，使数以千计的新工人源源不断地涌入底特律市，"厂内没有一句反抗之言。因为人人都明白，任何不服从指挥的人都会被撵出大门，而无条件地迅速服从则有利可图"。在不到一年的时间里，新工资制度不仅没有使福特公司赔本，反而成为"摇钱树"。由此，工人的潜能得以最大挖掘，劳动生产率迅速提高。福特公司的生产率在同行中遥遥领先，利润猛增，自然在汽车市场中领先。

管理启示：标准化、规模化的生产可以大幅提升企业的生产效率，而通过提高工资同样可以激发工人的潜能，从而提高劳动生产率。

2. 一般管理理论

泰勒的科学管理理论开创了西方古典管理理论的先河。在其产生与传播之时，欧洲也出现了一批古典管理的代表人物及理论，其中影响最大的是法约尔的一般管理理论。泰勒研究的重点内容是企业内部具体工作的效率，而法约尔则以企业整体为研究对象。他认为，管理理论是指"有关管理的、得到普遍承认的理论，是经过检验并得到论证的一套有关原则、标准、方法、程序等内容的完整体系"。有关管理的理论和方法不仅适用于公司和企业，也适用于军政机关和社会团体，这正是一般管理理论的基石。

（1）主要观点。

一般管理理论的核心内容包括经营六职能、管理五要素和有效管理十四条原则，这也是法约尔对管理思想的主要贡献。

1）经营六职能。法约尔以整个企业为研究对象，将企业所从事的经营活动进行归类，总结出六大职能：技术活动（生产）、商业活动、财务活动、安全活动、会计活动和管理活动。管理活动从企业活动中独立出来，成为一种重要的经营职能。

2）管理五要素。法约尔认为，管理活动包括计划、组织、指挥、协调、控制五大要素。这些要素广泛应用于企事业单位和行政组织，是一般性的管理职能。法约尔以管理五要素为核心，构建了具有权威性的管理职能及管理过程的一般框架。

3）有效管理十四条原则。法约尔根据自己的工作经验，归纳出了有效管理十四条原则，具体包括劳动分工原则、权力和责任一致原则、纪律原则、统一指挥原则、统一领导原则、个人利益服从整体利益原则、报酬的公平合理原则、集中化管理原则、等级制度原则、秩序性原则、公平性原则、人员的稳定原则、首创精神原则、人员的团结原则。

另外，法约尔还详细研究了企业各级人员必须具备的素质，特别强调管理教育的必要性。他指出，企业高级管理人员最必需的能力是管理能力，单凭技术教育和业务实践是不够的，管理教育应当普及。

（2）对管理实践的启示。

法约尔的一般管理理论对管理实践活动的启示，主要体现在三个方面：一是管理理论是可以指导实践的。二是管理必须善于预见未来，制订长期的管理计划。如今的企业面对剧烈变化的环境，计划职能尤为关键。许多企业缺乏战略管理的思维，很少对长期发展的考虑，不制订长期规划，其结果多为丧失长远发展的后劲，埋下了不稳定的隐患。三是管理能力可以通过教育来获得，这是企业得以良性发展的重要基准。如今，越来越多的企业管理人员重视 MBA 和 EMBA 教育，这些正是他们主动提升管理能力的表现。此外，许多中小企业在快速成长阶段出现管理能力不足和管理人才匮乏的局面，往往是由于企业领导推崇经验管理、轻视管理培训导致的。

管理故事

德国国家发展银行的"摆乌龙"事件

美国第四大投资银行——雷曼兄弟公司向法院申请破产保护，消息瞬间传遍世界各地。令人匪夷所思的是，在如此明朗的情况下，德国国家发展银行依然按照外汇掉期协议，通过计算机自动付款系统，向雷曼兄弟公司将被冻结的银行账户转入了 3 亿欧元。此事招致德国媒体和政府官员的强烈批评与质疑，并被媒体称为"最愚蠢银行"。

我们看看被询问人员在那 10 分钟内忙了些什么。

首席执行官乌尔里奇施罗德：我知道今天要按照预先约定的协议进行转账，至于是否撤销这笔巨额交易，应该让董事会开会讨论决定。

董事长保卢斯：我们还没有得到风险评估报告，无法及时进行正确的决策。

董事会秘书史里芬：我打电话给国际业务部催要风险评估报告，可那里总是占线。我想，还是隔一会儿再打吧。

负责处理与雷曼兄弟公司业务的高级经理希特霍芬：我让文员上网浏览新闻，一旦有雷曼兄弟公司的消息就立即报告，现在，我要去休息室喝杯咖啡了。

文员施特鲁克：我在网上看到雷曼兄弟公司向法院申请破产保护的新闻，马上跑到希特霍芬的办公室。当时，他不在办公室，我就写了张便条放在办公桌上，他回来后会看到的。

结算部经理德尔布吕克：今天是协议规定的交易日子，我没有接到停止交易的指令，那就按照原计划转账吧。

结算部自动付款系统操作员曼斯坦因：德尔布吕克让我执行转账操作，我什么也没问就做了。

这件"摆乌龙"事件酿成的悲剧在一定程度上就是太过注重等级制度和信息的上下流程，而忽视了横向沟通和斜向沟通的价值和意义。只要这些管理者在任何两个层级上产生横向沟通就可以避免这场悲剧的发生，这家银行也就无须用"技术错误"这样冠冕堂皇的托词为自己辩解了。

（资料来源：搜狐网，2017-3-27.）

管理启示：在紧急情况下，跨越权力而进行的横向沟通很重要。为了应付统一指挥原则可能引起的联络方面的延误，应允许建立横跨权力线进行交往联系的"跳板"，保证沟通的顺畅和组织目标的实现。

3. 行政组织理论

（1）主要观点。

马克斯·韦伯（Max Weber）认为行政组织理论的核心是理想的行政组织形式。他对组织形式的研究从人们所服从的权力或权威开始，其主要理论观点包括以下三个方面。

1）理想的行政组织体系。韦伯认为，理想的行政组织是通过职务或职位而不是通过个人或世袭地位来管理的。理想的行政组织分为最高领导层、行政官员及一般工作人员，企业无论采用何种组织结构，都具有这三层基本的原始框架。

2）权力的分类。韦伯指出，任何一种组织都必须以某种形式的权力为基础，才能实现其目标。韦伯把权力划分为三种类型：一是理性的、法定的权力，指依法任命，并赋予行政命令的权力；二是传统的权力，它以古老的、传统的、不可侵犯的和执行这种权力的人的地位正统性为依据；三是超凡的权力，这种权力建立在对个人的崇拜和迷信的基础上。

3）理想的行政组织的管理制度。韦伯认为，每一个官员都应按一定准则被任命和行使职能，这些准则包括：任何组织都应有确定的目标；组织目标的实现，必须实行劳动分工；按等级制度形成一个指挥链；组织人员之间是一种指挥和服从的关系，这种关系是由职位所赋予的权力决定；承担每一个职位的人都是经过挑选的，人员必须是称职的，同时也不能随便免职；管理人员只管理企业或其他组织，但不是这些企业或组织的所有者；管理人员有固定的薪金，有明文规定的升迁制度，有严格的考核制度；管理人员必须严格遵守组织中的纪律。

（2）对管理实践的启示。

韦伯的行政组织理论对管理实践活动的启示主要体现在三个方面：一是企业的组织体

系应按照不同的职务划分为高、中、低三个管理层，每一层对应不同的管理职能；二是管理人员必须遵守组织规则，自己的行为要受规则的制约，同时他们也有责任监督其他成员；三是理想行政组织的几项特征，可以作为企业内部机构改革重整的基本准则。

管理故事

如何补充国库

有一次，安东尼皇帝派使者到朱丹·哈·尼撒拉比那里，问了这样一个问题："帝国的国库快要空了，你能给我一个补充国库的建议吗？"

朱丹听后，一句话都没有对使者说，直接把使者带到了他的菜园，然后默默地干起活来。他把大的甘蓝拔掉，种上小甘蓝，对甜菜和萝卜也是如此。使者看到朱丹无意回答他的问题，心中大为不悦，没好气地对他说："你总得给我一句话吧，我回去也好有个交代。""我已经给你了。"朱丹不紧不慢地说道。使者愕然，无奈之下，只好返回安东尼那里。"朱丹给我回信了吗？""没有。""他给你说什么了吗？""也没有。""那他做了什么？""他只是把我领到他的菜园里，然后把那些大蔬菜拔掉，种上小的。""噢！他已经给我建议了！"皇帝兴奋地说。

第二天，安东尼立刻遣散了所有的官员和税收大臣，换成少量有能力、诚实的人。不久，国库就得到了补充。

管理启示：要想提高组织效率，就要下狠心"减肥"，裁去不必要的机构和人员，将那些没有能力却依旧待在重要岗位的人撤下，提拔有干劲、有活力的新锐。

四、现代管理理论

1. 现代管理理论的形成与发展历程

（1）时代背景。

第二次世界大战后，世界政治经济形势发生了深刻变化，这是现代管理理论产生的时代背景。一是生产社会化程度空前提高，企业在迅速扩张规模的同时，要面对激烈的市场竞争，管理决策难度和复杂程度明显增加，要求用新的管理理论解决企业的决策问题；二是科学技术迅猛发展，科技成果广泛渗透到企业各个部门，要求用先进技术手段提供管理支持；三是企业员工素质大幅提高，对企业活动的影响日益明显，要求在管理中充分发挥人的积极性和创造性。上述新的管理要求，促进了现代管理理论的产生和发展。

（2）发展历程。

现代管理理论产生于20世纪50年代，其发展历程大致分为三个阶段。

1）形成阶段（20世纪50年代至60年代）。这一阶段除管理学家外，社会学家、经济学家、生物学家、数学家等纷纷从不同角度用不同方法来研究管理理论，管理理论呈现出一种分散化的发展趋势。1961年12月，美国管理学家哈罗德·孔茨在《管理学杂志》上发表《管理理论的丛林》一文，将当时的西方管理学派总结为6个学派：管理过程学派、经验学派、人群行为学派、社会系统学派、决策理论学派、数量（或管理科学）学派，并形象地称之为"管理理论的丛林"，标志着现代管理理论的形成。

2）发展阶段（20世纪60年代至80年代）。这一阶段管理理论得到进一步发展，并呈现出新的集中化趋势。管理理论学派也出现了新的变化，人群行为学派分化为人际关系学派和群体行为学派，管理过程学派中分化出了权变理论学派，并出现了社会技术系统学派、经理角色学派等新学派。经过几十年时间的发展，"管理理论的丛林"不但存在，而且更加茂密。1980年，孔茨又在《管理学会评论》上发表《再论管理理论的丛林》，将管理学派从6个增加到11个。

📖 知识链接

《再论管理理论的丛林》与11个管理学派

孔茨于1980年发表了《再论管理理论的丛林》，对20世纪60年代之后管理理论的发展进行了总结。文中指出，管理理论学派已不止6个，而是发展到了11个，包括经验主义学派、人际关系学派、群体行为学派、社会协作系统学派、社会技术系统学派、系统理论学派、数量（或管理科学）学派、决策理论学派、经理角色学派、管理过程学派、权变理论学派。

3）新发展阶段（20世纪80年代至今）。20世纪80年代以后，信息化和经济全球化使管理环境发生了重大变化，管理理念更加人性化，管理形态知识化，管理组织虚拟化，组织结构扁平化，管理手段和设施网络化，管理文化全球化。这些发展趋势促成了文化管理、战略管理、企业再造、知识管理、管理创新等一批新的管理理论的兴起，现代管理理论研究也进入一个新的发展阶段。

2. 现代管理流派

（1）管理过程学派。

1）代表人物。管理过程学派又称管理职能学派，创始人是法约尔，代表人物主要包括詹姆斯·穆尼（James Mooney）、拉尔夫·戴维斯（Ralph DaviS）、哈罗德·孔茨（Harold Koontz）和西里尔·奥·唐奈（Cyril O. Donnell）等人。

2）主要观点。管理过程学派主要以管理过程及管理职能为研究对象，认为管理过程就是各项管理职能发挥作用的过程。以此为出发点，将管理工作划分为若干职能，对各职能的性质、特点和重要性，以及实现这些职能的原则和方法加以研究，并最终建立起系统的管理理论，用以指导管理实践。

3）管理启示。管理过程学派的理论对管理实践活动的启示主要体现在几个方面：首先，管理是一个过程，可以从管理经验中总结出一些基本道理或规律，即管理原理，从而认识和改进管理工作；其次，企业可以按照该学派确定的管理职能和管理原则，训练管理人员；再次，该理论只适用于工会力量不大、生产线稳定的情况，很难应对现实中动态多变的生产环境；最后，该学派总结的管理职能并不包括所有的管理行为，也不是在任何组织目标下都适用。因此，对于该学派的理论学习绝不能生搬硬套，而应该适时而定。

（2）行为科学学派。

1）代表人物。行为科学学派始于梅奥的"霍桑试验"及其创建的人际关系理论，而后众多学者对该理论进行了发展和完善，代表人物及理论有马斯洛及其"需求层次理论"、弗雷德里克·赫茨伯格（Frederick Herzberg）及其"双因素论"、道格拉斯·麦格雷戈（Douglas McGrego）及其"X理论-Y理论"。

2）主要观点。行为科学以人的行为及其产生原因为研究对象，从人的需要、欲望、动机、目的等心理因素的角度研究人的行为规律，特别是人与人之间的关系、个人与集体之间的关系，并借助于这种规律性的认识来预测和控制人的行为，以提高工作效率，达成组织的目标。

3）管理启示。行为科学学派的理论对管理实践活动的启示主要体现在两个方面：首先，企业不仅要注重对事和物的管理，更应该重视对人及其行为的管理；其次，企业应该重视管理方法的转变，将原来的监督管理转变为人性化的管理。

（3）社会系统学派。

1）代表人物。社会系统学派的创始人和代表人物是美国管理学家切斯特·巴纳德，该学派的创立以巴纳德的现代组织理论体系的建立为标志。

2）主要观点。社会系统学派的主要观点包括四个方面：其一，组织是一个由个人组成的协作系统，是社会大系统中的一部分，受到社会环境各方面因素的影响；其二，组织作为一个协作系统，包含三个基本要素，即协作的意愿、共同的目标和信息的交流；其三，管理者在这个系统中应处于相互联系的中心；其四，经理人员的主要职能是提供信息交流的平台和机会，促成必要的个人努力，以及提出和制订目标。

3）管理启示。社会系统学派的理论对管理实践活动的启示主要体现在两个方面：首先，企业可以利用系统理论和社会学知识改造传统组织的经理人员，因为传统组织偏重于非结构化的决策与沟通机制，目标也是隐含的；其次，企业应着力改造组织的动力结构，明确组织内部的信息沟通机制；同时，在转变的过程中，充分考虑利用非正式组织的力量。

（4）决策理论学派。

1）代表人物。决策理论学派是第二次世界大战后的新兴管理学派，代表人物是美国经济学家赫伯特·西蒙。

2）主要观点。该学派的主要观点包括四个方面：其一，决策贯穿管理的全过程，是管理的核心；其二，决策过程包括四个阶段，即收集情况阶段、拟订计划阶段、选定计划阶段和评价计划阶段，每一个阶段本身就是一个复杂的决策过程；其三，在决策标准上，用"令人满意"的准则代替"最优化"准则；其四，组织决策可分为程序化决策和非程序化决策，经常性活动的决策应程序化，非经常性活动应采取非程序化决策。

3）管理启示。决策理论学派的理论对管理实践活动的启示主要体现在：企业应将决策职能贯穿组织活动全过程；注重管理行为执行前分析的必要性和重要性。

（5）系统理论学派。

1）代表人物。系统理论学派与社会系统学派有所不同，它是在一般系统理论的基础上建立起来的，代表人物有理查德·约翰逊（Richard Johnson）、弗雷蒙特·卡斯特（Fremont Kast）、詹姆斯·E. 罗森茨韦克（James E. Rosenzweig），他们三人合著的《系统理论与管理》为系统理论学派的代表作。

2）主要观点。该学派的主要观点包括三个方面：其一，组织是由目标与价值、技术、社会心理、组织结构、管理这五个不同的分系统构成的整体；其二，企业的成长和发展要受到人本身，以及物资、机器和其他资源和要素的影响，管理人员力求保持各部分之间的动态平衡；其三，企业是一个投入产出系统，投入的是物资、劳动力和各种信息，产出的是各种产品。

3）管理启示。系统理论学派的理论对管理实践活动的启示主要体现在：企业管理者必须从整体的观点出发，不仅要解决内部关系问题，还应注意解决企业与外部环境的关系问题；企业管理者应该学会用系统的观点来考察和管理企业，这样有助于提高企业的整体效率。

（6）经验主义学派。

1）代表人物。经验主义学派又称经理主义学派，代表人物有彼得·德鲁克（Peter Drucker）、欧内斯特·戴尔（Ernest Dale）、艾尔弗雷德·P. 斯隆（Alfred Pritchard Sloan）、威廉·纽曼（William Newman）等。

2）主要观点。该学派主要观点包括两个方面：其一，管理不是纯理论的研究，应侧重于实际应用，且以知识和责任为依据；其二，管理者的任务是了解本机构的特殊目的和使命，使工作富有活力并使职工有所成就，同时处理本机构对社会的影响和责任。

3）管理启示。经验主义学派的理论对管理实践活动的启示主要体现在：管理应侧重于实际应用，而不是只专注于纯理论的研究；管理者可以依靠自己的经验，制订目标和措施并传达给有关人员，进行组织工作，进行鼓励和联系工作，对工作和成果进行评价，使员工得到成长和发展。

（7）权变理论学派。

1）代表人物。权变理论学派是20世纪70年代在西方形成的一种管理学派，代表人物有弗雷德·卢桑斯（Fred Luthans）、弗雷德·菲德勒（Fred Fiedler）、罗伯特·豪斯（Robert House）等人。

2）主要观点。权变理论学派认为，在企业管理中没有什么是一成不变且普遍适用的"最好的"管理理论和方法，只有根据企业所处的内外部环境灵活地处理问题。权变理论的最终目标是提出最适合具体情境的组织设计和管理活动。

3）管理启示。权变理论学派的理论对管理实践活动的启示主要体现在：管理者应该根据组织的具体条件及其面临的外部环境，采取相应的组织结构、领导方式和管理方法，灵活地处理各项具体管理业务。这样，管理者就可把精力转移到对现实情况的研究上，并对具体情况进行具体分析，提出相应的管理对策，从而使管理活动更加符合实际情况，更加有效。

（8）管理科学学派。

1）代表人物。管理科学学派也称数量学派或运筹学派，代表人物有埃尔伍德·斯潘赛·伯法（Elwood Spencer Buffa）、爱德华·鲍曼（Edward Bowman）、罗伯特·费特（Robert Fetter）等。

2）主要观点。管理科学学派认为，管理就是制订和运用数学模型与程序的系统，用数学符号和公式来表示计划、组织、控制、决策等合乎逻辑的程序，求出最优的解答，以达到企业的目标。解决问题的七个步骤是：观察和分析；确定问题；建立模型；得出解决方案；对模型和解决方案进行验证；建立对解决方案的控制；把解决方案付诸实施。这七个步骤相互联系，相互影响。

3）管理启示。管理科学学派的理论对管理实践活动的启示主要体现在：可以将企业面临的复杂的、大型的问题分解为较小的部分进行诊断、处理；企业可以通过建立一套决策程序和数学模型增加决策的科学性，可以通过电子计算机等现代设备协助决策；各种可行的方案均以经济效果为评价依据。

3. 管理理论的最新发展

20世纪末至21世纪初，面对信息化、全球化、经济一体化等新的形势，企业管理活动出现了深刻的变化与全新的格局，管理思想与管理理论也出现了新的发展趋势。

1）战略管理理论。20世纪70年代以后，企业竞争加剧，风险日益增加。为了谋求长期生存和发展，企业开始注重构建竞争优势。1976年，安索夫的《从战略规则到战略管理》一书出版，标志着现代战略管理理论体系的形成。斯坦纳等人又对该理论进行了发展，而迈克尔·波特所著的《竞争战略》，更是把战略管理理论推向了高峰。

该理论以企业组织与环境关系为主要研究对象，重点研究企业适应充满危机和动荡的环境的过程及规律，强调通过对产业演进的说明和各种基本产业环境的战略分析，得出不同的战略决策，并通过战略实施与评价验证战略的科学性和有效性。战略管理理论如图2-1所示。

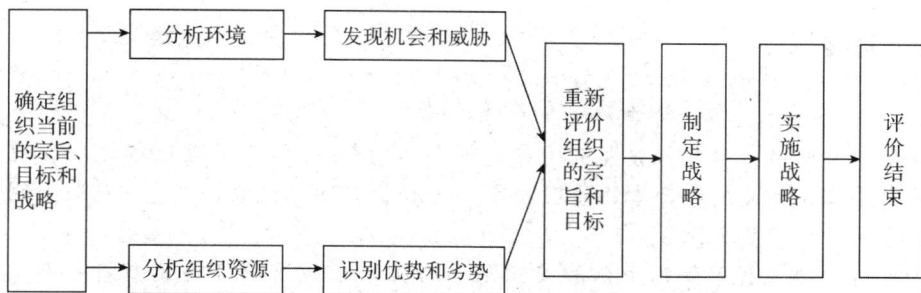

图 2-1　战略管理理论

知识拓展

迈克尔·波特与《竞争战略》

迈克尔·波特是美国哈佛大学商学院教授，兼任许多大公司的咨询顾问。1980年，他的著作《竞争战略》，把战略管理理论推向了高峰，被美国《幸福》杂志列的全美500家最大企业的经理、咨询顾问及证券分析家们奉为必读经典。

该书的重要贡献有三点：一是提出对产业结构和竞争对手进行分析的一般模型，即五种竞争力（新进入者的威胁、替代品的威胁、买方砍价能力、供方砍价能力和现有竞争对手的竞争）分析模型。二是提出企业构建竞争优势的三种基本战略：寻求降低成本的成本领先战略；使产品区别于竞争对手产品的差异化战略；集中优势占领少量市场的集中化战略。三是对于价值链的分析，波特认为，企业的生产是一个创造价值的过程，企业的价值链就是企业所从事的各种活动，是包括设计、生产、销售、发运及支持性活动的集合体。价值链能为顾客生产价值，同时能为企业创造利润。

2）比较管理理论。比较管理理论是20世纪80年代初对现代管理理论进行反思后，首先盛行于西方的一种管理理论。这是一种通过研究许多国家和企业在工业化发展过程中管理的历史经验和动态，采用科学的比较分析方法，以探索最佳管理模式的理论。该理论在研究方法上，以比较研究为基础，把所研究的对象放到更为广阔的背景下考察，提高了研究的立足点，扩大了考察范围。在研究重点上，由注重理论转向注重管理实践比较。提出了一系列比较管理研究模式，并认为对管理过程与管理效果有特别影响的外部制约因素，包括四个变量，即教育变量、社会变量、政治法律变量、经济变量，而管理过程与管理效果决定了公司的效率，进而又决定了一个国家或社会的效率。

这一理论的著名代表人物有美国的理查德·帕斯卡尔（Richard Pascale）、托马斯·彼得斯（Thomas Peters）、巴里·里奇曼（Barry Richman）、威廉·大内（William Ouchi），日本的大岛国雄，英国的丹尼·密勒（Danny Miller）和罗杰·福尔克（Roger Falk）等。比较管理理论学派也是中国主要管理理论学派之一。由于中国在现代企业管理理论和实践上是后进的，需要结合中国的国情有比较地引进、吸收西方先进的管理经验，加上大批从海外归来的学者对西方管理思想的介绍，因此，目前中国大量的管理著述具有比较管理理论的色彩。一些发达国家运用成功的管理方法照搬到中国企业未必就能成功，最终要创造出适合中国国情的、既先进又独具特色的企业管理模式，采用比较管理理论的学习、对比、消化、创新显然是最有效的。

知识链接

理查德·帕斯卡尔与 "7S" 模型

理查德·帕斯卡尔是与彼得·德鲁克等齐名的全球50位管理大师之一，他的主要贡献在于比较了美国和日本的管理方法，提出了 "7S" 框架，这是任何一个明智的管理者都会涉及的7个变量。

1981年，理查德·帕斯卡尔和安东尼·阿索斯出版了一部畅销书籍——《日本企业管理艺术》。该书提出了麦肯锡 "7S" 模型，即 "7S" 结构，包括战略（Strategy）、结构（Structure）、技能（Skills）、人员（Staff）、共享价值观（Shared Values）、体制（Systems）和作风（Style）。"7S" 模型是一种备忘录，是对企业所关心问题的非常有用的记忆提示。"7S" 概念提供了一种比较美国和日本管理经验的方法。该书运用 "7S" 模型比较了美国的ITT公司和日本的松下公司，从各个侧面深刻地反省了美国管理模式。帕斯卡尔和阿索斯认为，日本企业的成功之处在于其重视软性的 "S" ——作风、共享价值观、技能和人员。相反，西方则将注意力集中在硬性的 "S" ——战略、结构和体制上。

3）企业再造理论。美国企业从20世纪80年代开始进行大规模的企业重组革命，日本企业也于20世纪90年代开始进行所谓的第二次管理革命。这十几年间，企业管理经历着前所未有的、类似脱胎换骨的变革。1993年，美国麻省理工学院教授迈克尔·哈默（Michael Hamme）与詹姆斯·钱皮（James Champy）在经过多年调研后，提出了企业再造理论。该理论认为，为了适应世界新的竞争环境，企业必须摒弃已成惯例的运营模式和工作方法，以工作流程为中心，重新设计企业的经营、管理及运营方式，制订企业再造方案，并组织实施与持续改善这些方案。企业再造包括了企业战略再造、企业文化再造、市场营销再造、企业组织再造、企业生产流程再造和质量控制系统再造等多方面内容。

知识链接

企业再造理论的适用对象

按照迈克尔·哈默与詹姆斯·钱皮在1993年出版的《企业再造——工商管理革命宣言》一书中的说法，企业再造理论适用于以下三类企业。

1）问题丛生的企业。这类企业问题丛生，除了进行再造之外，别无选择。

2）虽然目前业绩很好，但潜伏着危机的企业。这类企业当前的财务状况还算令人满意，却有"风雨欲来"之势。

3）正处于事业发展高峰的企业。这类企业虽然事业处于发展高峰，但是雄心勃勃的管理阶层并不安于现状，决心大幅度超越竞争对手。这类企业将企业再造看成大幅度超越竞争对手的重要途径，他们追求卓越，不断提高竞争标准，构筑竞争壁垒。

4）企业文化理论。20 世纪 80 年代初，在西方管理理论研究的非理性主义倾向中，企业文化理论是首先向现代管理理论学派提出挑战的。企业文化的概念首先在美国管理学者托马斯·彼得斯（Thomas Peters）和小罗伯特·沃特曼（Robert Waterman）合著的《成功之路》一书中提出。他们认为，全美最佳公司榜单居首企业的成功经验说明，公司的成功并不是仅仅靠严格的规章制度和利润指标，更不是靠电子计算机、信息管理系统或任何一种管理工具、方法、手段，甚至不是靠科学技术，关键是靠"公司文化"或"企业文化"。企业文化主要包括以下内容。

从直接意义上来说，企业文化主要包括企业共同价值观、企业精神、企业民主、企业风俗习惯、企业道德规范等企业的纯精神、纯观念因素，也可称为隐性文化。

从间接意义上来说，企业文化可分为两种情况：一种是在企业制度、企业规章、企业形象、企业典礼仪式、企业组织领导方式及其他一切行为方式中所体现的精神因素，可称为行为精神因素，也可称为半显性文化。另一种是在企业产品和服务、企业技术和设备、企业外貌和标志形象、企业教育与文化活动等一切有形物质因素中所体现的精神因素，即物化精神因素，也称为显性文化。

美国戴维斯的《企业文化的评估与管理》、德国海能的《企业文化理论和实践的展望》、美国约翰·科特（John Kotter）和詹姆斯·L. 赫斯克特（James L. Heskett）的《企业文化与经营业绩》、美国特雷斯·迪尔（Terrence Deal）和阿伦·肯尼迪（Allan Kennedy）的《企业文化——现代企业的精神支柱》是企业文化理论的主要代表作。目前，企业文化理论研究方兴未艾。企业文化理论的研究和建立文化管理的实践，在中国也已经成为管理学重点。

5）"学习型组织"理论。20 世纪 90 年代以来，知识经济的到来，使信息与知识成为重要的战略资源，相应诞生了"学习型组织"理论。该理论的形成以美国管理学家彼得·圣吉（Peter Senge）的著作《第五项修炼》为标志。

"学习型组织"理论认为，传统的组织类型已经越来越不适应现代环境发展的要求，未来真正出色的企业将是能够设法使组织成员全心投入，并有能力不断学习的组织。该类型组织成员必须具备五项技能，即锻炼系统思考能力、追求自我超越、改善心智模式、建立共同远景目标和开展团队学习。学习型组织是一种更加人性化的组织模式，有崇高而正确的核心价值观和使命，具有强大的生命力和实现共同目标的动力，能够不断创新，持续蜕变。

📖 **知识链接**

学习型组织的"7C"模式

彼得·圣吉认为，创建学习型组织应该做到7个"C"。

1）Continuous——持续不断的学习。
2）Collaborative——亲密合作的关系。
3）Connected——彼此联系的网络。
4）Collective——集体共享的观念。
5）Creative——创新发展的精神。
6）Captured and Codified——系统存取的方法。
7）Capacity building——建立能力的目的。

6）质量管理理论。质量管理理论是于20世纪50年代出现并逐步发展，先在日本付诸实践，20世纪80年代初在西方国家得到普遍认可，从而在世界范围内掀起一场影响至今的全面质量管理运动的管理理论。其中，最具代表性的是的爱德华·戴明（Edwards Deming）和约瑟夫·朱兰（Joseph Juran）的质量管理理论。

【拓展知识】当代质量管理理论最新发展——"6σ理论"

戴明为公认的20世纪"十大经营管理大师"之一，世界著名的质量管理专家，被称为"品质之神"。作为质量管理的先驱，其主要观点为"质量管理十四要点"：①树立坚定不移的改善产品和服务的恒久目标。②采用新的理念。③停止依靠检查来保证质量的方法，重视改良生产过程。④停止仅用价格作为报偿的方法。⑤坚持不懈地改善计划、生产和服务的每一个环节，进行全面质量控制。⑥推行岗位培训。⑦建立领导关系，驱除畏惧心理。⑧消除员工之间的壁垒。⑨破除部门与部门之间的藩篱。⑩废除针对员工的口号、训词和目标；⑪废除针对工人的数字定额和管理人员的数字化目标。⑫清除剥夺员工工作自豪感的障碍；⑬实行普及每一个人的有效教育和自我完善计划。⑭让每一个人都参与公司转型的大业。

📋 **任务实施**

1. 任务讨论

讨论各种管理理论带给你的启发与思考。

2. 任务执行

（1）由学生自愿组成小组，对下列主题进行讨论。

1）你是否赞成泰勒的科学管理思想？
2）梅奥的人际关系理论带给你的启示是什么？
3）对于权变管理理论，你是怎么理解和认识的？
4）你如何理解企业再造理论？

（2）讨论结束后，每个小组选出 2~3 个代表在课堂发言，总结讨论中的主要体会。

3. 总结评价

1）学生应比较熟悉现代管理理论，能在理解各种现代管理理论的基础上进行讨论发言，形成自己相对独特的见解和认识。

2）可根据学生课堂发言情况现场评定成绩。

实践训练

实训项目——组建模拟公司

1. 实训目标

（1）培养初步运用管理理论建立现代组织的能力。

（2）训练每个成员的责任意识，以及分析、归纳与演讲能力。

2. 实训内容与要求

（1）公司组建。以扑克牌为道具，学生分别抽取其中一张牌，根据花色将学生分为四组，组建"××模拟公司"。

（2）选举公司管理层。以小组为单位，每个成员以"我要做一个什么样的管理者"为题，发表竞聘演讲，小组成员共同选举出该模拟公司的管理层人员。

（3）共同商定公司名称，进行人员分工。

（4）根据所学知识与在实际企业调查访问时所获得的信息资料，撰写"××模拟公司"基本情况介绍，内容应包括公司名称、经营范围、公司组织结构、人员分工情况等。

（5）各小组派一名代表介绍所组建的模拟公司基本情况。

3. 实训考核与评价

（1）各小组根据小组成员竞聘演讲表现打分。如某位同学在台上演讲，小组其他成员均要打分，最后汇总算出平均分。

（2）教师对各小组模拟公司组建情况进行评估打分，可根据模拟公司的基本情况进行判断。

（3）将上述诸项评估得分综合为本次实训成绩。

案例分析

金属制品公司的管理人员

琼斯、格林、乔、凯特四个人都是美国某金属制品公司的管理人员。琼斯和乔负责产品销售，格林和凯特负责生产。他们刚参加过在大学举办的为期两天的管理培训学习班，主要学习了权变理论、社会系统理论和一些有关职工激励方面的内容。他们对所学的理论有不同的看法，展开了激烈的争论。

乔首先说："我认为社会系统理论对我们这类公司是很有用的。例如，生产工人偷工减料或做手脚，或原材料价格上涨，都会影响我们的产品销售。社会系统理论中讲的环境影响与我们公司的情况很相似。我的意思是，在目前这种经济环境中，一个公司会受到环境的极大影响。在油价暴涨时期，我们还能控制公司。现在呢？我们想在销售方面前进一步，要经过艰苦的战斗。这方面的艰苦，你们大概都深有体会吧？"

凯特插话说："你的意思我已经知道了。我们的确有过艰苦的时期，但是我不认为这与社会系统理论之间有什么必然的内在联系。我们曾在这种经济系统中受到伤害，当然你可以认为这是与社会系统理论一致的，但是我并不认为我们就有采用社会系统理论的必要。我的意思是，如果每个东西都是一个系统，而所有的系统都能对某个系统产生影响的话，我们又怎么能预见这些影响所带来的后果呢？所以，我认为权变理论更适用。如果事物都是相互依存的话，社会系统理论又能帮我们什么忙呢？"

琼斯表示有不同的看法："对于社会系统理论我还没有深思，但是我认为权变理论是很有用的。我们以前也经常采用权变理论，却没有意识到自己是在运用权变理论。例如，我有一些家庭主妇顾客，经常讨论关于孩子和如何度过周末之类的问题，从她们的谈话中我就知道她们要采购什么东西了。顾客不希望我们逼他们去买他们不需要的东西。我认为，如果我们花上一两个小时与他们自由交谈，肯定会扩大销售量。但是我也碰到过一些截然不同的顾客，一定要我向他们推荐产品，要我替他们在购货中提出建议。这些人也经常到我这里来走走，但不是闲谈，而是做生意。因此，你们可以看到，我每天都在运用权变理论来应对不同的顾客。为了适应形势，我经常改变销售方式和风格，许多销售人员也是这样做的。"

格林显得有点激动，插话说："我不懂这些被大肆宣传的理论，但是关于社会系统理论和权变理论，我同意凯特的观点。教授们都把自己的理论吹得天花乱坠，听起来很好，却无助于我们的实际管理。对于培训班上讲的激励要素问题我也不同意。我认为泰勒在很久以前就对激励问题有了正确的论述。要激励工人，就是要根据他们所做的工作支付报酬。如果工人什么也没有做，就用不着付任何报酬。你们和我一样清楚，人们只是为钱工作，钱就是最好的激励。"

根据上面案例，回答以下问题。

（1）你同意哪一个人的意见？他们的观点有什么不同？

（2）如果你是乔，如何使凯特信服社会系统理论？

项目测试

一、单选题

1. 因在人事管理实践和理论方面的贡献而被称为"人事管理之父"的是（   ）。

A. 欧文　　　　　　　　　　　　B. 法约尔

C. 梅奥　　　　　　　　　　　　D. 韦伯

2. 关于管理过程学派的管理启示，下列叙述不正确的是（   ）。

A. 管理是一个过程，可以从管理经验中总结出一些基本道理或规律

B. 企业可以按照管理过程学派确定管理职能和管理原则，训练管理人员

C. 管理过程学派的理论只适用于工会力量不大、生产线稳定的情况，很难应对现实中动态多变的生产环境

D. 企业不仅要注重对事和物的管理，更应重视对人及其行为的管理

3. 社会系统学派的代表人物是（　　　）。

A. 西蒙　　　　　　　　　　　　　B. 马斯洛

C. 巴纳德　　　　　　　　　　　　D. 德鲁克

4. 安索夫的《从战略规则到战略管理》一书出版，标志着现代（　　）体系的形成。

A. 战略管理理论　　　　　　　　　B. 比较管理理论

C. 企业再造理论　　　　　　　　　D. 企业文化理论

5. 关于"学习型组织"理论类型组织成员必须具备的技能，下列选项不正确的是（　　）。

A. 锻炼系统思考能力　　　　　　　B. 追求自我完善

C. 改善心智模式　　　　　　　　　D. 建立共同远景目标

二、简答题

1. 西方管理思想的发展可分成几个阶段？

2. 我国古代管理思想的要点有哪些？

3. 泰勒的科学管理的主要内容有哪些？

4. 法约尔的一般管理理论主要包括哪些内容？

5. 简述现代管理理论有代表性的学派及其主要内容。

项目三 管理环境与管理道德

项目介绍

　　环境是组织生存的土壤，为组织的发展提供条件。组织能否谋求生存和实现自身的发展，在很大程度上取决于组织能否仔细分析环境，妥善处理与环境的关系，及时把握环境的变化趋势。组织文化不仅代表了组织的精神风貌，更应蕴涵组织的指导思想和经营哲学。企业社会责任要求企业在追求利润最大化的同时，应该承担社会责任。管理道德表明一个组织在管理过程中所遵循的基本价值和希望其成员遵守的行为准则是否符合道德的要求。

学习目标

　　(1) 熟悉管理环境的概念、分类，掌握管理环境对组织的影响。

　　(2) 熟悉组织文化的概念、特点，掌握组织文化的功能。

　　(3) 熟悉企业社会责任的概念，掌握企业社会责任的具体体现及影响组织承担社会责任的因素。

　　(4) 熟悉管理道德的概念、特点，掌握管理道德的影响因素及失衡表现。

技能目标

　　(1) 能理解各种环境对组织的影响，并能结合具体组织进行简单的环境分析。

　　(2) 能理解组织文化的构成及组织文化对管理的影响。

　　(3) 能理解并掌握企业社会责任的概念，了解企业应如何承担社会责任，增强对社会责任感的认识，为今后从事企业管理打下良好的基础。

　　(4) 能理解管理道德对企业发展的影响，树立正确的企业道德理念。

案例引入

窗和镜

一个富人去拜访一位哲学家，请教他为什么自己在有钱后变得越发狭隘、自私了。哲学家将他带到窗前，问他："向外看，告诉我你看到了什么？"富人说："我看到外面很多人。"哲学家又将他带到一面镜子前，问："现在你又看到了什么？"富人回答："我自己。"哲学家一笑说："窗和镜都是玻璃做的，区别只在于镜子多了一层薄薄的银子，但就是这一点银子，便让你只看到自己而看不到世界了。"

任务一　管理环境

任务描述

管理环境分为哪几类？管理环境对组织有什么影响？

任务分析

本任务要求学生收集各类企业的管理环境资料，在课后分析其属于哪类。

相关知识

一、管理环境的概念

管理环境是指影响一个组织生存和发展的所有内外部因素的总和。任何组织都是在一定环境中从事活动的，任何管理也都要在一定的环境中进行，管理环境的特点制约和影响着管理活动的内容和进程。

管理故事

温水煮青蛙

19世纪末，美国康奈尔大学的研究人员做过一项著名的试验，他们把一只青蛙丢进水已煮沸的锅里，这只青蛙竭尽全力从滚烫的水中跃了出来，安然逃生。然后，他们再把这只青蛙放进盛满同量冷水的锅里，慢慢加热，青蛙在温暖的水中惬意地泗游，待其意识到危险的逼近，欲再奋力一跃时，却因懈怠已久，失去了爆发力，最终未能逃离险境。

在生死抉择的关头，青蛙的凌空一跃，挽救了自己的生命；可温水中的青蛙却沉溺于舒适的环境，而忘记了面临的危险。一个鲜活的生命没有被逆境打倒，反而在安逸中付出了生命的代价。

管理启示：一个组织，必须能够应对不断变化的环境，管理者更要有深远而犀利的洞察力，留心生活中的点点滴滴。只有这样才能保持高度的竞争力，切不可在浑浑噩噩中度日，更不可沉湎在暂时的安逸中。如果管理者对组织环境变化没有高度的警觉性，组织最终也会像温水中的青蛙一样。

二、管理环境的分类

管理环境是指能够对管理活动的成效产生潜在影响的各种因素的总和，可以分为内部环境和外部环境。

1. 内部环境

内部环境是指存在于特定组织之内，决定管理系统的存在并影响其发展的客观因素的总和，既包括人员、设备、经费等实体性因素，也包括规章、条例、制度等体制性因素，还包括人际关系、组织氛围等无形因素。这些因素既是管理实践赖以进行的基础，又是管理工作的直接内容。因此，从某种意义上看，对内部环境的管理就是组织范围内的全部管理活动。

2. 外部环境

外部环境是指存在于特定组织之外，对管理系统的建立、存在和发展产生影响的客观因素和条件，分为具体环境和一般环境。

（1）具体环境。

具体环境包括对管理者的决策和行动产生直接影响并与实现组织目标直接相关的因素。不同的组织所处的具体环境不一样，即使是同一个组织，其具体环境也处在不断变化之中。一般来说，组织的具体环境主要包括顾客、供应商、竞争者和压力集团。

1）顾客。组织是为满足顾客需要而存在的，企业所生产的产品或提供的服务必须得到顾客的认可并购买或体验，才能生存和发展。政府组织也可如此理解，只不过它是对广大的民众提供公共产品和服务，其目的是获得公众的认可与支持。显然，对于组织来说，顾客具有不确定性，不同的人具有不同的需求，并且在各种各样的需求中，有些是外显的，有些是内隐的，有些则总处于不断的变化之中。所以，管理者必须时刻保持对组织目标客户的关注，识别和分析他们的需求类型及其变化，从而确保所做的决策有理有据、有的放矢。

2）供应商。谈到组织的供应商，人们通常只会想起为组织提供原材料和设备的企业。事实上，资金和劳动力的供应者也是组织必不可少的供应商。如果组织所需资源匮乏，就会束缚管理者的决策和行动，因而企业以尽可能低的成本来保证所需资源的持续、稳定供应便成为管理者的重要任务。

3）竞争者。所有的组织都有一个或更多的竞争者，即便是处于掌握国民经济命脉的垄断企业，也要接受自己的主要竞争对手的挑战。竞争者之间一般通过产品定价、技术开发、服务创新等形式与对手展开激烈的市场争夺。在不断加强组织内部建设的同时，成功的管理者必须时刻保持对竞争者动态的密切关注，通过有效的途径与手段及时掌握市场信息和竞争情报，采取有针对性的竞争策略和方法，有力地回应竞争者的挑衅和冲击。

4）压力集团。压力集团通常也称特殊利益集团，是组织不容忽视的重要外部环境力量。压力集团往往通过游说政府官员、利用媒体及舆论或直接组织抵制活动等方式来影响组织的决策和行为，以达到维护某种特殊利益的目的。不同的压力集团有不同的利益诉求，其力量也在改变。它们有时十分弱小，有时则非常强大，能够对组织的政策和行动产生极大影响。所以，管理者必须及时了解关键的压力集团的利益诉求，保持与维护彼此间良好的关系。同时，管理者还必须对组织的经营活动可能会产生的负面影响有清晰、准确的预见，并采取相应的对策，尽可能消除或弱化这种影响，从而树立良好的社会形象。

（2）一般环境。

一般环境包括可能影响组织的经济与技术、政治与法律、社会与文化、人口与地理等的因素。与具体环境相比，这些领域的变化对组织的影响通常要小一些，但是这并不意味着一般环境的力量无关紧要。有时候，大环境的急剧变化会对组织的发展产生不可估量的影响，甚至决定组织的生死存亡。因此，管理者切不可对其掉以轻心。

1）经济与技术。经济与技术二者紧密相连、相互促进，共同对组织的生存和发展产生重要影响。经济环境通常包括资金、劳动力、居民收入、物资价格、财政和税收政策等，它们不同程度地左右着管理的实践。技术方面的因素主要指科学领域的发现与发明所带来的技术上的创新和进步，具体表现为可为组织所利用的先进工艺、设备、方法等。技术是一般环境的组成要素中变化最为迅速的，能从根本上改变组织构建的基本方法及管理者的管理方式。

2）政治与法律。任何组织都是在一定的政治背景和法律环境中逐步发展壮大的。组织所在国家的政治体制、政策的稳定性与连贯性，以及政府官员对组织所持的态度，都会影响管理者的决策和行动。同时，政府制定的法律、法规和政策，既为组织的正常经营活动提供良好的市场秩序，保障组织的基本权益，又或多或少地限制了组织的发展空间，限制了管理者的自由决定权。因此，管理者必须具有敏锐的政治洞察力，掌握丰富的法律知识，以把握外界稍纵即逝的发展机会或迎接难以避免的法律挑战。

3）社会与文化。人类社会和文明始终处于不断的发展和变化中。在全球化浪潮的推动下，人们的价值观、风俗习惯、行为方式、观念和品位等社会文化因素既相互激荡又彼此交融，正发生着巨大变化。作为一种世界范围的活动，管理者在认可和包容当地特有的传统文化的同时，必须随着社会的变迁和文明的进步不断调整和改进管理理念、形式与方法，使其适应所在社会的变化。

4）人口与地理。人口与地理是一般环境中影响组织生存和发展的自然因素。特定的人口构成了组织所需的劳动力。管理者必须根据组织需要招募合适的人员，并依据其特征进行合理搭配，以产生最强的整合效应。地理环境对组织的作用主要体现在交通运输的便利性、所需资源的易获得性、生产废弃物的易处理性等方面，管理者在组织的筹建时期要根据自身特征合理地选择驻地，以充分利用地理环境方面的优势。

管理故事

三位老者的趣味聊天

一天，三位老者在一起聊天，聊着聊着就聊到了皇帝身上。

第一位是捡粪的老者，他说："如果我当了皇帝，我就下令把这条街东边的马粪全部归我，谁去捡就让公差来抓。"

第二位是砍柴的老者，他瞪了第一个老者一眼说："你就知道捡粪，皇帝捡粪干啥？如果我当了皇帝，我就打一把金斧头，天天用金斧头去砍柴。"

第三位是讨饭的老者，他听完后哈哈大笑，眼泪都笑出来了。他说："你们两个真有意思，都当皇帝了，还用得着干活吗？要是我当了皇帝，我就天天坐在火炉边吃烤红薯。"

就这样，他们越说越起劲。但是，他们就是想坏了脑子，也不知道皇帝是如何生活的。

管理启示：行为与实施的环境紧密相连，同样，管理与实现目标时的环境呈依赖关系。环境不同，管理的目标和手段也不同。

三、管理环境对组织的影响

1. 经济环境的影响

经济环境是影响组织行为最关键、最基本的因素，相对于其他方面而言，宏观经济环境的变化对组织所产生的影响更直接、更重要。对组织影响最大的是宏观经济周期波动和政府所采取的宏观经济政策。例如，在国民经济高速增长时期，企业往往有更多的发展机会，因而可以增加投资，扩大生产和经营规模，这时企业的竞争环境不会太紧张；经济停滞或衰退时期则相反，国家实施信贷紧缩会导致企业流动资金紧张，周转困难，投资难以实施；而政府支出的增加则可能给企业创造良好的销售前景。通常，利率、通货膨胀率、汇率、可支配收入及证券市场指数等因素的改变就意味着经济环境的变化。

2. 政治环境的影响

政治环境是指总体政治形势，涉及社会制度、政治结构、党派关系、政府政策倾向和人民的政治倾向等。政治的稳定无疑是组织发展必不可少的前提条件，只有在一个和平的环境中，企业才有投资的信心并确定长期发展目标和计划。政治环境的变化有时会对组织的决策行为起直接作用，但更多地表现为间接作用。一方面，由国家权力阶层的政治分歧或矛盾所引发的罢工浪潮和政局动荡，无疑会给企业的经营活动造成直接冲击；另一方面，由于政治环境变化所导致的新制度、新法规和新经济政策，将对全国范围内企业的经营和决策产生广泛而深远的直接或间接影响。

3. 社会环境的影响

社会环境是指由价值观念、消费观念、生活方式、职业与教育程度、宗教信仰、风俗习惯、社会道德风尚等因素构成的环境，这种环境在不同的地区、不同的社会是不相同的。组织一经成立就按照社会环境的要求进入一定的位置，受到环境的制约。但组织所处的社会环境不是一成不变的，组织的经营必须适应社会环境的变迁，提供的产品和服务及内部政策也应随社会环境的变化而改变。

📖 知识链接

> **消费观念的改变**
>
> 中国乳制品工业在近十余年发展十分迅速，生产总量每年以10%的速度递增，规模不断扩大。原因在于两个方面：一方面是经济的发展，人们的可支配收入增多；另一方面则是消费者观念和口味的改变。几千年的饮食习惯，使国内大多数城乡消费者还未形成喝牛奶的习惯，有人认为喝牛奶是西方人的爱好，有人觉得喝牛奶"奢侈"，这种认识的误区降低了牛奶消费的需求。至于牛奶的口味，消费者避之不谈。现在，一切发生了变化，消费者不仅从心理上接受了牛奶，而且从口味上接受了牛奶。在牛奶的口味上，企业采取了一定措施，如把牛奶制成草莓味、巧克力味、哈密瓜味、香蕉味等，来满足不同消费者的口味。
>
> 正是消费观念的改变，给现代乳制品行业带来了广阔的市场前景。

4. 技术环境的影响

任何组织都与一定的技术存在稳定联系，技术是组织为社会服务或做贡献的手段。技术环境不仅直接影响企业内部的生产与经营，还与其他环境因素相互依赖、相互作用。

📖 **知识链接**

新技术革命

当前，一场以电子技术和信息处理技术为中心的新技术革命正在迅猛发展，人们可以明显感觉到技术革命对工作、生活所带来的影响。现在人们有自动化的办公室，制造过程中的机器人、3D打印、集成电路、缩微照片、微处理器及合成燃料等，以及在此基础上产生的物联网、电子商务、微型平台、流媒体等，为人们的工作和生活带来很大的方便。由于电子计算机和信息处理技术的发展，组织可能逐步建立大规模、反应灵敏、反馈速度快的管理信息系统。在这种系统中，电子计算机能够迅速处理、分析各种文件、报表及数据，并向管理者提出处理问题的可行方案，大大提高了决策的准确性和及时性。

由此可见，技术革命对组织管理产生了多么重要的影响！

5. 自然环境的影响

自然环境是指能够影响社会生产过程的自然因素，包括组织所在地区的位置、气候条件、资源状况等。对于企业来说，自然环境是影响其生产经营活动至关重要的因素。自然环境的不同会对企业原料来源、经营或出售的商品种类、经营设施安排等产生影响。所谓"天时、地利、人和"中的"地利"，主要指自然环境。

📝 **管理故事**

上偷天时，下偷地利

明朝时期，南安县丰州西边某村有个寡妇生了个遗腹子，取名苏文。寡妇对苏文事事迁就，处处溺爱。苏文从小娇生惯养，长大后不求上进，游手好闲，偷鸡摸狗。眼看苏文成了浪荡儿，母亲心里十分焦急。

一天，母亲恳切地对苏文说："听说丰州桃源村傅裕是一个大富人，你何不前去向他求教，学点发家致富的道理？"

苏文听从母亲的劝说，向东走了十多里路来到傅裕家，一进门就向主人说明来意。傅裕谦虚地说："我的发家之道归纳起来就是一个字，两句话。一个字是'偷'，两句话是……"

苏文没等他说完就站起来，边往外跑边叫喊着："我完全明白了！原来如此呀！"

苏文回家后，自以为从傅家取到了"真经"，不劳而获的思想越来越严重，偷窃的胆量越来越大。一日，苏文在大白天破门入屋，偷窃一富家的金银财宝时，被主人当场抓获，连人带赃物扭送到南安县衙。

知县升堂后，苏文狡辩说："此皆桃源傅裕教唆，小民无知，深受其害。"知县听后，立即派差役去带傅裕到公堂对质。不久，傅裕被带上公堂。

傅裕大声说："小民实在是冤枉呀！那天，苏文来到寒舍，问我发家之道，我归纳为，一个字'偷'，两句话'上偷天时，下偷地利'。谁知苏文只听到一个'偷'字，就跑回家了。"

知县觉得事有蹊跷，又再追问："你把一个字和两句话细细地说来听听。"

傅裕胸有成竹地说："'偷'就是'善于利用'的意思。我掌握一年二十四个节气的规律，适时播种、中耕和收成，使五谷丰收，增加经济收入。这叫'上偷天时'。我在草地饲鸡、水沟养鸭、池塘放鱼、草场放牧牛羊、山坡种果造林，合理地利用自然条件创造财富。这就叫'下偷地利'。"

知县听罢傅裕的陈述，感到新奇，情不自禁地说："巧偷智取，何罪之有？治家有方，名不虚传。苏文不听，罪责自负。"

苏文听了，无奈地哀叹："聪明反被聪明误。早知如此，何必当初？"

管理启示：在做任何事情之前，人都需要考虑"地利"因素，企业也不例外，因为企业所处的地理位置决定了其可能获得的交通运输条件、通信条件、人力资源条件、政策优惠条件等，从而影响企业的生产经营成本或运行成本、人员素质、信息获取途径、社会负担等。如位于沿海地区的企业，可以降低企业的各种运输费用；相反，位于偏远山区或交通不便的地区，会遇到运输上的多种困难，增加运输费用，降低投资效益。位于协作方便、生产性基础设施比较齐全的地区，就可节约大量的相关费用，从而获得较好的投资效益。

📋 任务实施

1. **任务讨论**

讨论管理环境对组织的影响。

2. **任务执行**

（1）团队的业绩，离不开队员之间的信任，但学生往往不清楚信任是如何建立的，通过完成这一任务，让学生学会在某一环境下建立对伙伴信任的方法。

（2）每两名学生组成一队，每队发一个眼罩。而后让其中一位学生戴上眼罩，另一位学生用言语指导同伴在外面行走一圈后回到教室，然后互换角色进行体验。

3. **总结评价**

教师进行总结，根据各小组同学的表现打分。

任务二　组织文化

📋 任务描述

什么是组织文化？组织文化有哪些类型？

📋 任务分析

本任务要求学生收集大量组织文化方面的资料，在课后进行分析。

一、组织文化的概念

组织文化又称企业文化，是一个组织区别于其他同类企业的特色，具有文化的一切特征。具体来说，组织文化是组织全体成员共同接受的价值观念、行为准则、团队意识、思维方式、工作作风、心理预期和团体归属感等群体意识的总称。

组织文化有广义和狭义之分。狭义的组织文化是组织在长期的生存和发展中所形成的、为组织所特有的、为组织多数成员共同遵循的最高目标价值标准、基本信念和行为规范等的总和及其在组织中的反映。广义的组织文化是指组织在建设和发展中形成的物质文明和精神文明的总和，包括组织管理中的硬件和软件、外显文化和内隐文化。

二、组织文化的特点

组织文化是整个社会文化的重要组成部分，既有社会文化的共同属性，也有自己的独特性，组织文化的基本特征包括以下四个方面。

1. 组织文化的核心是组织价值观

组织价值观是组织决策者对组织性质、目标、经营方式的取向所做出的选择，是员工共同接受的观念。组织价值观是组织所有员工共同持有的，而不是一两个人所有的；是支配员工精神的主要价值观，是长期积淀的产物，而不是突然产生的；是有意识培育的结果，而不是自发产生的。组织价值观是把所有员工联系到一起的精神纽带，是组织生存、发展的内在动力，是组织行为规范制度的基础，是组织和员工双方价值最大化的基础，如海尔的核心价值观是"创新"，美国百事可乐公司认为"顺利最重要"，日本三菱公司主张"顾客第一"，日本 TDK 则坚持"为世界文化产业做贡献"。

2. 组织文化的中心是以人为本的人本文化

人是组织中最宝贵的资源和财富，也是组织的中心和主旋律。因此，组织只有充分重视人的价值，最大限度地尊重人、关心人、理解人、培养人和造就人，充分调动人的积极性，发挥人的主观能动性，努力提高组织全体成员的社会责任感和使命感，使组织和成员真正成为命运共同体，才能不断增强组织的内在活力和实现组织的既定目标，如 TCL 集团的文化宗旨就是"为顾客创造价值，为员工创造机会"。

3. 组织文化的管理方式以柔性为主

组织文化是一种以文化的形式出现的现代管理方式，也就是说，它通过柔性的而非刚性的文化引导，建立起组织内部合作、友爱、奋进的文化心理环境并营造和谐的人群氛围，自动调节组织成员的心态和行动，同时通过对这种文化氛围的心理认同，逐渐内化为组织成员的主体文化，使组织的共同目标转化为成员的自觉行动，使群体产生最大的协同合力。

4. 组织文化的重要任务是增强群体凝聚力

组织成员由于生活经历、价值观、教育程度、个性心理、年龄和民族等方面的不同，往往会产生冲突甚至对抗，这不利于组织目标的顺利实现。组织文化通过建立共同的价值观和寻找观念的共同点，不断强化组织成员之间的合作、信任和团结，使之产生亲近感、信任感和归属感，实现文化的认同和融合。在达成共识的基础上，使组织形成巨大的向心力和凝聚力。

📝 **管理故事**

企业文化

海尔集团 CEO 张瑞敏在接受记者采访时指出，一个企业要在国际上站住脚，就必须做大。然而，这种"大"要建立在"强"的基础上，只有"强"才能保证企业在"大"的过程中不出问题。而使企业强大的一个核心就是企业文化，这应该是一种价值观正确、全体员工都认同的黏合剂，是企业进行管理的一种内在基础。

日本政府在总结明治维新时期经济能得到迅速发展的经验时发表过一份白皮书，其中有这样一段话：日本的经济发展有三个要素：第一是精神，第二是法规，第三是资本。这三个要素的比重：精神占50%，法规占40%，资本占10%。这说明，资本不是最关键的因素，文化才是最重要的。

管理启示：组织文化对企业管理是非常重要的，对企业的成败起决定性作用。组织价值观是把所有员工联系到一起的精神纽带，是组织生存、发展的内在动力。健康的组织文化使群体具有很强的凝聚力。

三、组织文化的功能

组织文化的功能就是组织文化产生作用的能力，也就是其对企业的生产、经营和管理发挥的作用。组织文化的功能可归纳为以下六种。

1. 凝聚功能

企业文化的形成，使广大员工对外有向心力，对内有凝聚力；使企业的每位成员能够为达成企业的目标同心协力地奋斗。美国学者凯兹·卡思（Katz Kass）认为，社会系统的基础是人类的态度、知觉、信念、动机、习惯等心理因素。在社会系统中将个体凝聚起来的是心理力量，是共同的理想与信念。企业文化正是以各种微妙的方式，沟通人们的思想感情，融合人们的观念意识，把广大员工的信念统一到企业价值观和企业目标上来。通过员工的切身感受，产生对本职工作的自豪感、使命感、归属感，从而使企业产生强大的向心力和凝聚力。

2. 导向功能

企业文化一旦形成，就会产生一种定势，这种定势自然而然地把员工引导到企业目标上。企业提倡什么，职工的注意力也就转向什么。当企业文化在整个企业内成为一种强文化时，对员工的影响力也就更大，员工的转向也就更自然。例如，日本松下集团充分注意了企业文化的导向作用，使员工自觉地把企业文化作为企业前进之舵，引导企业不断向确定的方向发展。

3. 约束功能

企业文化的约束功能通过员工自身感受而产生的认同心理而实现。它不同于外部的强制机制，如"此处不准吸烟""上班不许脱岗"等，这种强制机制是企业管理的基本法则。而企业文化则是通过内省产生自律意识，自觉遵守成文的规定，如法规、厂纪等。

自律意识比强制机制的效果好得多，因为强制易使员工在心理上产生对抗，这种对抗或多或少地使强制措施效果打折扣。而自律意识是心甘情愿地去接受无形的、非正式的和不成文的行为准则，自觉地接受文化的规范和约束，并按价值观的指导进行自我管理和控制。所以说，自律意识越强，社会控制力越大。

4. 激励功能

企业文化以理解人、尊重人、合理满足人们各种需要为手段，以调动员工的积极性、创造性为目的。所以，企业文化从前提到目的都是激励人、鼓舞人。通过企业文化建设，创造良好安定的工作环境、和谐的人际关系，造就尊重关怀下属的领导，不断创造进步的机会、合理的福利待遇、合理的工作时间，在有条件的情况下尽量满足广大员工的需求，从而激发员工的积极性和创造性。企业文化的激励已不仅仅是一种手段，还是一种艺术。它的着眼点不仅在于眼前发挥的作用，更着眼于人创造文化、文化塑造人的因果循环。

5. 辐射功能

企业文化不仅对企业内部产生强烈的影响，通过自己的产品，通过企业员工的传播，也会把企业的经营理念、企业精神和企业形象昭示于社会，有的还会对社会产生影响。例如，20 世纪 50 年代鞍钢的孟泰，60 年代大庆油田的"铁人"王进喜，90 年代的李素丽等，都对社会产生了巨大影响，这就是企业文化的辐射功能。

同时，企业文化还以其深层次结构——观念形态的因素，对社会产生辐射作用。一个优秀的企业，它的企业精神、职业道德、经营管理思想、价值准则等都会对社会产生影响，如松下公司的全员经营、首钢的经济责任制、丰田的企业精神等，都冲击着当代人的心理，激发着人们的创新精神和竞争意识，使人们的观念不断发生变化。

6. 协调功能

所谓协调，是指组织内部各部门、人与人、人与事、事与事之间的有机配合。企业文化本身不是一种机制，而是人们的一种心理默契。好的企业文化所产生的心理默契比机制更有效。

为什么有的企业的兴衰完全取决于某个主要管理者，这个人以个人能力支撑着企业，主宰着企业的命运，一旦这个人离开，企业就无法补救而衰败下去呢？就是因为没有建立起好的企业文化，没有建立起好的管理体制和运行机制。例如，日本松下电器公司的创始人松下幸之助已逝世，但松下公司的企业文化照旧发挥着作用，没有因为松下幸之助的逝世而影响企业的经营管理，可见松下公司的精神和理念已成为该公司无形的运作法则。

管理故事

你好，微软

微软公司曾经发生过这样一件事。某年，公司举行庆祝会，员工们集体在一家宾馆住宿。由于第二天的活动日程临时变动，前台服务员只得一个个打电话通知。第二天，她吃惊地说："你们知道吗？我给 145 个房间打电话，起码有 50 个电话的第一句是'你好，微软公司'。"原来，进入微软技术支持中心的第一步，是接受为期一个月的封闭培训，培训的目的是把学子转变为真正的职业人。光是关于如何接电话，微软就有一套手册，其中一条就是要求技术人员拿起电话，第一句话是"你好，微软公司"。

（资料来源：CSDN，惠普之路——HP 公司发展史 2013-3-7.）

管理启示：从微软公司的组织文化可以看出，组织文化对组织成员的影响力非常大。

四、组织文化的层次与类型

1. 组织文化的层次

组织文化一般分为四个层次，即物质文化层、行为文化层、制度文化层和精神文化层。

1）物质文化层。物质文化层是组织文化的表层部分，是组织创造的物质文化，是一种以物质形态为主要研究对象的表层组织文化，是形成精神文化层和制度文化层的条件。物质文化层包括企业的标识、象征物、厂容厂貌、员工服饰、企业广告等对外形象方面的内容。

2）行为文化层。行为文化层是组织员工在生产经营、人际关系中产生的活动文化，是以人的行为为形态的中层企业文化，以动态形式作为存在形式。组织行为文化包括在组织经营活动、公共关系活动、人际关系活动、文娱体育活动中产生的文化现象，包括员工和管理者的行为规范。

3）制度文化层。制度文化层是组织文化的中间层次，主要是指对组织和成员的行为产生规范性、约束性影响的部分，是具有组织特色的各种规章制度、道德规范和员工行为准则的总和。制度文化层规定了组织成员在共同的经营活动中应当遵守的行为准则，主要包括企业组织结构和企业管理制度，主要以各项规章制度的形式体现。

4）精神文化层。组织的精神文化是组织在长期实践中所形成的员工群体心理定式和价值取向，是组织的道德观、价值观，即组织哲学的综合体现和高度概括，反映全体员工的共同追求和共同认识。组织的精神文化是组织价值观的核心，是组织优良传统的结晶，是维系组织生存发展的精神支柱。精神文化层包括企业使命、愿景、价值观、经营管理理念等内容，是企业意识形态的总和。

管理故事

阿里的企业文化

阿里巴巴集团是中国最大的互联网公司之一，也是全球领先的电子商务企业。作为一家创新型企业，阿里巴巴在企业文化方面有着独特的理念和实践。

一、使命和愿景

阿里巴巴的使命是让天下没有难做的生意。他们希望通过互联网技术和电子商务平台，为全球的企业和消费者提供便利、高效、安全的交易环境。阿里巴巴的愿景是成为全球最受尊敬、最具影响力的企业。

二、核心价值观

阿里巴巴的核心价值观是"客户第一、团队合作、拥抱变化、诚信正直、激情、奉献"。这些价值观贯穿于公司的各个方面，指导着员工的行为和决策。

（1）客户第一：阿里巴巴始终将客户的需求和利益放在首位，致力于为客户提供最优质的产品和服务。

（2）团队合作：阿里巴巴鼓励员工之间的合作与协作，强调团队的力量和集体智慧。

（3）拥抱变化：阿里巴巴认识到市场和技术的快速变化，鼓励员工积极适应变化，不断创新和进步。

（4）诚信正直：阿里巴巴强调员工应保持诚信和正直的品质，坚持做正确的事情。

（5）激情：阿里巴巴希望员工对工作充满激情，积极主动地追求卓越。

（6）奉献：阿里巴巴鼓励员工为公司和社会做出贡献，以奉献精神推动企业发展。

（资料来源：百度文库）

管理启示：企业文化是一个企业的灵魂，它的存在能引领企业走向更加广阔的未来，使企业有良好的工作氛围，激发员工的工作热情，保持企业的活力。一个企业成功与否和它是否具有优良的文化有很大的关系，优秀的企业文化能为公司创造良好的企业环境，能为大家树立正确的价值观，能够带领公司员工共同奋进。

2. 组织文化的类型

不同的组织会呈现出不同的组织文化，以适应组织的发展需要。按照各类组织的文化特点，组织文化可分为以下四种类型。

1）学习型组织文化。企业提倡学习，并为员工提供大量的培训，将员工培养成各种专业人才，IBM、宝洁、通用等企业就是这种类型的组织文化。

2）俱乐部型组织文化。企业比较重视忠诚，强调员工的资历及全面才能，认为管理人员应该是通才而不是单一的专业人才，如 UPS、政府机构和军队等就是这种类型的组织文化。

3）创新型组织文化。企业强调冒险与创新，并提倡高产出、高回报，鼓励拼搏精神，如软件开发、银行投资类企业就属于此类组织文化。

4）保守型组织文化。企业强调自身的生存，有较多的条条框框来要求员工，希望员工遵守纪律、循规蹈矩，如林业产品公司、能源探测公司等企业就属于此类组织文化。

任务实施

1. 任务对论

讨论什么是企业文化？

2. 任务执行

企业的口号属于企业文化，学生应明白，企业的口号越简单越好。

（1）将所有的学生分成若干组。

（2）不同的小组设计自己的行动口号。

（3）选择观察员对各小组的统一性、一致性进行评分。

（4）分析为什么某小组会获得第一名。

3. 总结评价

小组成功的秘诀除了一个好的领导和团队成员的协作外，还有一个十分重要的因素，那就是一个简单响亮的口号，如有的小组的口号是"1，2，1，2"，有的小组的口号是"左，右，左，右"。

在这里，数字更简单，喊起来容易上口。

学生应由此想到，作为企业战略设计的一部分，要用简单的方式将企业战略表达出来，这就是"口号"了。

任务三　企业社会责任

任务描述

企业应承担什么社会责任？

任务分析

本任务要求学生收集大量企业社会责任的资料，在课后进行分析。

📋 **相关知识**

一、企业社会责任概述

1. 企业社会责任的定义

一方面，企业是营利性组织，要生存和发展，必须考虑自身利益；另一方面，企业的经营活动不能损害公众利益和周围环境，这样才能确保企业利益的增加有助于社会福利的扩大，实现企业和社会共同而持久的和谐发展，这是企业社会责任的思想基础。

有关企业社会责任的概念存在不同的观点。鲍尔认为，企业社会责任是企业行为对社会的影响；凯恩·戴维斯认为，企业社会责任就是在谋求企业利益的同时，对保护和增加整个社会福利方面所承担的义务；也有人认为，企业社会责任是指企业在创造利润、对股东承担法律责任的同时，还要承担对员工、消费者、社区和环境的责任。企业社会责任要求企业改变将利润作为唯一目标的传统理念，强调在生产过程中关注人的价值，强调对消费者、对环境、对社会的贡献。

综上，本书认为，企业社会责任是对企业经营行为的道德约束，指企业要承担对员工、消费者、社区和环境的相应责任。也就是说，企业除了要为股东创造利润和使资产增值外，还必须考虑利益相关者的利益，具体包括遵守商业道德、保护环境、支持社会公益和慈善事业等。企业社会责任的底线是企业的法律责任，即遵守国家的各项法律法规，而对社区、环境保护及社会公益事业的支持则是在法律底线之上的更高要求。

2. 企业社会责任的类型与内涵

（1）从责任的类型来看，企业社会责任包括经济、法律、道德和慈善四种类型。

1）经济责任，指企业生产、盈利、满足消费需求的责任，核心是企业创造利润、实现价值的能力。它要求企业不断创造财富，实现销售收入的增加和成本的降低。经济责任是其他社会责任的基础，因为企业首先是经济组织，它的首要任务就是通过提供产品和服务来满足社会的需求。如果企业不能创造财富，那么它就无法实现股东财富的增长，也无法解决社会就业和税收问题。

2）法律责任，指企业履行法律法规所规定的各项义务的责任。它要求企业合法经营，遵纪守法，按章纳税，履行合同义务。法律责任是企业社会责任的底线，没有履行法律责任，任何企业最终都要为之付出代价。因此，企业管理者要有足够的法律意识。

3）道德责任，指企业在生产经营活动中自觉履行的伦理准则和道德规范。道德责任是较高层次企业的社会责任，分为内外两个方面，从企业内部来讲，主要包括善待职工，关注职工生命安全和身体健康，改善工作环境，保障职工合法权益，注重职工事业成长，让职工分享企业发展的成果；从企业外部来讲，包括遵守商业道德、平等交易、诚实守信，以及尊重自然、保护环境、节约资源和能源等。

4）慈善责任，指企业主观意识到的自主、自愿承担的责任，不具有强制性特征，在企业社会责任体系中居于最高层次。企业承担慈善责任，符合社会的倡导与公众的期望，但其对慈善责任的承担是有限的，即企业承担社会慈善责任应与自身的承受能力和企业自身的正常生产及可持续发展相适应，应量力而行。捐赠是企业履行慈善责任最主要的表现形式，受捐赠的对象主要有社会福利院、医疗服务机构、教育机构、贫困地区、特殊困难人群等。此外，还包括招聘残疾人、生活困难的人、缺乏就业竞争力的人，以及举办与公司营业范围有关的各种公益性的社会教育宣传活动等，如联想的"公益创投"、腾讯的"新乡村建设"等。

（2）从企业的利益相关者来看，企业社会责任体现在以下几个方面。

1）对消费者的责任。所谓消费者，是指为生活消费需要购买、使用商品或者接受服务的个人和单位。企业价值和利润的实现，在很大程度上取决于消费者。因此，为了实现企业的利润和价值、保障消费者利益，企业必须真诚地承担对消费者的责任，具体表现为：确保产品货真价实，保障消费安全；诚实守信，提供正确的商品信息，保护消费者的知情权；提供完善的售后服务，及时为消费者排忧解难。

2）对供应商与合作者的责任。企业对供应商与合作者的责任包括恪守信誉，严格执行合同；反对市场霸权，提供公平交易机会，获取合理利润；通过定期的沟通和交流提高双方的配合程度等。

3）对政府与社区的责任。企业对政府与社区的责任包括执行国家法令和法规；照章纳税；提供就业机会；支持政府组织的社会公益事业、福利事业和慈善事业；关心社区建设，协调好自身与社区各方面的关系，实现企业与社区的和谐发展、共同发展。

4）对行业的责任。企业对行业的责任包括遵守公认的行业道德和职业道德；不假冒他人的商标，也不使用相近的名称、包装、装潢；在交易中不恶意损害对手形象；不以低于成本的价格进行恶性竞争；不搞垄断性经营等。

5）对股东的责任。企业对股东的责任包括向股东提供真实、全面的经营和投资方面的信息，提高投资收益率；提高市场占有率；促进股票升值；合理划分管理人员和员工的报酬；有效控制管理费用等。

6）对员工的责任。企业和员工之间是契约关系，除了相互之间有支付报酬和付出劳动的法律关系以外，企业还要承担为员工提供安全的工作环境、职业教育等保障员工利益的责任。企业对员工的责任具体包括：一是按时足额发放劳动报酬，并根据社会发展逐步提高工资水平；二是提供安全健康的工作环境，加强劳动保护，实现安全生产，积极预防职业病；三是建立公司职工的职业教育和岗位培训制度，不断提高员工的素质和能力；四是完善工会、职工董事和职工监事制度，形成良好的企业文化。

7）对社会与社区的责任。企业对社会与社区的责任包括救济无家可归的人员；帮助残疾人员就业；资助失学儿童，帮助孤寡老人；支持落后地区发展经济；支持社区环境保护和公益事业，为社区提供慈善捐赠等。

8）对环境和资源的责任。企业对环境和资源的责任可以概括为两大方面：一是承担可持续发展与节约资源的责任；二是承担保护环境和维护自然和谐的责任。环境保护是关系所有人利益的事业，是关系全人类可持续发展的大事，全人类都应为此努力。企业要深入学习并实践科学发展观，坚持走新型工业化道路，建设资源节约型、环境友好型企业，使生产经营与自然生态系统和谐统一，以最小的环境代价换取企业长久发展的条件。

管理故事

勇担社会责任 彰显企业担当

作为一家跨区域、多业态的国有大型零售连锁企业，银座集团股份有限公司（以下简称"银座集团"）积极立足新发展阶段、践行新发展理念，锚定"走在前，开新局"，始终以"人民对美好生活的向往"为奋斗目标，聚力业态融合、创新绿色转型，不断在社会责任的焕新、加持、赋能上做出新成效。在 2022 双循环发展大会的山东高质量发展高峰会上，银座集团入选优秀企业案例，向全社会展现责任国企形象。

面对复杂严峻的疫情，银座集团积极响应号召，第一时间成立领导小组与工作组，迅速统筹各门店启动紧急预案，充分发挥自身平台、渠道、品牌及资源优势，科学统筹民生物资采购、调运、仓储、销售、配送等一系列工作，确保供应"不掉链"、服务"不断档"，全力推进线上线下联动稳价保供。

货源方面，加速统筹济南、曲阜、潍坊三仓园区持续加大生活必需品的采购力度，并积极联系济南匡山及北京新发地、河北高碑店等周边省市批发基地进行货源补充，一边保供应，一边做特殊时期助农工作。供应方面，银座集团充分发挥线上线下全渠道经营优势，以"银座云逛街"自有平台为依托，采取"在线选购、手机下单、集中配送至小区提货点"的模式，有效解决了市民便捷购物问题。同时，各门店积极与社区对接协作，建立"爱心呼叫群"，联合构建社区物资"绿色通道"。商品方面，及时推出 39 元、69 元等价位不等的"蔬菜包"上线预售服务，分装平价亲民的优质刚需菜品，广受市民欢迎。配送方面，配送中心在超三分之二的人员居家的情况下，剩余的 102 名员工全部住进济南仓，全力保障 24 小时大仓各环节工作不掉链子。

据统计，2021 年银座集团共为社会提供肉蛋菜、米面油、消毒剂等应急物资对应货值约 9.50 亿元。2022 年 4—5 月，共计投放生鲜类商品约 4 300 吨，大米、面粉、面条、食用油约 11.5 万件，方便食品 14.8 万件，饮用水 13 万余件，防疫类物资 13.6 万件。

银座集团始终认真贯彻落实各级单位决策部署，坚持把"我为群众办实事"实践活动作为贯穿党史学习教育全过程的重点内容和关键环节，强化责任担当。

（资料来源：齐鲁晚报网 2022-11-18.）

管理启示：企业和管理者应该怎样担负起社会责任呢？管理者应认识到，其经营活动对其所处的社会将产生很大影响，而社会发展同样也会影响其追求企业的成功。管理者积极管理经营活动在经济、社会、环境等方面的影响，不仅可以为公司的业务运作和企业声誉带来好处，而且还可以造福于企业所在地区的社会。

二、企业社会责任与利润的关系

企业不仅仅要追求利润最大化，而且要增进社会福利，因而要承担相应的社会责任。把追求利润最大化与应承担的社会责任结合起来，在承担社会责任的基础上实现企业利润，二者的具体关系表现为以下几点。

1. 承担社会责任与企业利润最大化并不矛盾

西方早期的管理思想和管理著作就提出，企业在追求利润最大化的同时也应考虑需肩负的社会责任。随着经济社会的发展，人们越来越多地考虑企业与社会的协调、经济效益与社会效益的协调。企业与社会的和谐共生，能为企业带来更多、更持久的利润。

2. 企业社会责任和企业追求利润最大化相互促进

企业在履行其社会责任的过程中，虽然会增加经营成本，但是，如果企业充分履行了社会责任，就会得到社会公众的认可，社会公众就会购买其产品，从而有利于企业利润最大化目标的实现。企业实现其利润最大化目标后，也会有更多的精力、更大的能力去履行其社会责任。反过来，如果企业没有履行其社会责任，就不会得到社会组织和公众的认可，其产品也不会有很好的销路，这样的公司不会长久。

3. 企业承担社会责任是大势所趋

当前我国对地方政府的考核不再简单地以 GDP 和招商引资等指标为主，而是提出了绿色 GDP 的概念。企业作为社会基本组成部分的经济组织，应该有强烈的责任意识，将社会责任提升到与企业经济效益相同的高度，不仅仅要为股东创造价值，还要为政府、社会和员工营造和谐的氛围，并且在动态中不断去寻找经济效益和社会效益的均衡。只有如此，企业才能在和谐社会中走得更远。

企业履行社会责任不仅需要企业自觉认识社会责任的重要意义，而且需要政府及相关监管部门在规则制定上有所体现，为整个社会的和谐发展作出积极贡献。

三、企业社会责任的表现

1. 明礼诚信、确保产品货真价实

由于种种原因造成的诚信缺失正在破坏社会主义市场经济的正常运营。由于企业不守信，假冒商品随时可见，很多企业因市场上的假冒伪劣商品和打假难度过大，导致难以为继，岌岌可危。为了维护市场秩序，保障人民群众的利益，企业必须承担起诚信、确保产品货真价实的社会责任。

2. 科学发展

企业的任务是发展和盈利，并担负着增加税收的使命。企业必须承担起发展的责任，以发展为中心，以发展为前提，不断扩大企业规模，扩大纳税额，为国家发展作出贡献。但是这个发展观必须是科学的，任何企业都不能只顾眼前，不顾长远；也不能只顾局部，不顾全局；更不能只顾自身，不顾友邻。

3. 可持续发展

中国是一个人均资源紧缺的国家，企业的发展应与节约资源相适应。企业不能顾此失彼，不顾全局。作为企业家，一定要站在全局立场上，坚持可持续发展，高度关注节约资源，并改变经济增长方式，发展循环经济，调整产业结构。

4. 保护环境

为了人类的生存和经济持续发展，企业一定要担当起保护环境、维护自然和谐的重任。随着全球和我国的经济发展，环境日益恶化，特别是大气、水、海洋的污染日益严重。野生动植物的生存面临危机，森林与矿产过度开采，给人类的生存和发展带来了很大威胁，环境问题成了制约经济发展的瓶颈。

📝 管理故事

践行社会责任　引领可持续发展

党的二十大报告指出，必须牢固树立和践行绿水青山就是金山银山的理念，站在人与自然和谐共生的高度谋划发展。在环境责任领域，海尔集团率先响应国家"双碳"目标，践行"绿色采购、绿色设计、绿色生产、绿色经营、绿色回收、绿色处置"的"6 - Green"战略，并打造中国家电行业首座再循环互联工厂，年拆解能力达 300 万台，资源再生能力达 3 万吨。

在建立绿色可持续发展体系的同时，海尔持续投身慈善和公益事业。据不完全统计，至今海尔用于社会教育事业、对口支援帮扶、扶贫救灾助残的捐款捐物等已达 6 亿多元。在国内，海尔累计援建 365 所希望小学、1 所希望中学，成为团中央希望工程中援建希望小学最多的企业；在海外，海尔积极在波兰、印尼等国家开展关爱儿童公益活动，向学校捐赠图书和家电产品，展现全球化企业担当。与此同时，海尔集团通过创新物联网思维和模式，充分利用现代信息技术，解决用血安全、疫苗安全等社会民生问题，如海尔集团自主研制的太阳能疫苗冰箱已进入包含"一带一路"沿线在内的 78 个国家和地区，守护全球 2 亿儿童健康。

在公司治理方面，"人的价值第一"是海尔永远的发展主命题。"人"，既是向外视野中经济生活的创造者、参与者，更是企业内为实现高质量发展而不懈努力的每一位员工。为最大化激发员工活力，海尔在不改变企业集体所有制产权性质的基础上打造了独有的"创客制"，使每个员工都有机会成为企业的创客合伙人，享有劳动所得、资本利得以及超利分成三项权益，让员工真正成为企业的"主人公"。

（资料来源：信网，2022-12-7.）

管理启示：在中国式现代化建设全面推进的当下，社会责任成为企业高质量发展的"必答题"。海尔始终坚持企业是社会的一部分，来源于社会，也应该回馈社会，在创造经济价值的同时，持续贡献社会价值，积极履行社会责任，彰显大企业的责任担当。承担社会责任是企业能够持续发展的重要基础，也是企业提高竞争优势的重要之举。

四、影响企业承担社会责任的因素

企业对社会责任的态度受各种因素的影响和干扰，有些因素是促进性的，会增强企业承担社会责任的意愿；而有些因素则具有一定的消极性，会削弱企业在这方面的意向。

1. 促使企业积极承担社会责任的主要因素

除个人的信仰、伦理观及价值观外，能促使企业积极承担社会责任的因素主要有以下几种。

1）公众形象。承担社会责任的良好行为有助于企业在公众中形成良好的口碑，公众心目中的良好形象对企业的好处是多方面的，如使销售额上升、雇佣更多更好的员工、更容易筹集到资金等。

2）长期利润。良好的社区关系和负责行为能为企业带来更稳定的长期利润。

3）组织系统。社会责任的履行能为企业增添吸引力，从而留住优秀雇员，营造良好的氛围。

4）规范行为。社会责任中的道德责任能有效地约束企业的日常行为，从而尽可能地避免对非法和不道德手段的采用等。

2. 阻碍企业承担社会责任的主要因素

阻碍企业承担社会责任的消极因素主要有以下几种。

1）股东权益。社会公益性举措会削减股东们的既得利润，若按照"信托人"观点，这体现了管理当局对股东的不负责任。

2）行为衡量。企业的社会行为效果通常难以用确切的指标进行度量。

3）成本问题。许多社会责任活动是不能自负盈亏的，导致企业最终会以提价的方式将成本转嫁给消费者。

4）权力过大。企业本身就已具有在经济领域内的充足权力，若再涉足社会领域，处理社会问题，追逐社会目标，那么企业所拥有的权力就会产生过度膨胀等现象。

任务实施

1. 任务讨论

讨论企业应承担哪些社会责任？

2. 任务执行

（1）根据下面的案例，讨论企业社会责任。

1990年，德国通过了"回收"法律，要求汽车制造商对其产品的使用生命周期负责。因此，宝马在设计汽车时，不仅设计集成系统，还设计拆装系统。落基山脉研究所阿默里·罗文斯（Amovy Lovins）设计的一种超级汽车，引擎效果可提高20倍，采用轻型的组合和非常灵巧的发动机，并可全部回收再利用。

英国石油公司在环境责任方面的贡献在英国首屈一指。该公司花费约8 000万美元为其设在苏格兰的一个企业添加环境保护设施，其负责人说："这里不像美国，苏格兰没有任何条例让我们做这些事，我们是自愿这样做的，因为我们也要在这儿生存。"

（2）在分析案例的基础上，运用创造性思维，完善企业社会责任目标。

3. 总结评价

（1）为所在班级或小组或模拟公司制订一个社会责任方案。

（2）各组将方案在班级进行交流，然后对各方案的完整性、科学性和规范性等进行评分。

任务四 管理道德

任务描述

管理道德失衡表现在哪些方面？

任务分析

本任务要求学生收集大量的企业管理道德失衡的案例，在课后进行分组讨论。

相关知识

一、管理道德的概念

管理道德作为一种特殊的职业道德，是从事管理工作的管理者的行为准则与规范的总和，是特殊的职业道德规范，是对管理者提出的道德要求。对管理者自身而言，管理道德是管理者的立身之本、行为之基、发展之源；对企业而言，管理道德是对企业进行管理的价值导向，是企业健康地持续发展所需的一种重要资源，是企业提高经济效益和综合竞争力的源泉。可以说，管理道德是管理者与企业的精神财富。

二、管理道德的特点

1. 普遍性

管理道德是人们在参与管理活动的过程中依据一定的社会道德原则和基本规范而总结、概括出来的管理行为规范，它适用于各个领域的管理。无论是行政管理、经济管理、企业管理、文化管理，还是单位、部门、家庭和邻里的人际关系管理，都应当遵守管理道德的原则和要求。

2. 特殊的非强制性

人类最初的管理，是属于公权的，人人都可以平等参加，没有强制性。与之相应的，调整管理行为的规范，即管理道德也没有强制性。正如恩格斯所指出的："酋长在氏族内部的权力，是父亲般的、纯粹道德性质的，他手里没有强制的手段。"人类社会进入阶级社会以后，管理被打上了阶级的烙印，具有阶级的性质和内容。它依靠国家或组织的权力实行管理活动，具有强制的性质。但是，与此相适应的管理道德并没有改变其非强制的性质。不过，管理道德在内容上侧重于调整和约束组织管理者的管理行为，在社会作用上则侧重于依靠被管理者的舆论影响管理者的行为，从而调整管理者与被管理者之间的关系，使其具有特殊性。

3. 变动性

人类的管理活动随着人类社会实践的发展而不断变化，作为调整管理行为和管理关系的管理道德规范，也必然随管理的变化和发展而不断改变自己的内容和形式。原始社会的公共事务管理性质单纯、形式单一、内容简单、发展极其缓慢，与之相应的管理道德的内容也简单、规范也少、发展也缓慢。到了近代，随着管理内容的复杂化、管理方式的制度化和管理目标的多样化，与此相应的管理道德的内容也随之增加和丰富，形式也多样化。特别是当代科学管理的迅速发展，进一步推动了管理道德的变化和发展。因此，如何在这种变动性中适时调整道德的结构和层次，概括出反映新的时代特点和当代科学管理水平的新的管理道德规范，以满足具有中国特色的社会主义管理发展的需要，这是摆在我们面前的一项新任务。

4. 社会教化性

道德教化是一个古老的概念，重视教化是中国传统文化的一个优良传统。中国古代的思想家大都重视德治，都强调道德教化的作用。孔子主张用"仁爱"的道德原则教化人，认为人只要做到"仁"，就能自爱，就能"爱人"，对人宽容。孟子发展了孔子的仁爱思想，提出"亲亲而仁民，仁民而爱物"的思想，认为"仁"就是"爱之理，心之德"。此外，儒家还把公正、廉洁、重行、修养、举贤任能等，都看作"仁爱"教化的结果，要求管理者都应具备这些道德品质。当代中国的社会主义管理道德，应当吸收中国传统文化中合理的道德教化思想，高度重视管理道德的教化作用。尤其应当强调组织管理者的道德示范和引导作用，使管理道德的意识、信念、意志、情感更加深入人心，并内化为人们的自觉行为，这对促进社会主义管理目标的实现具有非常重要的作用。

三、管理道德的影响因素

1. 外部因素的影响

外部因素的影响主要包括早期教育因素、企业的管理体制及制度因素、企业文化因素、社会大环境因素等。

1）早期教育因素的影响。个人早期受的教育、生活环境，尤其是在其幼年、童年时期所处环境的熏陶、所受教育的程度等，对其今后的观念形成有至关重要的作用。个人在这一时期感知、认知事物，初步形成道德观。

2）企业的管理体制及制度因素的影响。企业的管理体制是否有利于企业发展，规章制度是否健全完善、人才培训培养机制是否有效等，都对管理道德的形成起较大作用。

3）企业文化因素的影响。一个企业有较强的、积极向上的企业文化，就可以抵御外来风险，化解内部冲突。在走上市场经济之路以来，许多企业注重实施企业文化建设，形成具有企业自身特色的文化。

4）社会大环境因素的影响。在一定时期，社会上大多数人的世界观和价值观都受外部环境影响，甚至会因此改变个人的管理道德观。尤其是在社会转型期，多种因素综合可能导致一些人的道德观危机。

2. 内在因素的影响

内在因素的影响主要包括管理者自身的意志和信念因素及责任感等。

1）自身意志和信念因素的影响。个人意志坚强、信念坚定的管理者对事物判断比较准确，无论身处顺境还是逆境，无论外部诱惑如何，大多会在道德准则判断与道德行为之间保持较强的一致性，不会因一时之事、一念之差而做出不正确的选择。

2）自身责任感因素的影响。责任感是每个人对工作、企业、社会等所做出行为的负责态度，有较强责任感的人，是一个能自觉承担社会责任、积极履行职责和正确行使职权的管理者，敢于、勇于对自己的行为负责，很少出现违背道德准则的情况。

总之，上述几种因素基本上决定了一个人的管理道德观，不同的道德观导致了相应的管理行为。

四、管理道德失衡的表现

在市场经济体制转轨过程中，激烈的市场竞争使一些单纯以经济利益为导向的企业唯利是图。因此，在企业经营管理活动中，经常出现不遵守道德规范的现象，产生了企业管理的道德失衡。

1. 企业与竞争者的关系方面

在企业与竞争者的关系方面，道德失衡主要表现在：假冒其他企业的商标，生产假冒伪劣产品，侵犯他人商业秘密，损害竞争对手的商业声誉，挖墙脚等；特别是企业之间不讲信誉、彼此拖欠和赖账、不履行合同。

2. 企业与顾客的关系方面

在企业与顾客的关系方面，道德失衡主要表现在：欺骗性的广告宣传，在营销和推广上夸大其词，生产不安全或有损健康的产品，但故意向消费者隐瞒真相。

3. 企业与员工的关系方面

在企业与员工的关系方面，道德失衡主要表现在：有些企业在招聘、提升和报酬上采取性别歧视，侵犯员工的隐私权；有些企业盲目追求利润，不顾员工的生存和工作环境，侵犯员工的健康权利。

4. 企业与自然环境的关系方面

在企业与自然环境的关系方面，道德失衡主要表现在：企业为追求高利润，对污染治理采取消极态度；对排放"三废"等造成的污染不实施治理而是继续偷偷地排出。

管理故事

面对环境

6月5日是"世界环境日"，此日某知名药企废水、废气和废渣违规排放被曝光，相关报道中指出，该药企的废渣直排河流，硫化氢废气超标千倍。同时，该药企在某台黄金时段投放广告，其广告投入是环保标准的27倍。

管理启示： 任何一个企业在经营中，都不能因为片面追求经济效益而污染环境、破坏生态，必须从尊重自然、关爱民生的道德责任出发，以可持续发展为企业经营的指导原则，以正确处理人与自然的关系为企业发展的基本宗旨，促进资源和环境的可持续发展。通过自觉地努力，把利润目标和社会责任统一起来，既对当代人负责，又对后来人负责，力求对社会有更多的贡献——这应是现代企业自觉追求的道德责任。

任务实施

1. 任务讨论

讨论企业管理道德情况。

2. 任务执行

（1）把班级分成若干小组，每组6~10人，对有关企业管理道德的情况进行实地调查。

（2）结合所学的知识，各组针对调查企业的管理道德案件进行交流。

3. 总结评价

通过调查情况和相互交流，写一份关于企业管理道德的报告。

实践训练

实训项目——企业文化建设调查

1. 实训目标

强化学生对企业文化的认识。

2. 实训内容

以5~8人为一组组建模拟公司，并为公司设计组织文化。

3. 实训要求

按照组织文化建设的原则和步骤，认真编写模拟公司组织文化的建设方案。

案例分析

快递文化

一个风雪交加的晚上，一家特快专递公司要送一个非常重要的包裹给客户。送包裹的员工快到客户家时才发现，这位客户住在山顶上，大雪已经封死了上山的必经之路，而约定包裹送达的最后期限马上就要到了。于是这位员工当机立断，在没有请示公司领导的情况下雇了一架直升机，并且自己用信用卡支付了所有费用，把包裹送了上去。客户感动万分，马上向当地媒体通报了这件事，于是这家公司声名大振。

请根据上面的案例，回答以下问题。

（1）评价这位员工的行为。

（2）分析这个案例中折射出的该公司管理文化与制度。

项目测试

一、单选题

1. 在组织文化的四个层次中，从根本上支配企业及员工的行为倾向的是（　　　）。

A. 物质文化层　　　　　　　　　　B. 行为文化层

C. 制度文化层　　　　　　　　　　D. 精神文化层

2. 关于管理道德的特点，下列选项不正确的是（　　　）。

A. 普遍性　　　　　　　　　　　　B. 强制性

C. 变动性　　　　　　　　　　　　D. 社会教化性

3. 外部环境中的具体环境不包括（　　　）。

A. 顾客　　　　　　　　　　　　　B. 社会文化

C. 供应商　　　　　　　　　　　　D. 竞争者

4. 厂容厂貌、职工风貌属于企业（　　　）层次的文化。

A. 物质文化　　　　　　　　　　　B. 行为文化

C. 制度文化　　　　　　　　　　　D. 精神文化

5. 在社会主义国家中，（　　　）是一切管理道德行为的最高准则。

A. 国家利益　　　　　　　　　　　B. 经济效益

C. 集体利益　　　　　　　　　　　D. 社会效益

二、简答题

1. 影响企业承担社会责任的因素有哪些？

2. 组织文化有哪些功能？

3. 管理道德的特点是什么？

4. 管理道德失衡的表现有哪些？

5. 管理环境对组织有哪些影响？

项目四 计 划

📝 项目介绍

计划是管理的基本职能之一，也是其他各项职能的基础，在整个管理活动中占据至关重要的位置。计划工作的任务是为组织设立目标，并将组织在一定时期内的活动任务分解给各部门、团队和个人，不仅为部门、团队和个人在一段时期内的工作提供具体依据，也为组织目标的实现奠定基础。

🎯 学习目标

（1）了解计划的含义、特征、作用，熟悉计划的内容及预测。
（2）掌握计划的编制方法及编制步骤。
（3）掌握计划的调整。

📍 技能目标

（1）掌握计划的编制步骤和方法。
（2）具备应用科学的计划编制方法来指导制订工作计划的能力。

📦 案例引入

我的目标

有个同学举手问老师："老师，我的目标是赚100万！请问我应该如何计划我的目标呢？"

老师便问他："你想在多长时间内达成目标？"他说："一年！"老师又问："你相不相

信你能达成目标?"他说:"我相信!"老师接着问:"那你知不知道要通过哪些行业来达成目标?"他说:"我现在从事证券行业。"老师接着又问他:"你认为证券行业能不能帮你达成这个目标?"他说:"只要我努力,就一定能达成。"

"我们来看看,你要为自己的目标付出多大的努力。根据我们的提成比例,100 万的佣金大概要做 300 万的业绩。一年 300 万业绩,一个月就是 25 万业绩,每一天大概要 11 300 元的业绩(每月按 22 个工作日考虑)。"老师说,"每一天大概要 11 300 元的业绩,大概要拜访多少客户?"

"大概要 68 个人。"老师接着说,"那么一天要 68 人,一个月大概要 1 500 人。一年呢?就需要拜访约 18 000 个客户。"

这时老师又问他:"请问你现在有没有 18 000 个 A 类客户?"他说没有。"如果没有的话,就要靠陌生拜访。你平均一个人要谈多长时间呢?"他说:"至少 20 分钟。"老师说:"每个人要谈 20 分钟,一天要谈 68 个人,也就是说你每天要花 22 个多小时与客户交谈,还不算路途时间。请问你能不能做到?"他说:"不能。老师,我懂了。这个目标不应是凭空想象的,是需要凭借一个能达成的计划而定的。"

什么是目标?目标应该具备哪些要素?目标的种类有哪些?制定目标的步骤有哪些?目标与计划是什么样的关系?任何人做事情都需要目标,目标是激发人们行动的动力,是使人们奋斗的希望,要正确认识与评估自我,根据自身个性和潜质选择适合的发展方向。企业在日常经营活动中要根据组织的内外部情况制定目标,使目标富有挑战性和指向性。计划就像一座桥梁,把目标和结果联系起来。

任务一　计划职能概述

任务描述

什么是计划?计划分哪几类?预测的步骤有哪些?

任务分析

本任务要求学生收集自己从小到大的学习计划,分析实现了多少计划目标,以及没有实现计划目标的原因。

相关知识

一、计划的含义

【视频】计划的本质与特征

计划是指事先决定做什么及如何去做的管理工作过程,包括确定组织目标,确定采用什么方法来实现目标及控制目标的实现过程等。计划有狭义和广义之分,广义的计划是指

根据组织环境和资源占用情况，明确组织在一定时期内的奋斗目标，通过计划的编制、执行和控制，科学安排组织各方面的经营管理活动，有效利用人、财、物等资源，取得最大化的经济效益和社会效益。狭义的计划是指通过一套科学的方法，明确组织的目标及实现组织目标的具体安排。

知识拓展

工作计划

　　工作计划就是对即将开展的工作的设想和安排，如提出任务、制定指标、确定完成时间、编制解决方案和确定步骤方法等；是为了达到发展目标，在对项目进行科学调研、分析，以及搜集与整理有关资料的基础上，根据一定的格式和内容的具体要求而编辑整理的书面材料。

　　要避免工作的盲目性，必须前有计划、后有总结。计划能够建立起正常的工作秩序，明确工作的目标，是领导指导、检查，以及群众监督、审核工作成绩的依据。计划也是一段时间过后组织总结工作的基本标准，计划完成或超额完成，说明工作成绩是突出的；相反，没有完成工作计划，则说明工作存在严重问题。

　　在实践中，计划有许多名称，如"安排""要点""设想""预想""方案""规划""打算"等。

管理故事

运筹帷幄，决胜千里

　　帝置酒洛阳南宫，上曰："彻侯、诸将毋敢隐朕，皆言其情。吾所以有天下者何？项氏之所以失天下者何？"高起、王陵对曰："陛下使人攻城略地，因以与之，与天下同其利；项羽不然，有功者害之，贤者疑之，此其所以失天下也。"高祖曰："公知其一，未知其二。夫运筹帷幄之中，决胜千里之外，吾不如子房；镇国家，抚百姓，给馈饷，不绝粮道，吾不如萧何；连百万之军，战必胜，攻必取，吾不如韩信。三者皆人杰，吾能用之，此吾所以取天下也。项羽有一范增而不能用，此其所以为我擒也。"群臣说服。

（摘自《资治通鉴·汉纪三》）

　　管理启示：所谓的运筹，是指谋划和筹划，也就是管理上所讲的计划职能。可见计划是多么重要！

二、计划的类型

1. 按计划的层次划分

根据计划的层次，计划可分为战略计划、战术计划和作业计划。

【视频】计划的分类

战略计划是为了实现组织战略目标而制订的计划。更准确地说，战略计划是为实现战

略目标而制订的指导资源配置、优先次序和决定行动步骤的计划，其作用在于确立组织的全局目标，寻求组织在环境中的定位，决定组织的基本目标和基本政策。战略计划往往由组织的高层管理者确定，趋向于覆盖较长的时期，并设计较宽的领域，往往是方向性的一次性计划。

与战略计划不同，战术计划具体规定实现全局目标的细节。战术计划以时间为中心，将战略计划中的基本目标和基本政策转化为确定的目标和政策，规定达到各种目标的具体时间，进一步确定计划期的具体指标，确定工作流程，分配任务和资源，明确权利和责任等。战术计划往往由组织中层管理人员拟定，覆盖较短的时期，往往是具体性的、持续的计划。

作业计划关注如何实施战术计划及完成作业目标。作业计划由基层管理人员制订，时间跨度很短，范围相对集中，并且处理的活动数量相对较少。

知识链接

战略与战术的区别

从范围上讲，战略是国家或一个组织根据形势需要，在整体范围内为经营和发展自己的势力或能力而制定的一种全局性的、有指导意义的规划和策略。而战术是指在特定的局部地区，为维持和发展本地区的作用和能力，扫除已经或将要出现的威胁而采取的手段。

从时间上讲，战略是依据形势制定的长期方略，往往可以维持几年甚至几十年。战术维持的时间则相对较短，一般在一年以内。

从形式上讲，战略是全局性的，是指导战术形成的总体构思。而战术是局部的，是围绕战略思想、地区环境而制定的有效方法，是战略思想的特殊体现。

2. 按计划的时期界限划分

根据计划的时期界限，计划可分为长期计划、短期计划和中期计划。

长期计划描述了组织在较长时期的发展方向，规定了组织的各个部门在较长时期内从事某种活动应达到的目标和要求，绘制了组织长期发展的蓝图。短期计划具体规定了组织的各个部门在目前到未来的各个较短的时期，特别是最近的时段中，应该从事何种活动，以及从事该种活动应达到何种要求，为各组织成员在近期内的行动提供依据。通常，长期计划为超过五年期的计划，短期计划为一年或者短于一年的计划，介于二者之间的计划可称为中期计划。但这样的划分不是绝对的，组织应该根据计划的目的来规定计划的时间期限。

3. 按计划的内容划分

根据计划的内容，计划可分为方向性计划和具体性计划。

方向性计划设立了达到目标的指导原则，但并不会详细规定达到目标的具体活动和行动步骤、进展速度等，这使得方向性计划具有更大的灵活性，易于应对不可预见的环境变化；但是很显然，方向性计划丧失了一定的清晰性。

具体性计划是具有明确的目标，不存在模棱两可，没有容易引起误解的计划。例如，一个企业销售部门的管理者试图在未来一年中提高其产品的销售额，目标是比上一年度提高10%，那么他需要给出具体的做法，包括程序和步骤，如如何招聘和分配员工，提出预算，以及活动的进度计划等。

当环境的不确定性较大时，具体计划所要求的清晰性和可预见性就缺乏必要的条件。此时，计划需要具有更大的灵活性，而这正是方向性计划所具有的优势。

4. 按计划抽象的层次划分

孔茨和海因茨·韦里克（Heinz Weihrich）从抽象到具体，按计划抽象的层次，把计划分为宗旨、目标、战略、政策、策略、程序、规则、方案及预算，如图4-1所示。

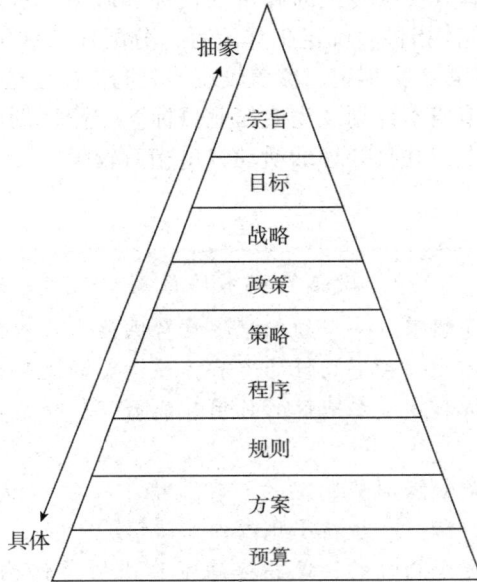

图4-1 计划的层次体系

1）宗旨，是社会对该组织的基本要求，它回答了组织是干什么和应当干什么的问题。例如，杜邦公司的宗旨是"通过化学方法生产更好的产品"；壳牌石油公司的宗旨是"满足人类的能源需要"。

2）目标，是组织活动所要达到的结果。它是在组织的目的或使命的指引下确立的，是目的的具体化和数量化，是计划的重要表现形式。

3）战略，是为实现组织目标所确定的发展方向、行动方针、行为原则、资源分配等总体谋划，是指导全局和长远发展的方针，对组织的思想和行动起引导作用。

4）政策，是组织在决策或解决问题时用来指导和沟通思想与行动的规定或行为规范。政策为管理者提供了一个广泛的指导方针，指明了行动方向和界限。

5）策略，是实现目标的具体谋略，是指管理者对未来行动的总体构想与实现目标的一整套具体谋略方案。例如，福特汽车公司早期的经营策略是向市场投入标准化的廉价汽车，为了降低成本，率先建设并投入使用了大批量的汽车装配生产线。

6）程序，是完成未来某项活动的方法和步骤，对组织的例行活动具有重要的指导作用，如新产品开发程序、职工的请假程序、新员工的招聘程序等。

7）规则，是一种最简单的计划，它是在具体场合和具体情况下，允许或不允许采取某种特定行动的规定，如规章制度等。

8）方案，是一项综合性的计划（计划的综合反映），包括目标、政策、程序、规则、任务分配、执行过程（要采取的步骤）、资源保障要求（要使用的资源），以及为完成既定行动方针所需的其他要素等。

9）预算，是用数字表示预期结果或资源分配的计划，也可看成"数字化的计划"，是组织各类各项可支配资源的使用计划，如财务预算、利润计划等。

三、计划的内容

在企业中，计划工作的内容可以概括为以下七个方面，即5W2H。

1）What——"做什么"，即明确一个时期的具体任务和目标要求。例如，企业生产计划明确所生产的品种、数量、进度等，以保证合理利用企业资源，按期完成生产计划并为考核提供依据。

2）Who——"谁来做"，即明确实施计划的部门或人员，包括每一阶段的责任者、协助者及利益相关者。

3）When——"何时做"，即规定计划中各项工作的起始时间、进度和完成时间。在实际工作中，对计划制订严格的时间进度安排，以便进行有效控制，并对组织资源进行合理安排。

4）Where——"何地做"，即规定计划的实施地点，了解计划实施的环境和限制条件。计划要根据不同的环境、市场、途径等空间因素制订，如果地区间存在差异性，计划也就有必要进行调整。

5）Why——"为什么做"，即明确计划的原因和目的，使计划执行者了解、支持计划，以便发挥执行者的积极性、主动性，以实现预期目标。

6）How——"怎么做"，即明确实现计划的措施，以及相应的政策和规则，对组织资源进行合理的预算、分配和使用等。

7）How much——"效益分析、成果评估"，即分析计划给企业带来的盈亏和机会得失。

管理故事

投资的机会成本

某人的所有可用资产是200万元，通过各种风险评估，他认为若将这些资产用于一项投资，可以赚100万元，于是他进行了投资。

投资后发现还有另外一个投资，风险评估相当，但可以赚1 000万元，但是时间已经来不及了。这一次他的盈利是80万元，但因为失去了那个赚1 000万元的机会，机会成本是900万元，最后的效益就是负820万元。

管理启示：盈亏是眼前看得到的，机会成本可能要较长时间才能看到，但是整个效益一定是盈亏加上机会成本。

四、计划的作用

1. 计划是实施管理活动的重要依据

计划是管理的首要职能，不仅确定了组织在未来一定时期内的行动目标和方式，还为组织、领导和控制等一系列管理工作提供了基础，计划职能与其他职能的联系如图4-2所示。

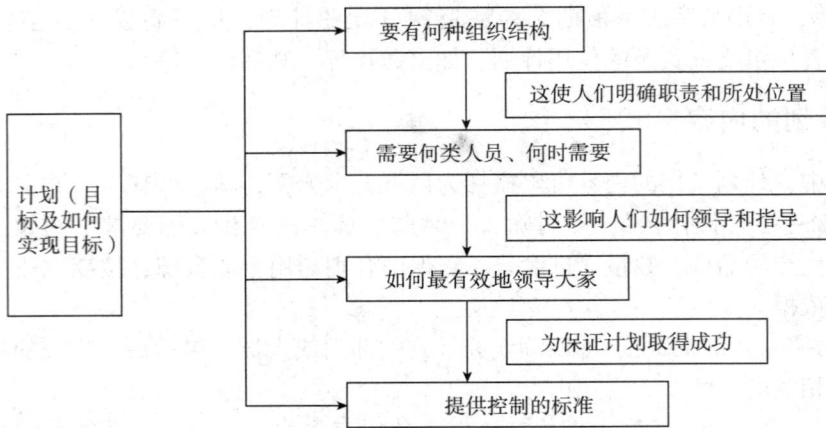

图4-2　计划职能与其他职能的联系

管理故事

诸葛亮的"隆中策"

在有记载的资料文献中，我国最早、最大的成功计划案例要数诸葛亮的"隆中策"。

第一步是确定组织目标：兴汉室，图中原，统一天下。

第二步是制订分步实施方案，即确定分步计划的阶段目标：第一，取荆州为家，形成"三分天下"之势；第二，取西川建立基业，壮大实力，以成鼎足之状；第三，"待天下有变，命一上将将荆州之兵以向宛、洛，将军身率益州之众以出秦川"。这样，"则霸业可成，汉室可兴矣"。

第三步是确定实现目标的指导方针："北让曹操占天时，南让孙权占地利，将军可占人和。"内修政理，外结孙权，西和诸戎，南抚夷越，等待良机。

"隆中策"又进一步对管理环境（敌、我、友、天、地、人）进行了极为细致透彻的分析，论证了为什么应当有这样的指导方针。

管理启示：计划工作能够细致地组织各项活动，有利于更经济地进行管理，保证各种资源取得最佳的利用效果。计划工作正确与否，关系到发展目标能否实现，从而决定了整个企业管理活动的成败。

2. 计划是组织有效应对不确定性和风险的保障

当今，组织处在一个高度变化的时代，变化就意味着有风险。通过计划工作，不断预测环境变化的趋势与影响，适时地把握机会，确定适当的发展方向与目标，避开或降低风险，从而实现趋利避害。

3. 计划是合理配置资源的重要手段

通过有效的计划，统筹兼顾，综合平衡，充分而有效地利用资源，是减少浪费、提高效率和效益的有效方法。

4. 计划是控制的基础和依据

计划确定了控制的指标体系，提供了衡量工作业绩的标准，有利于考核和奖惩。

五、预测

1. 预测的含义和内容

（1）预测的含义。

预测是组织根据现有的条件和掌握的历史资料及客观事物的内在联系，对组织活动的未来发展趋势及其状况所进行的预计和推算。

📖 **知识链接**

预测的起源

据 1899 年在安阳小屯出土的甲骨文记载，远在 3 000 多年前的中国商代，人们就通过占卜预测未来，做出行动决策。比较早的乌龟壳占卜是以龟平板钻孔用火烧，再看裂纹方向，然后由巫师注甲骨文于其上，主要占国家大事、天气、战争等事宜。这些预测虽只是仅凭个人的才智、知识和经验所进行的简单决策，但已具有现代企业预测的雏形。

（2）预测的内容。

企业经营预测的内容十分广泛和丰富，这里主要介绍以下四个方面。

1）市场需求与销售预测。市场需求预测是通过对过去和现在商品市场的销售状况和影响市场需求的各种因素进行科学分析和判断，预计市场对商品的需求及未来市场发展趋势。市场销售预测是企业对各种产品销售前景的预测，包括对销售的产品品种、规格、价格、销售量、销售额、销售利润等方面的预测。它是企业制定和实施营销策略的依据。

2）市场竞争预测。市场竞争预测是指企业对竞争对手的生产水平、经营方针、发展趋势和对潜在竞争对手及替代品等进行的预测。竞争者是指与企业生产相同或类似产品的企业和个人。行业内现有的企业是最主要的竞争力量；潜在进入者一旦加入，即可能给行业经营注入新的活力，促进市场的竞争和发展；替代品相对于现有产品而言，更具价格、质量等竞争优势，也势必给现有企业造成竞争压力。因此，企业须进行竞争预测，以便采取适当的对策。

3）科技发展预测。科技发展预测是指通过对科学技术的发展状况进行定性和定量的科学分析，推测科学技术未来发展的方向及对产品发展的影响程度。它实际上是预测科学技术发展对需求的影响，需要将技术与经济、技术发展趋势与市场发展动向结合起来。例如，对商业模式产生了颠覆性影响的电子商务平台，就是在信息技术迅猛发展的前提下，基于互联网、物联网及物流产业技术的发展而形成的。

4）企业资源预测。企业资源指企业所拥有的各种资源的数量和质量情况，包括资金实力、人员素质、科研力量等。资金实力分析具体包括财务管理分析、财务比率分析、经济效益分析等；人员素质包括人员的数量、专业性和使用状况；科研力量分析主要分析企业的技术现状，包括设备和各种工艺装备的水平、测试及计量仪器的水平、技术人员和技术工人的水平及其能级结构等。这些因素不仅影响一个组织目标的制订和实现，而且直接影响该企业计划的正确制订与有效执行。

2. 预测的程序

预测是一项复杂且要求较高的工作，一般可按以下步骤进行。

1）确定预测目标。确定预测目标就是确定企业所要解决的问题及要达到的目标。它是做好预测工作的前提，是制订预测分析计划、确定信息资料来源、选择预测方法及组织预测人员的依据。

2）收集、整理和分析资料。预测目标确定后，应着手收集有关经济、技术、市场的计划资料和实际资料。在收集大量资料的基础上，对资料进行加工、整理与分析，找出各因素之间的关系，作为预测的依据。

3）选择预测方法。不同的预测方法能达到不同的目的，所以，对于不同的对象和内容，应采用不同的预测方法，不能一成不变。对于那些资料齐全、可以建立数学模型的预测对象，应在定量预测方法中选择合适的方法；对于那些缺乏定量资料的预测对象，应当结合以往的经验选择最佳的定性预测方法。

4）实际预测过程。根据预测模型及掌握的未来信息，进行定性、定量的预测分析和判断，揭示事物的变化趋势，提出企业需要的、符合实际的预测结果。

5）检查验证。经过一段时间的实际操作，需要对上一阶段的预测结果进行验证和分析评价，即将实际数与预测数进行比较，检查预测的结果是否准确，并找出误差原因，以便及时对原选择的预测方法加以修正。检查验证是反复进行信息数据处理和选择判断的过程，也是多次进行反馈的过程，目的是保证预测的准确性。

6）修正预测结果。对于原用定量方法进行的预测，常常由于某些因素的数据不充分或无法定量而影响预测的精度，这就需要用定性方法考虑这些因素，并修正定量预测的结果。对于原用定性方法预测的结果，往往也需用定量方法加以修正和补充，使预测结果更切合实际。总之，这个过程是一个定性和定量相结合的过程。

7）报告预测结论。将修正补充过的预测结论向企业的有关领导报告。

3. 预测的方法

进行预测分析所采用的方法多种多样，因分析对象和预测期限的不同而各有所异，但大体上可归纳为定量分析法和定性分析法两大类。

（1）定量分析法。

定量分析法亦称"数量分析法"。它主要是应用现代数学方法（包括运筹学、概率论和微积分等）和各种现代化计算工具对与预测对象有关的各种经济信息进行科学的加工处理，并建立预测分析的数学模型，充分揭示各有关变量之间的规律性及联系，最终根据计算结果得出结论。定量分析法根据具体做法，可分为以下两种类型：

1）趋势预测分析法。趋势预测分析法是根据预测对象过去的、按时间顺序排列的一系列数据，运用一定的数学方法进行加工、计算，借以预测其未来发展趋势的分析方法。趋势预测分析法也称"时间序列分析法"或"外推分析法"，包括算术平均法、移动加权平均法、指数平滑法、二次曲线法等。

2）因果预测分析法。因果预测分析法就是分析企业经营变化的原因，找出原因与结果的联系，并据此预测企业未来发展趋势的方法，主要指回归分析法。

（2）定性分析法。

定性分析法也称"非数量分析法"，是主要依靠预测人员的丰富实践经验、主观的判断和能力来推断事物的性质和发展趋势的分析方法。专家预测法是定性分析法的主要方法，它是基于专家的知识、经验和分析判断能力，在历史和现实有关资料综合分析的基础上，对未来市场变动趋势做出预见和判断的方法，具体包括专家会议法、德尔菲法等。

1）专家会议法。专家会议法就是通过某个领域专家的创造性思维来研究问题，或者进行预测的一种定性预测方法。通过组织专家会议，对某一问题进行讨论和交流，从而相互启发，产生"思维共振"，获取更多更有价值的信息来达到解决问题或者预测的目的。

组织专家会议首先要选择专家。专家的选择一定要根据目标和所要解决的问题来确定，所选择的专家要与目标一致。同时，选择专家时还要考虑能力的组合，以求新的视角和观点，以及严密的逻辑推理。另外，需要注意的是，被挑选的专家最好彼此不认识，如果专家彼此认识，最好在同一层次中挑选。总而言之，要让专家们感到会议参加人员一律平等，从而能够无顾虑地充分发表意见，让与会者没有思想包袱。另外，会议主持者也非常重要。会议主持者在会议开始时要组织有较高水平和有诱发性的发言，以启发专家们的创造性思维；在专家会议进行的过程中，要能够起到引导作用。

专家会议法的缺点是明显的：创造让所有专家感到无拘束、无顾虑的会议环境不是一件容易的事，总有专家在这种公开的场合违背自己的想法，而服从领导人或者权威的意见，或者有这种倾向。这对于组织者获得真正有益于问题解决的信息是不利的。

2）德尔菲法。德尔菲法是由美国管理学家海尔默和莱斯切尔等人提出的，在兰德公司首先应用。这种方法也是通过专家的讨论来解决问题，但它弥补了专家会议法的缺点。德尔菲法依据系统的程序，采用匿名发表意见的方式，即专家之间不得互相讨论，不发生横向联系，只能与调查人员产生关系。通过多轮次调查，经过反复征询、归纳、修改，最后汇总成专家意见基本一致的看法，作为预测的结果。这种方法具有广泛的代表性，较为可靠，其过程如下。

第一步，针对预测内容，选择和确定一批对所研究的问题熟悉、经验丰富并且愿意回答问题的代表性专家。例如，要对某地区的某种农作物产量进行预测，可以请本地区农业局有关人员、气象部门人员、此种农作物主要经营者等作为专家。

第二步，以调查表或者个别征询意见的方式，请专家对有关的问题填写调查表或发表意见，调查者需要提供相关信息资料。

第三步，调查者收到专家意见后进行综合分析，然后把归纳后的意见和分歧以匿名方式通知所有专家，即不说明具体意见的提出者；也可以提供补充资料，请专家重新考虑和修改自己的意见。

第四步，重复第三步，直到多数人的意见趋向一致。经过多次综合和对分歧的研究，专家们的意见会趋向一致，最后得到预测结果。

📑 任务实施

1. 任务讨论

分析如何制订计划。例如，你最近买了一套120平方米的商品房，想要装修，你将怎样制订装修计划？装修计划应包括装修风格、标准、档次、预期花费、工期、装修人员选择等。

2. 任务执行

学生分组进行讨论。首先，通过网络查询相关资料了解装修的基本情况；其次，根据"5W2H"了解装修计划应包括的细节；最后，要求每组编写一份简单的装修计划。

3. 总结评价

教师进行总结，给每小组同学评分。

任务二　计划的编制与调整

📋 任务描述

计划是怎样编制的？

📋 任务分析

本任务要求学生收集各类企业的计划书，然后进行分析。

📋 相关知识

一、计划的编制方法

1. 层次分析法

层次分析法是一种常用的定性与定量分析相结合的方法，但其分析的基础和出发点是管理者对某个问题的定性看法。层次分析法于20世纪70年代由美国运筹学家萨迪提出，常用来处理难以用其他定量方法进行描述和分析的问题。其基本思想是：把一个复杂的问题层次化，根据问题的性质和要达到的总目标，将其分解为不同的组成因素，并按照因素之间的相互关联及隶属关系将各个因素按不同层次聚集组合，形成一个多层次的分析结构模型，从而最终使问题归结为最低层（供决策的方案、措施等）相对于最高层（总目标）的相对重要权值的确定或相对优劣次序的排定。即首先分析每一层各个因素的相对重要程度，在此基础上进行层次间的综合，得到综合的结果。层次分析法大体可分为以下四个步骤。

1）建立层次结构模型。在深入分析实际问题的基础上，将有关的各个因素按照不同属性自上而下地分解成若干层次，同一层的诸因素从属于上一层的因素或对上层因素有影响，同时，又支配下一层的因素或受到下一层因素的作用。最上层为目标层，通常只有一个因素；最下层通常为方案或对象层；中间层可以有一个或几个，通常为准则或指标层。当准则过多时（如多于九个），应进一步分解出子准则层。

2）构造成对比较阵。从层次结构模型的第二层开始，对从属于（或影响）上一层每个因素的同一层诸因素，用成对比较法进行分析。

3）计算权向量并做一致性检验。对于每一个成对比较阵，计算最大特征根及对应特征向量，利用一致性指标、随机一致性指标和一致性比率做一致性检验。若检验通过，特征向量（归一化后）即为权向量；若不通过，则需重新构造成对比较阵。

4）计算组合权向量并做组合一致性检验。计算最下层对目标的组合权向量，并根据公式做组合一致性检验。若检验通过，则可按照组合权向量表示的结果进行决策；否则，就需要重新考虑模型或重新构造一致性概率较大的成对比较阵。

2. 滚动计划法

滚动计划法是按照"近细远粗"的原则制订一定时期内的计划,然后按照计划的执行情况和环境变化,调整和修订未来的计划,并逐期向后移动,把短期计划和中期计划结合起来的一种计划方法。

滚动计划法根据计划的执行情况和环境变化定期修订未来的计划,并逐期向前推移,使短期计划与中期计划有机地结合起来。由于在计划工作中很难准确地预测将来影响组织生存与发展的经济、政治、文化、技术、产业、顾客等各种变化因素,且随着计划期的延长,这种不确定性越来越大。因此,如果机械地按几年以前编制的计划实施,或机械地、静态地执行战略性计划,则可能导致巨大的损失。滚动计划法可以避免这种不确定性带来的不良后果,具体做法是用"近细远粗"的办法制订计划,滚动计划示意如图4-3所示。

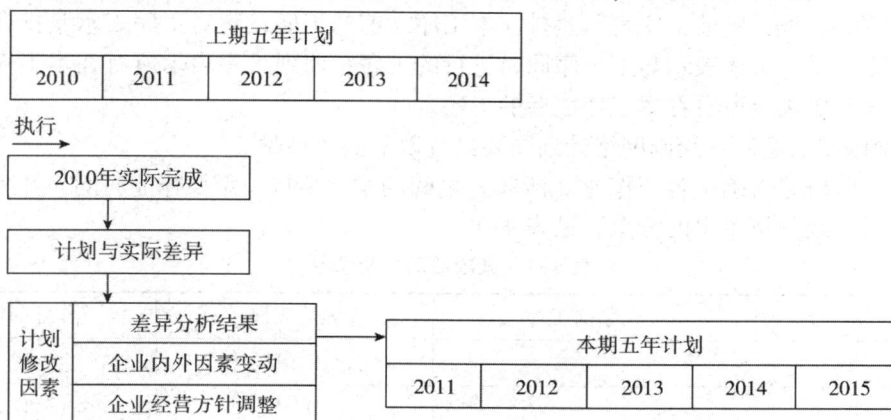

图4-3 流动计划示意

滚动计划法适用于任务类型的计划,其优点如下:

1)可以使制订的工作计划更加符合实际。由于滚动计划法相对缩短了计划时期,加大了对未来估计的准确性,从而提高了近期计划的质量。

2)使长期计划、中期计划与短期计划相互衔接,短期计划内部各阶段相互衔接,保证能根据环境的变化及时进行调整,并使各短期计划基本保持一致。

3)大大增强了计划的弹性,从而提高组织的应变能力。

3. 网络计划法

网络计划法是20世纪50年代中期发展起来的一种科学的计划管理方法。我国从20世纪60年代中期开始,在数学家华罗庚的倡导和亲自指导下,根据"统筹兼顾,全面安排"的指导思想,开始在全国各个部门试点应用网络计划法。

1)网络计划法。在网络计划法中,相邻工序由四部分组成,如图4-4所示。第一部分是实工序。实工序指在一项生产(工程)任务中的一项作业或一道工序,表示需要消耗时间和资源的生产活动的实体,在网络图中用实箭线表示。箭尾表示一项活动的开始,箭头表示一项活动的结束,并表示活动的前进方向,箭线的长短与消耗的时间及资源无关。第二部分是虚工序。虚工序是指作业时间为零的虚假作业,主要起着工序之间的逻辑衔接关系作用,在图中用虚箭线表示。第三部分是事项(结点)。事项是表示前道工序的结束点和紧接的后道工序的开始点，在网络图中，它是两条或两条以上箭线的交接点，用标有数字的圆圈表示。第四部分是线路（路径）。在网络图中，线路是指从初始点开始，顺着箭线的方向连续到达最终点的通道。网络图中一般都有若干条线路。

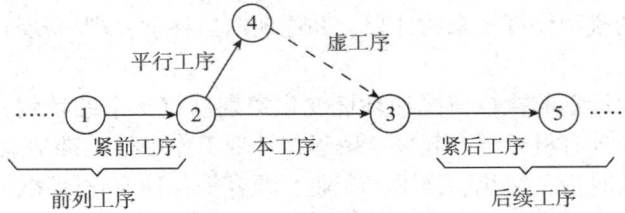

图 4-4　相邻工序

图中 4-4 中，——→表示实工序；----→表示虚工序；○表示事项；线路表示初始事项到最终事项的过程；紧前工序表示紧排在本工序之前的工序；紧后工序表示紧排在本工序之后的工序；平行工序表示与本工序同时进行的工序；前列工序表示所有在本工序之前的工序；后续工序表示所有在本工序之后的工序。

2）网络图的绘制。绘制网络计划图要经过以下两个步骤。

第一，调研分析确定各项作业（活动）之间的逻辑衔接关系及作业时间、并列表。例如，某项活动经分析得出的清单，见表 4-1。

表 4-1　某项活动分析清单

工序代号	紧前工序	紧后工序	作业时间
A	—	C、D	3
B	—	D、E	5
C	A	—	2
D	A、B	—	4
E	B	—	1

第二，根据表 4-1 所列的资料正确绘制网络计划图，如图 4-5 所示。

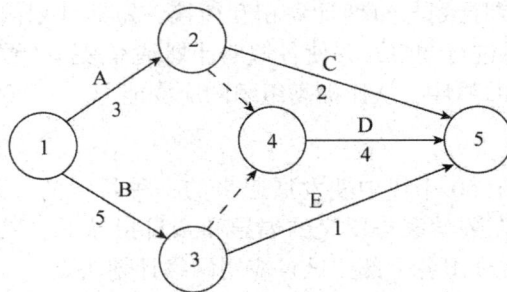

图 4-5　网络计划线路

二、计划的编制步骤

计划的编制本身就是一个过程。为了编制合理的计划，以便实现预期目标，计划的编制必须采用科学的方法。

【视频】计划编制的过程

虽然小型计划比较简单，大型计划复杂一些，但是，编制计划的步骤是相似的。制订计划的工作步骤如图4-6所示。

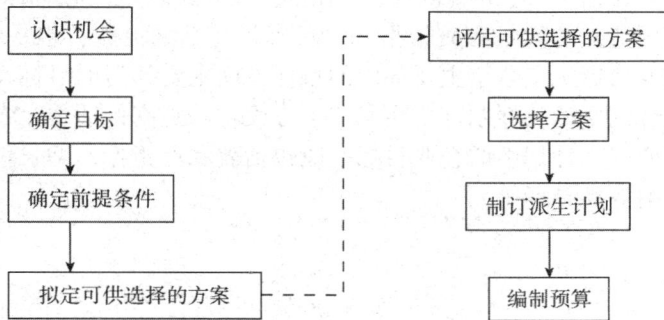

图4-6 制订计划的工作步骤

1. 认识机会

认识机会，对做好计划工作十分关键。一位经营专家说过："认识机会是战胜风险、求得生存与发展的诀窍。"诸葛亮"草船借箭"的故事流传百世，其高明之处就在于看到了三天后江上会起雾，而曹军又不习水性、不敢迎战的机会。企业经营中也不乏这样的例子。

管理故事

"网红店"作为近几年流行的热词，在2018年尤为突出。喜茶作为网店出身的品牌，为了走出危机，暗自布局会员计划，致力于培育更多的忠实用户，摆脱"网红店"的标签。

1. 低价会员策略

喜茶微信小程序的网页上显示，喜茶正在推行星球会员计划，通过赠送不同价值的奖品来鼓励会员邀请更多好友加入。自2018年年中上线以来，喜茶的会员计划已有近600万的用户。利用9.9元低价的会员机制吸引更多的消费者，通过品牌服务及差异化战略，喜茶暂时在餐饮竞争中领先。

2. 配套设施需跟进

消费者排队购买喜茶，引起热门话题，为品牌公关提供了一波推广。然而，这个优势却在互联网新零售下成了劣势。自从喜茶推出星球会员计划以后，网上不断有消费者反映其外卖服务不能及时跟进，线上点单严重排队现象，使消费者的体验感直线下降。如果喜茶不能及时解决相应的配套设施，将会对品牌形象构成威胁，"网红店"的命运也很难逃脱。

3. 找到自身差异化

"网红店"作为获取客户的新途径，更多的新兴品牌希望通过这块金字招牌来快速扩张。但是回归到品牌本身上，想要获得持久发展，企业还需要具备基于竞争的差异化路径，只有在消费者心中形成差异化的认知，品牌才能走出短命的魔咒。

管理启示：计划是有预见性的，计划越周密，条件越充分，胜利的可能性就越大。制订计划前要收集信息，调查对方，考察己方；要制订行动方案，明确方案实施的措施，合理配置资源，符合实际，调动全体人员的积极性，为目标而努力。

2. 确定目标

认识机会后，要在估量机会的基础上，确定组织的目标。目标是指期望的成果，即组织预期在一定时期内达到的数量和质量指标。目标是计划的灵魂，也是组织行动的方向。主要计划要根据企业目标规定各个主要部门的目标，而主要部门的目标又可细分为下属各部门的目标。企业计划中的目标制订要注意三个方面：一是高低适中；二是尽可能使指标量化；三是要具体明确。计划中的企业目标一般包括盈利性指标、增长性指标、竞争性指标、人事类指标、财务类指标等。

管理故事

马和驴子

贞观年间，长安城西的一家磨坊里，有一匹马和一头驴子。它们是好朋友，马在外面拉东西，驴子在屋里推磨。贞观元年（627年），这匹马被玄奘大师选中，出发经西域前往印度取经。

17年后，这匹马驮着佛经回到长安，它重到磨坊会见驴子朋友。老马谈起这次旅途的经历：浩瀚无边的沙漠，高入云霄的山岭……那些神话般的境界，使驴子听了极为惊异。驴子惊叹道："你有多么丰富的见闻啊！那么遥远的道路，我连想都不敢想。"老马说："其实，我们跨过的距离是大体相等的，当我向西域前行的时候，你一步也没停止。不同的是，我同玄奘大师有一个遥远的目标，按照始终如一的方向前进，所以打开了一个广阔的世界。而你被蒙住了眼睛，一生就围着磨盘打转，所以，永远也走不出这个狭隘的天地。"

管理启示：成功的计划与失败的计划最根本的差别，在于有无正确合理的目标。有了发展目标的企业，会像那匹老马一样不断前进，而缺乏目标的企业，则永远不会有所发展。

3. 确定前提条件

计划的前提条件是计划实施时预期的内外部环境条件。鉴于未来环境的复杂性，要弄清楚其每一个细节并不现实，因此，组织所要确定的计划前提必须限于关键性的、对计划的实施影响最大的条件。

4. 拟定可供选择的方案

拟定可供选择的方案要求拟订尽可能多的计划，以便在评估和选定计划时有比较和鉴别，为最优方案的选定提供前提条件。通常，最显眼的方案不一定就是最好的方案。在过去计划的基础上稍加修改和略加推演，也不会得到最好的方案。这一步一定要充分利用组织内外专家，集思广益，拓展思路，大胆创新，拟订出多种备选方案。

5. 评估可供选择的方案

评估可供选择的方案，即根据计划的前提条件和目标，对初步选择的各种备选方案进行评估，分析各个方案的优点和缺点，以及组织的实际情况，确定各种方案的优劣。

评估可供选择的方案，应注意：第一，认真考察每一个计划的制约因素和隐患；第二，要用总体的效益观点来衡量计划；第三，既要考虑每一个计划可以用数量表示的有形的因素，又要考虑不能用数量表示的无形的因素；第四，要动态地考察计划的效果，不仅要考虑计划执行所带来的利益，还要考虑计划执行所带来的损失，特别要注意潜在的、间接的损失。

6. 选择方案

选择方案是在前面工作的基础上跨出的关键一步，也是决策的实质性阶段——选择阶段。为了保持计划的灵活性，往往可能会选择两个或两个以上的方案，并且决定首先采取哪个方案。同时，也会将其余的方案进行细化和完善，作为后备方案。

7. 制订派生计划

基本计划需要派生计划的支持。例如，一家公司年初制订了"当年销售额比上年增加15%"的销售计划，而与这一计划相关的有生产计划、促销计划等。又如，当一家公司决定开拓一项新的业务时，需要雇佣和培训各种人员的计划、筹集资金计划、广告计划等作为支撑。

8. 编制预算

在完成以上工作之后，最后需要把决策和计划转化为预算，使之数字化，通过数字大体反映整个计划。预算可以成为汇总各种计划的工具，也是衡量计划工作进度的重要标准。

三、计划的调整

1. 计划调整的原因

计划调整的原因主要有三个方面：一是各要素、资源等都没有发生变化，但计划所处阶段和范围管理有疏漏；二是目标发生了变化，如原来计划的半年周期由于市场交付压力需要调整为四个月；三是计划本身没有变化，但范围、资源、环境、进度等相关要素发生了变化，导致无法实现最初的目标。因此，计划调整的驱动力和源头仍然是目标。如果因为目标发生变化，则需要考虑如何平衡资源、进度和成本等以满足新的目标。如果是其他要素发生了变化，则首先考虑能否在不改变目标的情况下，通过协调等方式进行计划的调整；如果行不通，则需要重新考虑新的可行的目标，然后根据可行的目标对各要素进行调整。

2. 计划调整的原则

1）计划的调整必须以目标来驱动，这样才有针对性，也有利于进行平衡。但影响目标时，必须给出一个新的、可行的目标，再进行计划的调整。也就是说，计划的调整会依照新的目标进行，而不是完全随意地调整，否则会导致无休止的计划调整。

2）计划的调整是一项动态的系统工程，其中任何一个要素的变化都可能影响其他要素。有时候需要通过多次尝试和假设，才可能得到一个各方都满意的结果。

3）要设定目标偏差允许的上下限，只要目标在受控范围内就不需要进行计划调整，只需要加强监控。当然，如果超出了范围，就需要考虑调整计划。

4）范围蔓延势必导致计划调整，但这属于范围管理没有做好，属于内部问题。另外，估算不准也将引起计划调整，但必须分析原因，以积累经验。当人、财、物发生变化而进度又不能变化时，最好的方式就是缩减范围。

任务实施

1. 任务讨论

讨论计划的编制。

2. 任务执行

（1）由学生多渠道联系有关企业，获取计划书，如联系父母、同学、亲戚的单位，尽量获取近期计划。

（2）将学生收集的计划进行分类，课上分组进行讨论分析，讨论这些计划是由哪些部门制订的，制订的程序如何。认真评价计划的优缺点，并记录讨论过程及分析结果。

（3）不同小组之间相互评价和补充。

（4）学生自主发言，不进行批评，不考虑分析的正确性。

3. 总结评价

（1）每个小组上交一份计划讨论记录。

（2）评估每位学生所取得的资料的典型性。

实践训练

实训项目——编制企业计划书

1. 实训目标

（1）培养管理问题的分析与界定能力。

（2）掌握制订企业计划的程序与方法。

2. 实训内容与要求

（1）在调研的基础上，分析某一企业的内外部环境，界定管理问题。

（2）运用德尔菲法进行深入研究，对所提方案进行论证，并形成最终方案。

（3）根据最终方案，每人编制一份企业计划书，以对企业的调查为基础进行环境分析。计划书要结构合理，目标合理，切实可行。

（4）在全班进行交流，共同对每份计划进行评估。

3. 实训成果

制订的企业计划书。

4. 实训考核与评价

根据学生在全班进行交流的表现，结合制订的计划书进行评估。

案例分析

乔森家具公司五年目标

乔森家具公司是大林先生在20世纪80年代创建的，开始主要经营卧室和会客室家具，取得了相当大的成功。随着规模的扩大，自20世纪90年代开始，公司又进一步经营餐桌和儿童家具。1995年，大林退休，他的儿子小林继承父业，不断拓展卧室家具业务，扩大市场占有率，使公司产品深受顾客欢迎。2003年，公司卧室家具方面的销售量比1995年增长了近两倍，但公司在餐桌和儿童家具的经营上一直不顺利，面临着严重的困难。

一、董事长提出的五年发展目标

乔森家具公司自创建之日起便规定，每年12月召开一次公司中高层管理人员会议，研究讨论企业战略和有关政策。2003年12月14日，公司又召开了每年一次的例会，会议由董事长兼总经理小林主持。小林在会上首先指出了公司存在的员工思想懒散、生产效率不高等问题，并对此进行了严厉批评，要求迅速扭转这种局面。与此同时，他还为公司制定了今后五年的发展目标。具体如下。

1. 卧室和会客室家具销售量增加20%；
2. 餐桌和儿童家具销售量增长100%；
3. 总生产费用降低10%；
4. 减少补缺职工人数3%；
5. 建立一条庭院金属桌椅生产线，争取五年内年销售额达到5 000万元。

这些目标主要是想增加公司收入，降低成本，获取更大的利润。但公司副总经理马某跟随大林先生工作多年，了解小林制订这些目标的真实意图。小林承接父业时，对家具经营还颇感兴趣，但后来，他的兴趣开始转移，试图经营房地产。为此，他努力寻找机会，想以一个好价钱将公司卖掉。为了提高公司的声望和价值，他准备在近几年狠抓经营，改善公司的绩效。

马某知道自己历来与小林的意见不一致，在会议上没有发表什么意见。会议很快就结束了，大部分与会者都带着冷淡的表情离开了会场。马某有些垂头丧气，但他仍想会后找董事长就公司发展目标问题谈谈自己的看法。

二、副总经理对公司发展目标的质疑

马某觉得，董事长根本不了解公司的具体情况，不知道他所制订的目标意味着什么。这些目标听起来很好，但马某认为并不适合本公司的情况。

他心里这样分析道：第一项目标太容易了——这是本公司最强的业务，用不着花什么力气就可以使销售量增加20%。第二项目标很不现实——在这块领域，公司不如竞争对手，绝不可能实现100%的增长。第四项目标也难以实现——由于要扩大生产，又要降低成本，无疑会对工人施加很大的压力，迫使更多的工人离开公司，这样空缺的岗位就越来越多，在这种情况下，怎么可能减少补缺职工人数3%呢？第五项目标倒有些意义，可改变本公司现有产品线都是以木材为主的经营格局，但未经市场调查和预测，怎么能确定五年内年销售额就能达到5 000万元呢？

经过这样的分析后，马某认为他有足够的理由对董事长所制订的目标提出疑义。

请根据上面的案例，回答以下问题。

（1）你认为小林为公司制订的发展目标合理吗？为什么？
（2）制订组织长期发展目标应该注意哪些问题？

项目测试

一、单选题

1. 将短期计划、中期计划和长期计划有机结合起来，根据近期计划的执行情况和环境变化情况，定期修订未来计划并且逐期向前移动的方法是（　　）。

A. 综合平衡法 　　　　　　　　B. 滚动计划法

C. 线性规划 　　　　　　　　　D. 投入产出法

2. "运筹帷幄之中，决胜千里之外"中的"运筹帷幄"，反映了管理的（　　）职能。

A. 计划 　　　　　　　　　　　B. 组织

C. 激励 　　　　　　　　　　　D. 沟通

3. 按照"近细远粗"原则制订计划的方法为（　　）。

A. 指导计划法 　　　　　　　　B. 滚动计划法

C. 作业计划法 　　　　　　　　D. 战略计划法

4. 下列关于计划的几种说法中，正确的是（　　）。

A. 计划关系到组织的发展大计，与中层、基层管理者无关

B. 计划是计划部门做的事，和其他管理人员无关

C. 计划是各层次、各部门的管理者乃至一般员工都要参与制订的，因此，在相当程度上是组织的一项全员活动

D. 当环境不断变化时，计划也要不断调整，因此，计划只有对组织的最高层来说才有意义

5. 编制计划，企业第一步要做的是（　　）。

A. 确定组织的目标 　　　　　　B. 认识机会

C. 确定前提条件 　　　　　　　D. 拟定可供选择的可行方案

二、简答题

1. 计划的内容包括哪些方面？

2. 计划的调整包括哪些原则？

3. 什么是专家会议法？

4. 联系实际，谈谈计划的重要性。

项目五 决 策

项目介绍

决策关系企业的成败，是企业管理的重要活动。西蒙说："管理就是决策。"组织要制订正确的长期计划和短期计划，离不开正确的决策。那么，理解决策和决策过程也就成为组织关注的重点。

学习目标

（1）熟悉决策的含义、类型。
（2）掌握决策的内容及作用。
（3）掌握决策的步骤。
（4）掌握定性和定量决策的方法。

技能目标

（1）能够理解决策的含义、内容、作用等。
（2）能够运用决策步骤解决实际问题。
（3）能够运用决策的理论和方法进行基本问题的决策。

案例引入

摘李子

魏晋时期，有个孩子叫王戎，后成为"竹林七贤"之一。王戎和小朋友出去玩，看见路边有棵李子树，树上的李子又大又红，果子多得要把树枝压弯了。于是，小朋友们争相爬上去摘，唯独王戎一动不动。有人问他："你为啥不上来摘啊？"王戎笑着说："这树长在路边，如果李子是甜的，早被人摘光了。所以，这个果子肯定是苦的。"孩子们不信，摘下来吃，果然是苦的。

在这个故事里，孩子们需要做的决策是要不要去摘李子，即摘这个李子是否有收益，而收益大小主要取决于李子好不好吃、甜不甜。而王戎在爬树摘李子之前，分析出这棵树的李子不甜的两个原因：长在路边、没有被摘。基于这样的认识，他下了判断：李子不甜，别摘。

任务一　决策职能概述

📋 **任务描述**

什么是决策？决策受哪些因素的影响？

📋 **任务分析**

本任务要求学生应收集与决策相关的管理故事，然后分析其影响因素。

📋 **相关知识**

一、决策的含义

1. 决策

【视频】决策的概述

决策是为实现一定的目标，在掌握充分的信息和对有关情况进行深刻分析的基础上，用科学的方法拟定并评估各种方案，从中选出合理方案的活动过程。决策是一个提出问题、分析问题、解决问题的过程。决策的含义包括以下五个方面。

1）决策以特定目标的实现为前提条件。

2）决策要有两个以上可行的备选方案，这是科学决策的依据。

3）决策的重点在于对多个方案进行科学的分析、判断与选择。

4）决策的结果在于选择"满意"方案，而非"最优"方案。

5）决策是面向未来的，要做出正确的决策，就要进行科学的预测。

📖 **知识链接**

决策的原则

决策遵循的是满意原则，而不是最优原则。对决策者来说，要想使决策"满意"，必须满足以下条件：①能够获得与决策有关的全部信息。②了解全部信息的价值，并据此制定所有可能的方案。③准确预测每个方案在未来的执行结果。但在现实中，这些条件往往得不到满足。

具体来说，组织内外存在的一切对组织的现在和未来都会直接或间接地产生某种程度的影响，但决策者很难收集到反映这一切情况的信息；对于收集到的有限信息，决策者的利用能力也是有限的，所以只能制定数量有限的方案；任何方案都要在未来实施，而人们对未来的认识是不全面的，对未来的影响也是有限的，所以决策时所预测的未来状况可能与实际的未来状况有出入。

2. 决策与计划之间的关系

首先，决策是计划的前提，计划是决策的逻辑延续。决策为计划的任务安排提供了依据，计划则为决策所选择的目标活动的实施提供了组织保证。其次，在决策的制定过程中，无论是对企业内外部环境的分析，还是方案的选择，都包含了决策的实施计划。同时，计划的编制过程，既是决策的组织落实过程，也是决策更为详细的检查和修订过程。

管理故事

布里丹毛驴效应

法国哲学家布里丹养了一头小毛驴，他每天要向附近的农民买一堆草料来喂它。

这天，送草的农民出于对哲学家的景仰，额外多送了一堆草料放在旁边。这下子，毛驴站在两堆数量、质量和与它的距离完全相等的干草之间，可为难坏了。它虽然享有充分的选择自由，但由于两堆干草价值相等，客观上无法分辨优劣，于是它左看看，右瞅瞅，始终无法分清究竟选择哪一堆好。

于是，这头可怜的毛驴就这样站在原地，一会儿考虑数量，一会儿考虑质量，一会儿分析颜色，一会儿分析新鲜度，犹犹豫豫，来来回回，在无所适从中活活地饿死了。

管理启示：那头毛驴最终之所以饿死，是因为它左右都不想放弃，不懂得如何决策。人们把这种决策过程中犹豫不定、迟疑不决的现象称为"布里丹毛驴效应"。

俗话说："鱼和熊掌不可兼得"。"布里丹毛驴效应"产生的根源之一，恰恰违背了这条目标定律，既想得到鱼，又想得到熊掌，其行为结果是鱼和熊掌皆失。这种思维与行为方式，表面上看是追求完美，实际上是贻误良机。企业在经营过程中经常面临种种选择，如何选择与企业的成败有着极大的关系，企业的管理者经常会在选择前权衡利弊，反复斟酌，举棋不定。但是，很多情况下机会稍纵即逝，并没有足够的时间让管理者去反复思考，因此，管理者应当机立断，迅速决策。如果犹豫不决，就会两手空空，一无所获。

二、决策的类型

1. 按决策的作用划分

按作用划分，决策可分为战略决策、管理决策和业务决策。

1）战略决策，指直接关系组织的生存和发展，涉及组织全局的长远性、方向性的决策。战略决策所需解决的问题复杂，环境变动较大，并不过分依赖数学模式和技术，定性与定量并重，对决策者的洞察力和判断力要求高，一般需要较长时间才可看出决策结果。这种作为与企业的发展方向有关的重大全局决策，往往由高层管理人员做出。

2）管理决策，又称战术决策，是为保证企业总体战略目标的实现而解决局部问题的重要决策，属于战略决策过程的具体决策。尽管这种类型的决策不会直接决定组织命运，但会影响组织目标的实现和工作效率的高低，一般由中层管理人员做出。

3）业务决策，又称执行性决策，是指基层管理人员为解决日常工作和作业任务中的问题所做的决策。业务决策的目的是提高生产效率及工作效率，因此，这种类型的决策涉及范围小，只对局部产生影响，往往由基层管理者做出。

管理故事

寻找满意的麦穗

古希腊哲学大师苏格拉底的三个弟子曾求教他，怎样才能找到理想的伴侣。苏格拉底没有直接回答，却让他们走向麦田埂，只需前进，且只给一次机会选摘一支最好最大的麦穗。

第一个弟子走几步看见一支又大又漂亮的麦穗，高兴地摘下来。但他继续前进时，发现前面有许多比他摘的那支大，只好遗憾地走完全程。

第二个弟子吸取了教训，每当他要摘时，总提醒自己，后面还有更好的，当他走到终点时才发现，机会全错过了。

第三个弟子吸取了前两位的教训，当他走过田埂的1/3时，即分出大、中、小三类，再走过1/3时验证是否正确，等到最后1/3时，他选择了属于大类中的一支美丽的麦穗。虽说这不一定是最大最美的那一支，但相对是满意的一支。

大弟子的盲目轻率和二弟子的犹豫不决，都不能摘到最大的麦穗；只有像三弟子那样在调查研究的基础上，并根据客观规律制订周密的行动方案，才能摘到最大麦穗。人们将此称为"麦穗效应"。

（资料来源：百度百科，麦穗效应.）

管理启发：企业领导者的工作要建立在调查研究的基础上，并根据客观规律制订周密的行动方案。只有这样，才能使企业的工作更具有实效性。

2. 按决策的性质划分

按性质划分，决策可分为结构化决策、非结构化决策和半结构化决策。

1）结构化决策，指对某一决策过程的环境及规则，能用确定的模型或语言描述，以适当的算法得出决策方案，并能从多种方案中选择最优解的决策。结构化决策问题相对比较简单、直接，其决策过程和决策方法有固定的规律可循，并可依据一定的通用模型和决策规则实现决策过程的基本自动化。早期的多数管理信息系统，能够解决这类问题，如应用解析方法、运筹学方法等解决资源优化问题。如今，结构化决策可以通过计算机语言来编制相应的程序，可以在计算机上处理相关信息。

2）非结构化决策，指决策过程复杂、不能用确定的模型和语言来描述决策过程，更没有所谓最优解的决策。非结构化决策的决策过程和决策方法没有固定的规律可循，没有固定的决策规则和通用模型可依，决策者的主观行为（学识、经验、直觉、判断力、洞察力、个人偏好和决策风格等）对各阶段的决策效果有相当大的影响。非结构化决策往往是决策者根据掌握的情况和数据临时做出的。

3）半结构化决策，是介于以上两者之间的决策。在决策过程中，涉及的数据不确定或不完整，虽有一定的决策准则，也可以建立适当的模型，但决策准则因决策者的不同而不同，不能从这些决策方案中得到最优解，只能得到相对优化的解，这类决策就称为半结构化决策。

管理故事

露丝·汉德勒的非结构化决策

1955 年，美泰玩具公司创办人之一、芭比娃娃的创意者露丝·汉德勒接到 ABC 公司的一个电话，问她是否愿意赞助米老鼠俱乐部的表演，并问她美泰玩具公司是否愿意花 50 万美元在电视台播放一年的电视广告。

这并不是个小数目，它相当于美泰公司当时的资本净值，并且当时电视广告的效应还不为人所知，也没有得到充分的利用。当时的玩具业也几乎不做广告宣传，只满足于圣诞节之前在一些大城市做一些促销活动。然而，在接到电话之后的一个小时内，汉德勒和她的丈夫埃利奥特给了 ABC 公司一个肯定的答案。从此，他们开始在电视媒体上打广告销售玩具。汉德勒在自传中写道，在做电视广告之前，80% 的玩具是在圣诞节前六周内售出的，而电视广告的播出刺激了孩子们整年对玩具的需求。

管理启示：管理者经常会遇到突然出现的机遇与挑战，关键时刻如果能正确决策，抓住机遇，会得到意想不到的效果。

3. **按决策问题的条件划分**

按问题的条件划分，决策可分为确定型决策、风险型决策和不确定型决策。

1）确定型决策，指决策者对供决策选择的各备选方案所处的客观条件完全了解，每一个备选方案只有一种结果，比较其结果的优劣就可做出决策。总的来说，就是指只存在确定性自然状态时的决策。确定型决策一般具备的条件为：存在决策者期望达到的决策目标；未来只存在一个确定的自然状态；存在两种或两种以上的备选方案，供决策者选择；每一个备选方案在确定状态下的损益值可以计算。

2）风险型决策，指在可供选择的方案中，存在两种或两种以上的自然状态，但每种自然状态所发生的概率是可以估计的。这种决策是在对可能出现的结果不能做出充分肯定的情况下，根据各种可能结果的客观概率做出的，决策者对此要承担一定的风险。

3）不确定型决策，指在可供选择的方案中存在两种或两种以上的自然状态，而且这些自然状态发生的概率是无法估计的。不确定型决策所处的条件和状态都与风险型决策相似，不同的只是各种方案在未来将出现哪一种结果的概率不能预测，因而结果不确定。

4. **按决策权限的制度安排划分**

按照决策权限的制度安排，可分为个人决策与群体决策。

1）个人决策，指决策权限集中于个人的决策。个人决策受个人知识、经验、心理、能力、价值观等个人因素的影响较大，决策过程带有强烈的个性色彩。

2）群体决策，指决策权由集体共同掌握的决策。该决策受个人因素的影响较小，受群体结构的影响较大，可能花费较多的时间，易产生"从众现象"及责任不明等，因此，必须采用科学有效的方法进行决策。

管理故事

谷歌的群体决策

近 20 年来，随着技术和社会环境的发展，公司文化也产生了巨大的变革，越来越向宽松和民主倾斜。以谷歌为例，谷歌一直奉行集体决策。前谷歌 CEO 斯密特曾经说过，谷歌成功的最关键原因在于找到对的员工并利用他们的智慧执行集体决策。谷歌拥有了优秀的人才，如何发挥他们的聪明才智成了关键问题。斯密特认为，群体决策的流程正是谷歌带动创新的诀窍。

《群众的智慧》这本书曾经提到过，一大群人比一小群精英分子更聪明，不论这群精英分子有多聪慧，前者更擅长解决问题，更能酝酿出革新，更能做出智慧决策，甚至能更准确地预测未来。

管理启示："三个臭皮匠，顶个诸葛亮"，群体决策有利于避免企业中的权力过分集中这一弊端，让每一个员工都体会到自己也是企业的主人，从而真正为企业的发展着想。

三、决策的重要性与影响因素

1. 决策的重要性

1）决策是计划职能的核心。履行计划职能，核心的环节是进行决策。

2）决策事关工作目标能否实现，乃至组织能否生存与发展。"一着不慎，满盘皆输；一着占先，全盘皆活"，无论做什么事情，成功与失败取决于决策的正确与否。科学的经营决策能使企业充满活力，兴旺发达；而错误的经营决策会使企业陷入被动，濒临险境。

管理故事

西尔斯零售大扩张

1920 年，金斯·罗伯特·伍德发现，连锁商店开始席卷全国，通过产品价格手册邮购的业务受到冲击。1921 年，伍德向他的雇主蒙哥马利·沃德公司指出，公司有四个分销点、一个组织有效的采购体系及良好的声誉，如果公司能够利用这些优势，便能竞争过其他连锁店。但是伍德的意见没有被管理层采纳，他于 1924 年被开除。伍德随后加入了西尔斯·罗巴克公司，后来成为该公司的总裁。

伍德意识到城市对零售商店的重要性，因此，他一上任就开始行动，确定在哪里开设新店，由谁来管理。西尔斯·罗巴克公司早期的一些店铺选在城市外的高速公路旁边，这似乎有些滑稽，但是后来，随着城市的扩张，这些店被纳进了城市之中。

三年之内，西尔斯·罗巴克公司的零售商店扩张至 300 多家。在西尔斯·罗巴克公司，伍德被尊为"西尔斯零售扩张之父"。

管理启示：企业决策与企业的命运息息相关。一项决策在确定后，能否取得成功，除决策本身的优劣外，还要依靠决策人的智慧、规划，以及在决策过程中对各阶段的控制。

2. 决策的影响因素

任何决策都是在一定的条件下进行的，都受到一些因素的影响和制约。一般来说，影响决策的因素主要有社会环境、决策者的个人因素、过去的决策等。

1）社会环境。环境对决策的影响在于环境总是处于不断变化中。在现实生活中，不存在静止不变的环境，如新企业不断出现，老企业不断发展或消亡，人们收入水平与消费层次不断提高，科学技术飞速发展，新法规颁布实施，新政策不断出台等。企业通过环境研究，不仅能了解现在，更重要的是能预测未来，这对企业的决策和其他各项管理活动都是必不可少的。

2）决策者的个人因素。在决策活动中起决定作用的是决策者，决策者的个人能力是决策成败的关键。决策者的知识、经验、民主作风、偏好、价值观、对风险的态度、个性习惯、责任能力等都会直接影响决策的过程和结果，尤其是其对待风险的态度至关重要。做任何决策都会冒一定程度的风险，决策者对待风险的不同态度会影响决策方案的选择。愿意承担风险的组织，通常会在被迫对环境做出反应以前就采取进攻性的行动；而不愿承担风险的组织，通常只对环境做出被动反应。愿冒风险的组织经常进行新的探索；而不愿承担风险的组织，其活动则要受到过去决策的严重制约。

📝 管理故事

乐天派梅里尔大萧条来临前卖掉手中的股票

1929年，美国美林证券公司的创始人查尔斯·梅里尔被人们称为乐天派。虽然他出身贫穷，却靠个人的奋斗跻身华尔街。梅里尔对股票投资有着惊人的洞察力，在1929年美国"大萧条"来临之前，他预测到股市将会遭受重创，因此在1928年梅里尔就开始提醒他的顾客出售手中的股票，但几乎所有的人都对他的意见嗤之以鼻。而梅里尔相信自己的判断，及时将公司的大部分股票兑成现款，从而让美林证券公司逃过了那场大劫难，梅里尔也因这一明智之举而永载美国金融界史册。

梅里尔还最先提出股票和债券并不只是投机者的手掌玩物，它们还是美国普通大众的有效生财之道。他努力将小投资者塑造为现代市场的基础。1945年，美国只有16%的家庭投资股票，而如今这一比例已高达50%。

管理启示：决策表现出决策者的成熟、能力与水平，当有根据的时候，决策者坚持自己的观点很重要。

3）过去的决策。历史总是以这种或那种方式影响着未来，过去的决策总是有形或无形地影响现在的决策。在大多数情况下，组织决策不是进行初始决策，而是对初始决策的完善、调整或改革。在实际管理工作中，决策问题大多以过去的决策为起点，是一种非零点决策。即使对于非程序化决策，决策者由于心理因素和经验惯性的影响，决策时也经常参照过去的决策。这种影响有助于实现决策的连贯性和维持组织的相对稳定，并使现在的决策建立在较高的起点上；但依赖过去的决策不利于创新，不适应剧变环境的需要，不利于实现组织的跨越式发展。

四、决策的作用

1. 决策是管理的基础

决策是从各个方案中选择一个作为未来行动的指南。而在决策之前，只是对计划工作进行了研究和分析，没有决策就没有合乎理性的行动，因而决策是计划工作的核心。而计划工作是进行组织工作、领导工作和控制工作的基础。因此，从这种意义上说，决策是管理的基础。

2. 决策是各级、各类管理人员的首要职责

决策不仅仅是"上层管理人员的事"。上至国家的高级领导，下到基层的班组长，均要做出决策，只是决策的重要程度和影响范围不同而已。

3. 决策是管理工作的关键

决策是任何有目的的活动发生之前必不可少的一步。不同层次的决策有不同的影响。

管理故事

波音公司"金蝉脱壳"

波音公司建于20世纪初，是以制造金属家具发展起来的，之后专门生产军用品。第一次世界大战期间，波音公司设计并制造了C型水上飞机。由于该机种兼具巡逻艇和教练机的双重功能，颇得美国海军青睐，一下就订货50架之多。刚从事军工生产的波音公司顿时在飞机制造业中成了一个有分量的角色。

但战争很快结束，美国海军取消了尚未交货的订单，整个美国飞机制造业陷入瘫痪状态。波音也不例外，陷入了"死亡飞行"中。1920年，波音公司亏损20万美元，部分雇员不得不重操旧业，靠制造金属家具艰难维持。该公司创始人威廉·波音并没因此而垂头丧气，而是进行了深刻的反思。陷入"死亡飞行"，虽然有形势大变的因素，但也有自己过分依赖军方的因素。他果断地调整经营方向并采取了相应的措施：一方面，继续和军方联系，随时了解军用飞机发展的趋势和军方的要求，以便加以满足，避免其他飞机制造商乘虚而入；另一方面，考虑到军方暂时不会有新的订货，暂时抽出主要的人力、财力，开发民用商业飞机。

为了保证这一策略的顺利实施，还必须吸收、培养人才。此后，波音公司注意吸收培养人才，并授予他们充分的权力，把主要的力量投入民用飞机的研制，从单一生产军用飞机的旧壳里脱离出来。战后经济的复苏刺激了人们对民用飞机的需求，波音公司推出的40型商用运输机及波音707、727客机正好满足了市场的需要，从而冲出了"死亡飞行"。此后又陆续推出了波音737、747、757、767，同时替陆军、海军、海军陆战队设计制造了各式教练机、驱逐机、侦察机、鱼雷机、巡逻轰炸机和远程重型轰炸机等，公司日益壮大。波音公司如果不"金蝉脱壳"，摆脱单一军用飞机的经营模式，就无法冲出"死亡飞行"，只有"飞向死亡"。

"金蝉脱壳"这一谋略，是企业适应环境变化，调整投资方向、摆脱困境、走出低谷的有效招数之一。

（资料来源：百度文库，案例集.）

管理启示：这个案例说明了决策在企业管理中的地位和作用。

任务实施

1. 任务讨论

讨论决策，以及决策的影响因素。

2. 任务执行

学生按照座位位置就近原则，5~6人一组，每组成员根据自身的经历，讨论上大学时选择学校、选择专业的决策，分析这些决策的影响因素，然后编制一份决策报告。

3. 总结评价

教师进行总结，并给每个小组的同学评分。

任务二　决策步骤

任务描述

决策分成哪几步来实施？

任务分析

本任务要求学生收集以前做决策的步骤，然后与当前的状况进行对照分析。

相关知识

一、识别和界定决策问题

【视频】决策的过程

决策的第一步是识别和界定决策问题，这是收集、处理和分析信息的阶段。它经常开始于问题症状的出现，即绩效低下或机会产生的信号。这个阶段的计划目标是通过分析症状查明组织目前的真实状况，从而对其进行准确评估。

1. 最初界定决策问题

最初界定决策问题的方式将对问题的最终解决产生重要影响。真正的问题常常为众多的表象所掩盖，需要经过深入分析才能找到。问题不清，无从决策；问题找错，则一错百错。因此，认识和界定问题是决策过程中最为重要也最为困难的环节。另外，问题的识别常常带有主观性，一个管理者认为的问题，其他管理者不一定有同样的看法。下面三种常见的错误会导致计划低效或无效。

1）关注症状而忽视症状产生的原因。症状是问题存在的指示器，但是症状并不是问题本身，因此，必须要对症状背后所存在问题的真实原因进行深入剖析。

2）对问题的界定过于宽泛或狭窄。管理者应该界定好问题，以便在一个最合适的范围内选择计划。

3）选择错误的问题进行处理。管理者应该设定优先顺序，并首先处理最重要的问题。

2. 管理者识别问题存在的注意事项

1）比较现状与期望状态之间的差异。管理者需要意识到差异和矛盾，但也要有采取措施的压力，否则会使问题被延迟。

2）管理者要拥有采取行动的资源。如果管理者不具有职权、预算或者其他采取行动的必要资源，他就不太可能将某些事情作为问题，而只会认为其是不切实际的期望。

二、明确决策目标

在确定所要解决的问题及其责任人后，就要明确决策目标，即要确定问题要解决到什么程度，明确解决问题要达到什么目的。所谓决策目标，是指在一定的环境和条件下，根据预测，明确希望得到的结果。明确决策目标，要注意以下几点。

1）目标应该有明确的内涵，切忌含糊笼统，且不应有歧义。

2）区分目标的重要程度和主次顺序。为了能更大限度地满足目标，决策者通常将目标分等级，以便迅速抓住主要矛盾和目标。

3）目标需要和实际统一。决策目标的制定不仅仅要考虑决策者的需要，还要结合客观实际。只有在客观条件能够满足主观愿望的前提下，决策目标才能实现。

三、拟订可行方案

决策实际上是对解决问题的多种可行性方案进行选择的过程。为解决问题，必须寻找切实可行的各种行动方案。所以，决策要求有两个或两个以上的备选方案。各种行动方案都有其优点和缺陷，要以"满意原则"来确定方案。

人们总结出两条规则：一是在没有不同意见前，不要做出决策；二是如果事情看来似乎只有一种方法可行，那么这种方法通常是错误的，也是危险的。因此，要拟订尽可能多的备选方案来解决问题。

1）方案的可行性。无论哪一种备选方案，都必须建立在科学的基础上。

2）方案的客观性。一定要将指标量化，并运用科学、合理的方法进行定量分析，使各个方案尽可能建立在客观科学的基础上，减少主观性。

3）方案的创造性。拟订方案时要充分发挥集体的智慧与才能，让大家畅所欲言，充分发表自己的意见，然后通过集体讨论确定。这样，拟订的备选方案往往会更有针对性和创造性。

四、比较可行方案

决策过程的第四步是对已拟订的备选方案逐个进行评价，列出每个方案的优势和劣势。为此，首先要建立一套有助于选择最满意方案的决策准则。决策准则表明了决策者关心的主要方面，包括目标可行程度、问题解决程度、决策成本等，并根据这些因素衡量每一个方案，据此列出各方案满足决策准则的程度和限制因素，从而确定每一个方案对于解决问题或实现目标能够达到的程度和需要付出的代价，以及采用这些方案可能带来的后果。

五、选择最优方案

在对各方案进行衡量分析以后，决策者要从中选择一个满意方案并付诸实施。在决策的时候，不要盲目地追寻最满意的结果。由于环境的不断变化和决策者预测能力的局限性，决策者只能做出一个相对令人满意的决策。

六、执行决策

执行决策之前，还要进行推敲，集中力量再次分析方案的可行性和成功性，以确保万无一失。做出决策固然艰难，执行决策也不轻松。为了保证决策的有效实施，需做好以下几个方面的工作。

1）编制决策实施的计划表。明确决策各阶段的实施人员、时限、方法。

2）建立决策责任制。以决策者为责任人，对决策执行过程中可能出现的问题进行调节和指挥，对决策的结果负责。

　　3）建立信息沟通系统。保证能及时了解决策执行进度，及时解决执行中出现的问题。

七、评价决策效果

　　评价决策效果是决策过程的最后一步。一个决策者应该通过信息的反馈来衡量决策的效果。决策是事前制订的目标，在实际的实施过程中，随着形势的不断改变，实施决策的条件不可能与设想的条件完全吻合。在一些不可控因素的作用下，实施条件和环境与决策方案所依据的条件之间可能会有较大的出入，这时，决策的执行不可能按预期进行。如果评估结果表明问题仍然存在，没有得到妥善解决，那么决策者就不得不返回到决策过程的某一环节，甚至从第一个步骤开始，重新进行整个决策制定的过程。

📓 管理故事

世纪难题：给猫挂铃铛

　　某地有一群老鼠，深为附近一只凶残无比、善于捕鼠的猫所苦。有一天，老鼠们群聚一堂，讨论如何解决这个心腹大患。老鼠们颇有自知之明，并没有猎杀猫的雄心壮志，只不过想探知猫的行踪，早做防范。有只老鼠的提议引来满场的叫好声，它建议在猫身上挂个铃铛，如此一来，当猫接近时，老鼠们就能预先做好逃避的准备。在一片叫好声中，有只老鼠突然问道："那么，谁来挂铃铛？"

　　不难理解，这是个讽刺的寓言故事。美国某商学院的教授把这则寓言搬进了学期结束前最后一堂课的讨论中，MBA 学生反应强烈，有的建议做好陷阱，猫踏上后，铃铛自然缚在脚上；有的建议派遣敢死队，牺牲小我，保全大我；更有的觉得干脆准备毒饵，永绝后患。这是个没有结论的讨论，临走前，教授只是狡黠地留下一句话："想想看，为什么从来没看到过被老鼠挂上铃铛的猫？"

　　管理启示：决策固然重要，但决策必须能够执行与落实。

📋 任务实施

　　1. 任务讨论
　　讨论决策的步骤。

　　2. 任务执行
　　学生分组讨论以前决策的某件事，如在一个罐子里装上玉米，事先数好玉米的数量。
　　（1）将罐子给大家看，并让大家估计玉米的数量。算出平均数、中间数和频数分布，并将结果告诉大家。
　　（2）将该过程重复三遍，或直到得出一个比较稳定的结果。
　　（3）宣布正确答案，并请大家比较自己最初的答案和小组最后的结论，看哪个更准确。
　　1）哪个更准确，是个人原先的估计还是小组的结论？
　　2）为什么小组往往更准确？
　　3）为什么大家的答案会趋同？
　　4）这种方法在工作中有何应用？

3. 总结评价

教师进行总结，评估哪个小组的决策更正确。

任务三　决策方法

任务描述

选择什么样的决策方法？

任务分析

本任务要求学生选择以前发生的决策事项，分析所采用的决策方法。

相关知识

一、定性决策方法

定性决策方法是指在决策过程中充分发挥主观能动性，运用社会学、心理学、组织行为学、经济学等有关专业知识、能力和经验，探索所决策事物的规律性，从而做出科学、合理的决策。常用的定性决策方法主要有经验判断法、"头脑风暴"法、德尔菲法、哥顿法等。

1. 经验判断法

经验判断法是指企业领导层凭借自己的知识、经验和才智，对决策目标和被选方案进行评价、判断和优选的一种决策方法。

2. "头脑风暴"法

"头脑风暴"法也称思维共振法，即通过相关专家之间的信息交流，引起思维共振，产生组合效应，从而激发创造性思维。具体做法是，针对所要解决的问题，召集相关专家，在不受任何约束的条件下畅所欲言、各抒己见，组织者通过整理、分析，系统化之后得到决策结果。

3. 德尔菲法

德尔菲法是由美国兰德公司在1950年创造的一种方法。它是充分发挥专家们的知识、经验和判断力，并按规定的工作程序来进行的决策方法。这一方法的特点是，聘请一批专家以相互独立的匿名形式就决策内容各自发表意见，用书面形式独立地回答决策者提出的问题，并反复多次修改各自的意见，最后，由决策者综合确定决策的结论。

4. 哥顿法

哥顿法是美国人哥顿于1964年提出的决策方法，从"头脑风暴"法演变而来。具体做法是：请有关专家在互不商量的条件下，用询函的方式提出自己的意见，然后，邀请有关专家聚会，把第一步收集的意见匿名发给大家，让大家畅所欲言，深入讨论，最后形成结论。哥顿法结合了"头脑风暴"法和德尔菲法的优点，既可以使专家在第一阶段毫无顾忌地发表意见，又可以在第二阶段相互启发，取长补短。

二、定量决策方法

定量决策方法是建立在数学公式（模型）计算基础上的一种决策方法。它运用统计学、运筹学、计算机等科学技术，把决策的变量与目标用数学关系表示出来，求方案的损益值，选择出满意的方案。定量决策方法可分为确定型、风险型和不确定型决策方法。

1. 确定型决策方法

确定型决策具备的条件是：决策要达到一个明确的目标，有可供选择的两种以上的可行方案，只出现一种自然状态，其概率为 1，在这种自然状态下的损益值可以计算。由于一个方案只有一个结果，因此，易于凭借结果判断方案的优劣进而决策。这里主要介绍量本利分析法。

量本利分析法，又称盈亏平衡法或保本分析法，主要分析企业的业务量（销售收入）、成本和利润之间的依存关系。该方法是把总成本分为固定成本和可变成本，然后与总收入进行比较，以确定盈亏平衡时的产量或某一盈利水平的产量。盈亏平衡点是企业总收入等于总成本的状态，这个状态的产量称为保本点。

若设 F 为固定成本，V 为单位变动成本，P 为产品单价，Q_0 为平衡点销售量，Q 为产品销售量。

则企业达到盈亏平衡时：销售收入＝固定成本＋变动成本，即

$$PQ_0 = F + VQ_0$$

由上式可得到

$$Q_0 = F / (P - V)$$

在企业的经营过程中，若 $Q > Q_0$，则企业能盈利；若 $Q = Q_0$，则企业能保本；若 $Q < Q_0$，则企业不能盈利。

在盈亏平衡分析中，可变成本与总收入为产量的函数，当可变成本、总收入与产量为线性关系时，总收入、总成本和产量的关系如图 5-1 所示。

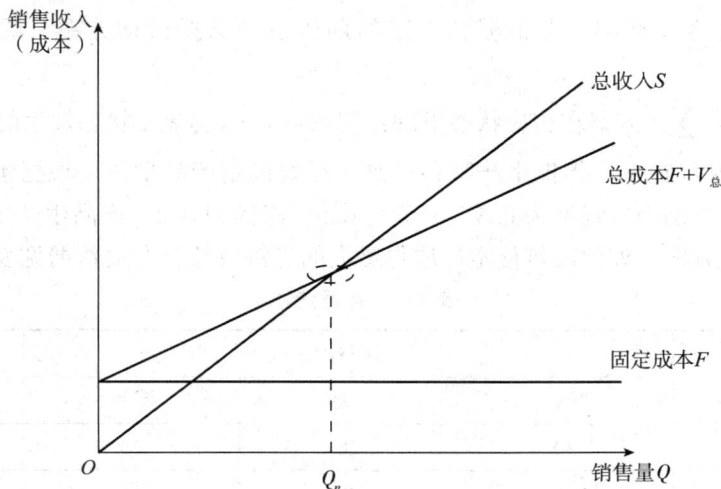

图 5-1 盈亏平衡分析

【**例 5-1**】 某企业生产某产品的固定成本为 60 000 元，单位变动成本为每件 1.8 元，如果产品价格设定为每件 3 元。该方案的产量为 100 000 件，问该方案是否可取？

【**解**】 利用例题中的数据，在坐标图上画出固定成本曲线、总成本曲线和销售收入曲线，得出量本利分析图，如图 5-2 所示。

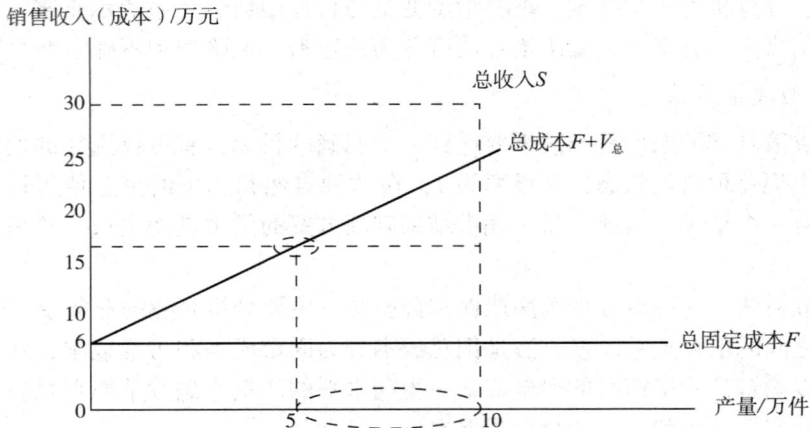

图 5-2　量本利分析

求得盈亏平衡点的销售量 Q_0：$Q_0 = F/(P-V) = 60\ 000/(3-1.8) = 50\ 000$（件）。由于该方案的产量（10 万件）大于保本产量（5 万件），所以，该方案可取。

2. 风险型决策方法

风险型决策要具备的条件是：决策要达到一个明确的目标，有可供选择的两种以上的可行方案，但每种方案的执行都有可能出现不同后果，且每种后果出现的概率是已知的。这里主要介绍期望值法和决策树分析法。

（1）期望值法。

期望值法用于决策者面临的备选方案存在两种以上的可能结果，且决策者可以估计每一种结果发生的客观概率，即根据各方案的期望值来选择行动方案。期望值的计算公式为：

$$\text{期望值} = \sum (\text{方案在相应状态下的预期收益}) \times (\text{方案 } i \text{ 状态发生的概率})$$

【**例 5-2**】 某厂在下一年拟生产某种产品，需要确定产品批量。根据预测，这种产品市场状况的概率分别为：畅销为 0.3，一般为 0.5，滞销为 0.2。产品生产采取大、中、小三种批量的生产方案，如何决策使本厂取得最大的经济效益，有关数据见表 5-1。

表 5-1　数据统计

方案	损益值			期望值
	畅销	一般	滞销	
大批量	40	28	20	30
中批量	36	36	24	33.6
小批量	28	28	28	28

【解】选择方案的过程如下：

大批量生产期望值 = 40×0.3+28×0.5+20×0.2 = 30;

中批量生产期望值 = 36×0.3+36×0.5+24×0.2 = 33.6;

小批量生产期望值 = 28×0.3+28×0.5+28×0.2 = 28。

三种生产方案中，期望值最大的是中批量生产，因此，最终企业的经营决策应当选择中批量生产。

（2）决策树分析法。

决策树分析法是将构成决策方案的有关因素，以树状图形的方式表现出来，并以此分析和选择决策方案的一种系统分析法。决策树分析法以损益值为依据，特别适合分析较为复杂的问题。

决策树形图由决策结点、方案枝、状态结点、概率枝及损益值等要素构成，如图5-3所示。

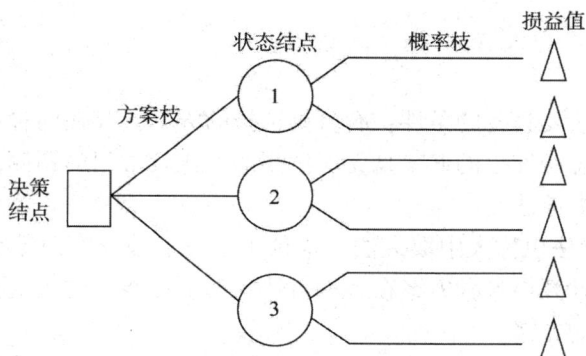

图 5-3　决策树形 1

决策树分析法的程序主要包括以下步骤。

1）绘制决策树形图，按决策树的构成要素依次由左向右展开。

2）计算每个状态结点的期望值，计算公式为：

$$\text{状态结点的期望值} = \sum(\text{方案在相应状态下的预期收益}) \times (\text{方案} \, i \, \text{状态发生的概率})$$

3）剪枝，即比较方案净效果，进行方案的选优。方案净效果的计算公式为：

$$\text{方案净效果} = \text{该方案状态结点的期望值} - \text{该方案投资额}$$

【例5-3】某企业为了扩大某产品的生产，拟建设新厂。据市场预测，产品销路好的概率为0.7，销路差的概率为0.3。有两种方案可供企业选择。

方案1：新建大厂，需投资300万元。据初步估计，销路好时，每年可获利100万元；销路差时，每年亏损20万元。服务期为10年。

方案2：新建小厂，需投资140万元。销路好时，每年可获利40万元；销路差时，每年仍可获利30万元。服务期为10年。

问：该选择哪种方案？

【解】该企业的两个方案可以用决策树形图来表示，如图5-4所示。

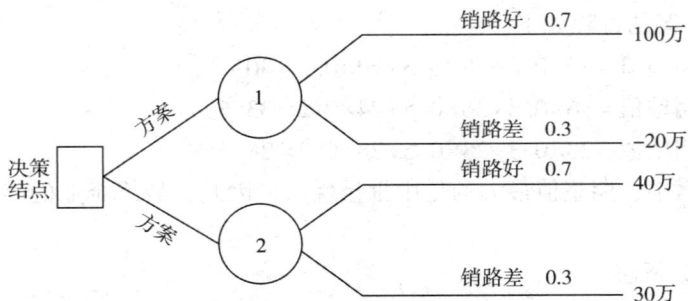

图 5-4　决策树形 2

方案1（结点①）的期望收益为：$[0.7 \times 100 + 0.3 \times (-20)] \times 10 - 300 = 340$（万元）。

方案2（结点②）的期望收益为：$(0.7 \times 40) + 0.3 \times 30) \times 10 - 140 = 230$（万元）。

计算结果表明，方案1的期望收益（340万元）＞方案2的期望收益（230万元），所以，应选择方案1。

3. 不确定型决策方法

不确定型决策方法要具备的条件：有可供选择的方案，存在两种或两种以上的自然状态，但是这些自然状态所发生的概率是无法估测的。比较常用的预测方法有乐观法、悲观法、平均法和最大后悔值法。

1）乐观法。乐观法也称大中取大法，这种决策方法建立在决策者对未来形势估计非常乐观的基础上，先计算出各种方案在各种自然状态下可能有的收益值，然后从这些收益值中选择收益值最大的方案。

2）悲观法。悲观法也称小中取大法，这种决策方法建立在决策者对未来形势估计非常悲观的基础上，先计算出各种方案在各种自然状态下可能有的收益值，再找出各种自然状态下的最小收益值，然后选择最小收益值最大的方案。

3）平均法。平均法也称等概率法，这种决策方法是将未来不明的自然状态出现的可能完全等同地加以看待，因此，假设各种自然状态出现的概率相同，从而将其转化为风险型决策。

4）最大后悔值法。最大后悔值法也称大中取小法，决策者先计算出各方案在各种自然状态下的最大收益与实际采用方案的收益值之间的差额，即后悔值，然后从各方案的最大后悔值中找出最小值，并将其对应的方案作为最优方案。最大后悔值法的基本思路是：先确定各种可行方案及各方案面临的各种自然状态，将各种方案在各种自然状态下的损益值列于决策矩阵表中；计算每种方案在不同自然状态下的后悔值，再找出各个方案的最大后悔值，选择最大后悔值中最小者所对应的方案作为最优方案。

【例5-4】某企业计划开发新产品，有A、B、C三种方案可供选择。不同设计方案的制造成本、产品性能各不相同，在不同的市场状态下的损益值也不同。损益值统计数据见表5-2。

表 5-2 损益值统计数据

方案	损益值		
	畅销	一般	滞销
方案 A	150	100	50
方案 B	180	80	25
方案 C	250	50	10

试用乐观法、悲观法、平均法、后悔值法分别选出最佳方案。

【解】

1）最大乐观法。首先，求出每个方案的最大损益值：

方案 A Max ｛150，100，50｝=150；

方案 B Max ｛180，80，25｝=180；

方案 C Max ｛250，50，10｝=250。

其次，求出三个方案中最大损益值的最大值：

Max ｛150，180，250｝=250。

因此，方案 C 就是最佳方案。

2）悲观法。首先，求出每个方案的最小损益值：

方案 A Min ｛150，100，50｝=50

方案 B Min ｛180，80，25｝=25

方案 C Min ｛250，50，10｝=10

其次，求出三个方案中最小损益值的最大值：

Max ｛50，25，10｝=50。

因此，方案 A 就是最佳方案。

3）平均法。三种方案所面临的各种自然状态发生的概率相同，可得：

方案 A 平均收益为：（150+100+50）/3 =100；

方案 B 平均收益为：（180+80+25）/3 =95；

方案 C 平均收益为：（250+50+10）/3 =103。

方案 C 的平均收益最大，因此，选择方案 C 为最优方案。

4）后悔值法。首先，求出每个方案在不同状态下的后悔值。后悔值统计表见表 5-3。

表 5-3 后悔值统计

方案	后悔值			最大后悔值
	畅销	一般	滞销	
方案 A	250-150=100	100-100=0	50-50=0	100
方案 B	250-180=70	100-80=20	50-25=25	70
方案 C	250-250=0	100-50=50	50-10=40	50

其次，求出每个方案的最大后悔值：

方案 A Max ｛100，0，0｝=100；

方案 B Max ｛70，20，25｝=70；

方案 C Max ｛0，50，40｝=50。

最后，在三个方案最大后悔值中求出最小值：

Min ｛100，70，50｝＝50。

因此，方案 C 就是最佳方案。

任务实施

1. 任务讨论

讨论选择什么类型的决策方法。

2. 任务执行

假设你和朋友试图决定在购物中心开一家饭店，困扰你们的问题是这个城市已经有很多饭店，这些饭店能提供各种价位、不同种类的餐饮服务。你们拥有开设任何一种类型饭店的足够资源，面对的挑战是决定开什么类型的饭店。

应用"头脑风暴法"确定，确定步骤如下。

1）花 5~10 分钟，形成你们认为最可能获得成功的类型，每位成员要尽可能富有创新性和创造力，对任何提议不能加以批评。

2）指定一成员把各种方案写下来。

3）用 10~15 分钟讨论优缺点，形成一致意见。

4）做出决策后，对"头脑风暴法"的优缺点进行讨论，确定是否有阻碍。

3. 总结评价

教师根据学生"头脑风暴"过程的表现及最终的决策方案进行考核和评价。

实践训练

实训项目——决策分析

（1）实训目的：培养学生科学决策的能力。

（2）实训形式：学生从本人的经历出发，分析自己做过哪些重要的决策，对自己有什么影响，然后当众进行讲解。

（3）实训要求：每个同学写出实训报告，包括决策的背景、目标、类型、程序、效果等。

案例分析

日本企业家的经营作风：多谋善断

在美国人看来，日本企业家参加"谈判"的作风是十分独特的：制订决策慢条斯理，实现决策雷厉风行。这前后 180 度的大转弯，往往使西方伙伴既怕又敬。

例如，在谈判许可证协定的过程中，日方代表好像参加接力赛一样，每隔数月就能换一批。第一个代表团做了大量的笔记，不表态，回国了。六个星期后，由来自同一个公司不同部门的另一批人接替。新来的代表仿佛全然不知前面讨论过什么，他们围绕同样的问题与对方从头开始谈判。

同样，新来的代表做了大量笔记，不表态，走了。再度出现新的代表团，继续进行无休止的讨论。一年、两年过去了，什么结果也没有。面对这种马拉松式的谈判，美国人最初是困惑不解，继而感到十分吃惊，抱怨对方，然后失去控制。

而正当美国人对谈判几乎感到绝望的时候，日本人却突然表态，做出了决策，并以闪电般的速度讨论完所有的细节。他们只用了四周时间就完成了投入生产的全部准备工作，并向西方伙伴提出了供应情报和人员的要求。如此出其不意，使美国人措手不及，陷入困境，然后就轮到日本人抱怨美国人了。

关于日本人的"慢条斯理"，西方众说纷纭。有人认为这是优柔寡断、犹豫不决的表现，有人指责这是故意拖延时间、玩弄权术，但也有人把这看作认真求实的精神。不管怎么评价，日本人制定决策的方法取得了成功，这一点是无法否认的。

为什么日本人做出决策要花费很长的时间呢？对此，美国著名的管理学家彼得·德鲁克进行过一些分析。

首先，日本人制定决策的着眼点和美国人不同。在美国，人们把重点放在得出答案上，而日本人却把重点放在明确问题和解释问题上。在谈判中，美国人感兴趣的是确定方案，讨论条款、计划和条件；日本人则认为最重要的一步在于充分讨论所有可供选择的方案。例如，美国有个著名的公司向日本某公司提出了联合经营的建议。该日本公司在做出决策之前，一直没有讨论过是否需要联合经营，以及按什么条件实现联合的问题。他们提出和讨论的问题是"我们必须改变自己企业的方向吗"。直到最后确实认为改变原来的方向合乎需要，才表示同意联合经营，也只有这时，谈判才真正开始。

其次，日本企业家十分重视广泛听取下属人员的各种意见，力求在全公司人员反复讨论的基础上取得统一的看法。在制定决策前，并不提出答案，也不强迫人们表态，以便讨论得以充分进行，直至取得一致意见为止。做出的决策可能在内部哪些地方受到欢迎，在哪些地方遭到反对，企业领导人了如指掌。他们将拿出足够的时间去说服反对者，或做出某些微小的让步去争取这一部分人的同意，而又无损决策的完整性。

由于意见趋于一致，日本人从不需要花任何时间去"宣讲"决策，决策一旦制定就能迅速付诸实施。相比之下，西方的有些经理却往往变成了预先想好答案的"俘虏"。他们需要花很多时间去说服人们按决策办事，因为预定的决策经常遭到组织内部的抵制，甚至出现更糟的情况。等到大家都同意，决策也许已经过时。

请根据上面的案例，回答以下问题。

(1) 决策遵循的是什么原则？

(2) 日本人和美国人制定决策有什么不同？原因是什么？

项目测试

一、单选题

1. 直接关系到组织的生存和发展，涉及组织全局的长远性的、方向性的决策，称（   ）。

    A. 战略   B. 管理决策

    C. 业务决策   D. 结构化决策

2. 面对未来可能呈现的多种状态，决策者虽无法事先确定究竟呈现何种状态，但可判断各种状态出现的概率，这种决策方法为（　　　）。

A. 确定型决策法   B. 风险型决策法

C. 非确定型决策法   D. 追踪决策法

3. 头脑风暴法实施的原则不包括（　　　）。

A. 对别人的建议不作任何评价   B. 建议越多越好，想到什么就说什么

C. 鼓励每个人独立思考   D. 不可以补充和完善已有的建议

4. 履行计划职能，其核心的环节是进行（　　　）。

A. 计划   B. 决策

C. 组织   D. 领导

5. 决策的起点是（　　　）。

A. 识别问题   B. 拟定备选方案

C. 确定决策目标   D. 确定决策原则

二、简答题

1. 决策的过程包括哪几个步骤？

2. 决策的影响因素有哪些？

3. 定量决策方法有哪些？

4. 决策树分析方法包括哪几个步骤？

5. 定性决策方法有哪些？

项目六 组 织

项目介绍

　　组织为了实现高效运行，需要拥有合适、有序的结构。有效的组织结构使组织中的人员有序地分工合作，使资源得以共享，使机制得以完善，从而产生协同效应，实现组织目标。有效的组织结构通过一系列的组织设计活动实现，设计、构建和维持一种合理的组织结构，并为人员配备做好准备，就是管理中的组织职能，它是实现管理目标的重要保证。

学习目标

（1）了解组织的含义，熟悉组织的类型、内容、作用及职能。
（2）掌握组织部门划分和管理层级划分的方法。
（3）掌握常见组织结构的类型及其优点、缺点。
（4）掌握人员选聘、培训的原理和要求。
（5）熟悉组织变革的原因。

技能目标

（1）初步具备一定的组织能力。
（2）熟悉各种组织结构的具体形式。
（3）能够结合实际，设计企业的组织结构。
（4）能够按照工作岗位要求设计选聘、培训等任务。

案例引入

看曹操破众将不睦

建安二十年（215 年）合肥之战中，张辽、乐进、李典三人在合肥守城，孙权率军攻打。

曹操派人送刻有"贼来乃发"四字的木匣给三人，说如果孙权率十万大军来攻打合肥就打开。张辽打开一看，里面写着："如果孙权将至，张辽将军、李典将军出战，乐进将军守城。"

张辽将纸条给李典、乐进看，张辽打算出战，但乐进见素与张辽不睦的李典默然不语，便对张辽说："敌众我寡，难以迎敌，应该坚守。"

张辽见此，感慨二人不顾公事，打算独自出战，李典顿时慷慨说道："怎么会因为私事而忘却公事，愿听从指挥。"

张辽大喜，让李典埋伏在逍遥津，等吴军过小师桥攻打合肥时，自己与乐进一起对抗，而李典暗中拆小师桥。拆桥过后，李典再带领军队与张辽、乐进二人汇合，合击孙权。最后，三人率领众将士大败孙权军。

可见，曹操早已看出李典和张辽是有矛盾的，通过纸条使李典主动以大局为重，与张辽共同出战。好的组织能力能够凝聚众心、精诚团结，从而取得最终的胜利。

任务一　组织职能概述

任务描述

什么是组织？组织分为哪几种类型？

任务分析

本任务要求学生分析自己周边存在的组织属于哪种类型，然后分组讨论。

相关知识

一、组织的含义

在管理学中，组织的含义可以从静态与动态两个方面来理解。从静态方面看，指组织结构，即反映人、职位、任务以及它们之间特定关系的网络。从动态方面看，指管理的组织职能，即通过组织的建立、运行和变革去配置组织资源，完成组织任务和实现组织目标。它包括以下三个方面的含义。

1. 组织有一个共同的目标

目标是组织存在的基础，也是维持组织凝聚力的纽带。每一个组织都有自己的目标，如企业要使盈利最大化，学校要培养社会所需的人才，医院要为病人提供优质的医疗服务等。目标决定了组织作为社会组成部分存在的必要性和合理性。

2. 组织是实现目标的工具

组织目标能否实现，要看组织内各要素之间的协调和配合程度，其中，很重要的一个方面就是组织结构是否合理、有效。

3. 组织包括不同层次的分工协作

组织内部必须有分工，而在分工之后，就要赋予各个部门及每个人相应的权力，以便实现目标。组织要实现自己的目标，还必须进行部门和人员之间的协作，把组织的上下左右联系起来，形成一个有机的整体。

管理故事

王珪鉴才

在一次宴会上，唐太宗对王珪说："你善于鉴别人才，尤其善于评论。你不妨从房玄龄等人开始，一一作评论，评价他们的优缺点。同时和他们互相比较一下，说一说你在哪些方面比他们优秀。"

王珪回答说："孜孜不倦地办公，一心为国操劳，凡是所知道的事没有不尽心尽力去做，在这方面我比不上房玄龄。常常向皇上直言建议，认为皇上能力德行比不上尧舜，这方面我比不上魏征。文武全才，既可以在外带兵打仗，又可以进入朝廷搞管理，在这方面我比不上李靖。向皇上报告国家公务时详细明了，宣布皇上的命令或者转达下属官员的汇报时能坚持公平公正，在这方面我不如温彦博。处理繁重的事务，解决难题，办事井井有条，在这方面我也比不上戴胄。至于批评贪官污吏，表扬清正廉洁，疾恶如仇，在这方面比起其他几位能人来说，我也有一技之长。"唐太宗非常赞同他的话，而大臣们也认为王珪完全道出了他们的心声，都说这些评论正确。

管理启示：企业的发展不可能只依靠一种固定组织的形态运作，必须视企业经营管理的需要而准备不同的团队。所以，每一个领导者都必须学会如何组织团队，如何掌握及管理团队。企业组织领导应以每个员工的专长为思考点，安排适当的位置，并依照员工的优缺点进行调整，让团队发挥最大的效能。

二、组织的类型

在不同的环境中，从不同的方面和角度，按照不同的标准，组织可以划分为不同的类型。

1. 正式组织与非正式组织

1）正式组织，指在组织设计中，为了实现组织的总目标而成立的功能结构，这种功能结构或部门是组织的组成部分并有明确的职能。例如，医院、学校、部队和企业中的销售部门、生产部门、财务部门等。组织设计的主要任务就是规划设计正式组织，确定这些部门的功能及相互关系。正式组织的基本特征是设立的程序化、解散的程序化和运作的程序化。

2）非正式组织，指由于地理位置、兴趣爱好、工作关系、亲朋好友关系而自然形成的群体，这种群体不是经过程序化成立的。例如，学校、医院、机关或企业中的业余足球队、业余合唱团、同乡会、同学联谊会等。非正式组织的作用具有两面性，它是现实中不可忽视的群体，优点是参加非正式组织的个人有表达思想的机会，能提高士气，可以促进人员的稳定，有利于沟通，提高人员的自信心，能减少紧张感。如果利用得好，它可以为组织目标的实现发挥重要作用。但是，当非正式组织的目标与组织的目标不一致或有冲突时，非正式组织成为组织目标实现的障碍，可能会出现集体抵制上级政策或目标的情况。

2. 实体组织与虚拟组织

1）实体组织，就是一般意义上的组织，是为了实现某一共同目标，经由分工与合作及不同层次的权力和责任制度而构成的人群集合系统。

2）虚拟组织，指两个以上的独立的实体，为迅速向市场提供产品和服务，在一定时间内结成的动态联盟，如图6-1所示。它不具有法人资格，也没有固定的组织层次和内部命令系统，而是一种开放的组织结构。因此，可以在充分掌握信息的条件下，从众多的组织中通过招标或自由选择等方式精选合作伙伴，迅速形成各专业领域中的独特优势，实现对外部资源的整合利用，从而以强大的结构成本优势和机动性，完成单个企业难以承担的市场功能，如产品开发、生产和销售。

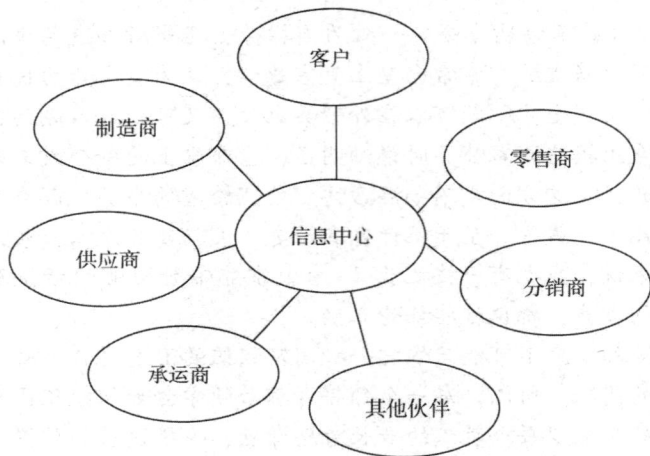

图 6-1　虚拟组织示意

虚拟组织中的成员可以遍布世界各地，彼此也许并不存在产权上的联系，也不同于一般的跨国公司，相互之间的合作关系是动态的，完全突破了以内部组织制度为基础的传统的管理方法。网络的发展推动了虚拟组织的发展，其实，网络本身也是虚拟组织的一种形式，它是一系列预先认证合格的合作伙伴。同时，作为辅助工具，网络又推动了各个领域中合作的开展和众多虚拟组织的形成。

真正吸引顾客的是虚拟组织天衣无缝的合作，如购买了福特汽车的顾客不会想到，是一个虚拟设计工作室在负责福特汽车的款式设计。它通过电子通信将世界各地的设计人员组合在一起，这些设计人员实际上分属福特的七个设计中心。另外，越来越多的航空公司，如美国航空公司与英国航空公司、中国西北航空公司与荷兰皇家航空公司、中国联合航空公司与德国汉莎航空公司正在整合他们的飞行业务，以便向乘客提供更多的飞行航线。

虚拟组织的特征有以下几点。

1）虚拟组织具有较大的适应性，在内部组织结构、规章制度等方面具有灵活性。虚拟组织是一个以机会为基础的各种核心能力的统一体,这些核心能力分散在许多实际组织中,被用来使各种类型的组织部分或全部结合起来以抓住机会。当机会消失后,虚拟组织就解散。所以,虚拟组织可能存在几个月或几十年不等。

2)虚拟组织共享各成员的核心能力。虚拟组织是通过整合各成员的资源、技术、顾客、市场机会而形成的。它的价值就在于能够整合各成员的核心能力和资源,从而降低时间、费用和风险,提高服务能力。例如,波音777型客机开发小组的某些成员具有互补性核心能力,某些成员具有协同操作能力,而另一些成员则有能够进入非波音公司市场的途径。

建立一个特殊工作团体并非难事,只需把实现既定目标所需要的理想资源整合到一起,不改变团体成员的生活方式,像组成体育运动队中的全明星队那样集中各代表队中最优秀的运动员,去应付每天的变革所带来的挑战。显然,在相同的市场机会下,虚拟组织优于各成员公司。对于顾客而言,整合的特征是无形的、无边界的。

3)虚拟组织中的成员必须以相互信任的方式行动。合作是虚拟组织存在的基础。由于虚拟组织突破了以内部组织制度为基础的传统的管理方法,各成员保持着自己原有的风格,合作中难免出现问题。然而,各个成员为了获取一个共同的市场机会结合在一起,在合作中必须彼此信任,形成强烈的依赖关系。否则,这些成员无法取得成功,顾客也不会同他们开展业务。

有些企业拥有突出的能力,处于虚拟组织的中心,并对其他成员产生有力的影响,这使虚拟组织的协调变得相对容易。例如,耐克公司凭借设计和营销方面的卓越能力,将负责生产的合作伙伴紧密地联系在一起,实施有效的控制和协调。

3. 机械式组织与有机式组织

1)机械(刚性)式组织,也称官僚行政组织,是一种稳定的、僵硬的结构形式,它追求的主要目标是稳定运行中的效率。机械式组织注重对任务进行高度的劳动分工和职能分工,以客观的、不受个人情感影响的方式挑选符合职务规范要求的、合格的任职人员,并对分工以后的专业化工作进行严密的层次控制,同时制定出许多程序、规则和标准。个性差异和人性判断被降到最低限度,提倡以标准化来实现稳定性和可预见性,规则、条例成为组织高效运行的润滑剂,组织结构特征趋向刚性。

2)有机(弹性)式组织,也称适应性组织,是低复杂性、低正规化和分权化的。有机式组织是一种松散的、灵活的、具有高度适应性的组织形式。它不具有标准化的工作和规则条例,所以是一种松散的结构,能根据需要迅速调整。

三、组织的内容

作为管理的一项基本职能,组织工作是为了实现组织目标而对组织本身进行的结构设计与调整、业务活动分类、管理人员职位设置、管理职权分配,以及对组织成员的行为加以规范和协调。具体来说,组织工作应包括以下几个方面。

1)组织设计。组织设计是指以组织结构设计为核心的组织系统设计活动,主要根据组织目标,设计和建立一套组织职位系统,进一步为职位和部门分配责任和权限,设置规范制度;根据组织机构,确定职权关系,使组织成为一个有机的统一体。

2)组织运行。通过与管理的其他基本职能相配合,保证所设计和建立的组织机构能有效运转。

管理故事

神偷请战

用人之道，最重要的是要善于发现、发掘、发挥属下的一技之长。用人不当，事倍功半；用人得当，事半功倍。

《淮南子·道应训》记载，楚将子发爱结交有一技之长的人。有个号称"神偷"的人自荐，也被子发待为上宾。有一次，齐国进犯楚国，子发率军迎敌。交战三次，楚军三次败北。子发旗下不乏智谋之士、勇悍之将，但在强大的齐军面前，简直无计可施。

这时，神偷请战。他在夜幕的掩护下，将齐军主帅的睡帐偷了回来。第二天，子发派使者将睡帐送还给齐军主帅，并对他说："我们出去打柴的士兵捡到您的睡帐，特地赶来奉还。"当天晚上，神偷又去将齐军主帅的枕头偷来，再由子发派人送还。第三天晚上，神偷连齐军主帅头上的发簪子都偷来了，子发照样派人送还。齐军上下听说此事，甚为恐惧，主帅惊骇地对幕僚们说："如果再不撤退，恐怕子发要派人来取我的人头了。"于是，齐军不战而退。

管理启示：一个团队需要各式各样的人才。人不可能每一方面都出色，但也不可能每一方面都差劲，总有长处。一个成功的领导人不在于他自己能做多少事，而在于他能很清楚地了解每个下属的优缺点，在适当的时候派合适的员工去做适合他们的事情。此外，管理者应充分发挥团队的长处，团结大家共同去解决遇到的问题。

四、组织的作用

组织职能的发挥是实现管理功能的保证，一般来说，组织有以下三方面的作用。

1）通过组织实现分工协作，可以提高劳动生产率。分工有利于提高每一个员工的专业化程度和熟练化程度，同时，协作可以使众多部门和人员之间的联系更加有序和顺畅，有利于最终提高劳动生产率。

2）通过组织整合力量，可以提高组织成员的士气。通过组织，可以形成整体力量的汇聚和放大效应，否则就容易出现"一盘散沙"的情况，甚至出现"窝里斗"的局面。

3）通过组织，可以提高有效指挥的功能和效率。从更大的范围来说，只有组织起来，才能使不同系统实现统一，从而避免各自为政、彼此削弱。

管理故事

拿破仑的法国骑兵

在欧洲历史上，拿破仑的法国骑兵曾经和马木留克骑兵交战。马木留克骑兵个个彪悍凶猛，骑术出色，如果和对方一对一地较量，法国骑兵不是马木留克骑兵的对手。但交战的结果却是，人数很少、骑术逊色的法国骑兵打败了人数较多、骑术出色的马木留克骑兵。为什么呢？拿破仑曾评价说："2个马木留克骑兵绝对能打赢3个法国骑兵；100个法国骑兵与100个马木留克骑兵势均力敌；300个法国骑兵大体上能战胜300个马木留克骑兵；而1 000个法国骑兵则一定能打败1 500个马木留克骑兵。"这主要是因为法国军队组织严密，结构合理，能起到"1+1>2"的功效，马木留克骑兵的组织比较松散，结构不合理，所以"1+1<2"。

管理启示：结构决定功能。从该故事中，人们不难看出组织的重大作用。

五、组织的职能

组织职能，又叫组织工作，是指为了实现组织的共同目标而确定组织内各要素及其相互关系的活动或过程，即通过结构设计、建章立制、职权配置、人员配置、运行与变革、文化建设等来完成组织任务和实现组织目标的活动或过程。组织职能的具体内容包括以下几个方面。

1. 组织结构设计

组织结构设计是组织工作中最重要、最核心的环节，其内容是建立一种有效的组织结构框架，对组织成员在实现组织目标中的分工协作关系做出正式的、规范的安排，即形成正式的组织。

2. 制度规范制定

制度规范是为了对组织管理活动及其组织成员的行为进行规范、制约与协调而制定的各种规定、规程、方法与标准等制度的总称。制定制度规范就是用制度形式规定管理活动的内容、程序和方法，界定人员行为规范和准则，目的是使管理活动有章可循，规范高效。

3. 职权配置

职权是构成组织结构的核心要素，是组织联系的主线，对于组织的合理构建与有效运行具有关键性作用。在组织内部，基本的信息沟通也是通过职权来实现的。通过职权关系上传下达，使下级按指令行事，上级及时得到反馈，做出合理的决策，进行有效的控制。

4. 人员配置与管理

人员配置是根据组织目标和任务正确选择、合理使用、科学考评和培训人员，以合适的人员去完成组织结构中规定的各项任务，从而保证整个组织目标和各项任务的完成；目的是让合适的人去做合适的事；内容是将人力资源配置到各个部门、地区、下属组织的职业岗位之中，使之与其他经济资源相结合，形成现实的经济活动。

5. 组织变革

组织变革是指通过对组织结构进行调整和修正，使其适应不断变化的外部环境和内部环境的过程。组织变革和组织发展虽有区别，但又密切联系。组织发展要通过组织变革来实现，变革是手段。变革的目的是使组织得到发展，以适应组织内外条件的要求，有效地行使组织职能。

6. 组织文化建设

组织文化是指在一定的社会政治、经济、文化背景下，组织在生产与工作实践中逐步形成的价值观念、行为准则、作风和团体氛围的总和。通过组织文化建设，可以充分发挥组织的导向、凝聚、激励、约束和辐射功能，进一步促进组织职能的有效发挥。

📋 **任务实施**

1. 任务讨论

讨论组织的作用以及组织的类型。

2. 任务执行

（1）将全班同学分成若干小组，确定每小组传递消息的第一人和最后一人。

（2）把纸片发给每小组的第一人，第一人看完后，将纸片交给老师。

（3）消息由每小组的第一人依次向小组其他成员传递，直至最后一人。

（4）最后一人将听到的消息写在纸上交给老师。如果只有 2~3 个小组，可以让每小组最后一人在黑板上写上听到的消息，然后再让每个小组其他 1~2 位成员在黑板上写上自己听到的消息，最后让每组第一人修改距他位置最近的小组成员所写的消息。

（5）如果是纸条，则老师念完纸条的内容，再念正确的答案；如果是写在黑板上，可以大声说出每小组相同消息的不同版本。

3. 总结评价

通过这一活动，使学生明白，组织能够减少信息的失真。

任务二　组织结构设计

📋 **任务描述**

选择什么样的组织结构类型？

📋 **任务分析**

本任务要求学生收集自己周围组织机构的相关资料，然后分析其属于哪种类型的组织结构。

📋 **相关知识**

一、组织横向结构设计

1. 部门划分

（1）部门划分的含义。

部门划分是把工作和人员分成若干管理单元，并将其组建成相应的机构和单位。不同的管理或业务部门，是整个管理系统有机运转的细胞和工具。部门划分的目的在于确定组织中各项任务的分配与责任的归属，以求分工合理，职责分明，有效地实现组织的目标。

【视频】组织部门化设计

（2）部门划分的方法。

1）按人数划分。这是指完全按照人数的多少划分部门，是最原始、最简单的划分方法，如军队中的师、团、营、连、排、班就是这种划分方法。这种部门划分方式的特点是，划归在同一部门的人员在同一个主管人员的指挥下执行同类的工作任务。该方法仅考虑人力的数量因素，在高度专业化的现代社会中有逐渐被淘汰的趋势。

2）按时间划分。这是指将人员按时间进行分组，轮班作业。在一些需要不间断工作的组织中，或者由于经济和技术的需要，常按照时间来划分部门，采取轮班作业的方法。例如，企业按早、中、晚班编制生产计划。

3）按职能划分。这是最普遍采用的部门划分方法。它遵循专业化的原则，以工作或任务的性质为基础划分部门，并按这些工作或任务在组织中的重要程度，分为主要职能部门和次要职能部门。主要职能部门处于组织的首要一级，在主要职能部门内再划分次要职能部门。

4）按产品划分。这是指按组织向社会提供的产品来划分部门。它是随着科学技术的发展，为了适应新产品的生产而产生的。其优点是有利于发挥专用设备的效益，有利于发挥个人的技能和专业知识，有利于部门内的协调，有利于产品的增长和发展。其缺点是要求更多的人具有全面管理的能力；产品部门独立性强，整体性差，增加了主管部门协调、控制的困难。

5）按地区划分。这是指按地理位置来划分部门，其目的是调动地方、区域的积极性，谋求取得地方化经营的某种经济效果。只有当各地区的政治、经济、文化等因素影响到管理时，按地区划分部门才能充分发挥其优势。其优点是有利于改善地区的协调，取得地区经营的经济效益；有利于培养管理人才。其缺点是需要更多具有全面管理能力的人才，增加了主管部门控制的困难，地区部门之间往往不易协调等。

6）按服务对象划分。这是指按组织服务的对象类型来划分部门。例如，在商店中按服务对象划分为老年用品部、妇女用品部和儿童用品部等。

7）其他。在一些组织中，也常出现按市场营销渠道等来划分部门的方法。

以上部门划分的方法只是就某一方面的因素而言，在现实的管理活动中，还常常会采用混合方法划分部门，即在同一组织层次或同一组织内部采用两种或者两种以上的方法划分部门，采用这种混合方法是为更有效地实现组织的目标。

2. 组织职责的委派

部门划分后就涉及各项具体业务工作的分配、部门职责的委派等问题。部门任务分配和职责委派的一个最基本依据是业务工作的类似性，这需要对业务工作的一些项目进行分类，把从事类似业务工作的人集中到一个部门，从而实现职务专业化。同时，分派责任时也应该考虑彼此联系的密切程度。有时根据工作需要，也可以将多种性质的业务工作集中到一个部门中，但这些业务工作必须是有着密切联系的，以便最有效地进行工作。在向各部门委派工作任务时，应注意预防发生下列问题。

1）重复。把生产、经营及管理方面的同类问题，同时分派给不同机构，使它们都有解决问题的权力和责任，这就会发生职责上的重复，也等于机构设置上的重复。一旦发生问题，几家来回"扯皮"，谁都有"责"，谁都不"负责"，问题难以解决。如果有的特殊问题的确需要几个部门协调才能解决，那么，将该工作任务授予这几个部门的时候，必须划清各自的权限和责任范围，并确定牵头部门。

2）遗漏。当某项基本的例行工作没有划入任何机构的工作职责范围之内时，就发生了工作任务分配的遗漏，出现有事无人管的现象，必然影响工作的正常进行和组织目标的实现。如果属于例外工作，重复发生时也应将其及时委派给有关部门作为理性的职责。

3）不当。不当是指将某项工作任务委派给了不适于完成这项工作的部门。每个机构都有其基本的职能及有助于完成这一职能的有利条件。因此，对于某一具体工作，总有某一个部门能利用其有利条件，更好地加以完成。因此，应将工作交给最能有效解决这一问题的部门。

📝 管理故事

牙科医生

有一位牙科医生，第一次给患者拔牙时，非常紧张，他刚把病人牙齿拔下来，不料手一抖，牙齿就掉进了患者的喉咙。

"非常抱歉，"医生说，"你的病已不在我的职责范围之内，你应该去找喉科医生。"当患者找到喉科医生时，他的牙齿掉得更深了。喉科医生给患者做了检查。

"非常抱歉，"医生说，"你的病已不在我的职责范围之内了，你应该去找胃病专家。"胃病专家用 X 光为患者检查后说："非常抱歉，牙齿已掉到你的肠子里了，你应该去找肠病专家。"

肠病专家同样做了 X 光检查后说："非常抱歉，牙齿不在肠子里，它肯定是掉到更深的地方了，你应该去找肛肠科专家。"

最后，患者趴在肛肠科医生的检查台上，医生用内窥镜检查一番，然后吃惊地叫道："天哪！你这里长了颗牙齿，应该去找牙科医生。"

管理启示：细化组织部门并没有错，但若只知道设立很多的部门，而没有有效的协调机制，就会出现相互推卸责任的现象。这是一家企业，特别是大企业最容易出现的致命弱点。

二、组织纵向结构设计

组织纵向结构设计主要包括管理幅度与管理层次的合理确定。在进行组织纵向结构设计时，首先应根据企业的具体条件，正确规定管理幅度；然后，在这个数量范围内，再考虑影响管理层次的其他因素，科学地确定管理层次；同时，在此基础上，进行职权配置，从而建立基本的纵向结构。

1. 管理幅度

管理幅度也称管理跨度，是指组织的一名管理者直接管理的下属人员的数量。合理的管理幅度有利于管理的控制和沟通，可以加快上情下达和下情上报的传递速度，便于管理者及时做出决策，也有利于下属贯彻落实上级的决策。

📖 知识链接

苛希纳定律

如果实际管理人员比最佳人数多 2 倍，工作时间就要多 2 倍，工作成本就要多 4 倍；如果实际管理人员比最佳人员多 3 倍，工作时间就要多 3 倍，工作成本就要多 6 倍。这就是苛希纳定律。

苛希纳定律告诉我们：在管理上，并不是人多就好，有时管理人员越多，工作效率反而越低。只有找到合适的人数，管理才能收到最好的效果。该定律虽是针对管理层人员而言的，但它同样适用于对公司一般人员的管理。

2. 管理层次

管理层次也称组织层次，是指组织内部在职权等级链上所设置的由最高层到最底层的级数。管理层次实际上反映的是组织内部纵向分工关系，各个层次将承担不同的管理职能。管理实践表明，理想的管理层次为三层，即最高管理层、中间管理层和基层管理层。

3. 管理幅度与管理层次的关系

【拓展知识】扁平结构与多层结构

管理层次受组织规模和管理幅度的影响。管理层次与组织规模成正比：组织规模越大，包括的成员越多，则层次越多。在组织规模已定的条件下，管理层次与管理幅度成反比：主管直接控制的下属越多，管理层次越少；相反，管理幅度缩小，则管理层次增加。在管理幅度与管理层次的关系方面，起主导作用的是管理幅度，即管理层次的多少取决于管理幅度的大小。

三、组织结构的类型

组织结构的基本类型有直线制、职能制、直线职能制、事业部制、矩阵制、网络型组织等。这里以企业为例，介绍几种基本的组织结构形式。在进行组织结构设计时，企业可以根据不同组织结构的特点和针对性，选择相应的组织结构模式。

1. 直线制

直线制是最简单的组织结构形式。直线制组织结构不设职能机构，从最高管理层到最低层实行直线垂直领导。企业的管理工作均由企业的厂长（或公司经理）直接指挥和管理，没有专门的职能机构，至多有几名助手协助厂长（或经理）。它要求企业领导者精明能干，具有多种管理专业知识和生产技能。直线制组织结构如图6-2所示。

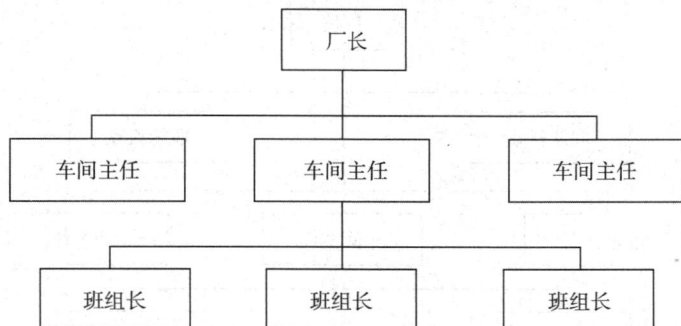

图 6-2　直线制组织结构

优点：沟通迅速，指挥统一，责任明确。

缺点：管理者负担过重，难以胜任复杂工作。

适用性：主要适用于中小型组织。

2. 职能制

职能制是指在高层管理者之下按职能来划分部门，各个部门各司其职，在自己的职权范围内向下级下达指令，实行分工协作的一种组织形式。例如，在企业中，把同类业务集中起来，设立生产部门、财务部门、销售部门、研发部门等，由各个部门直接管理下级的相应工作，并向上级主管领导负责。职能制组织结构如图6-3所示。

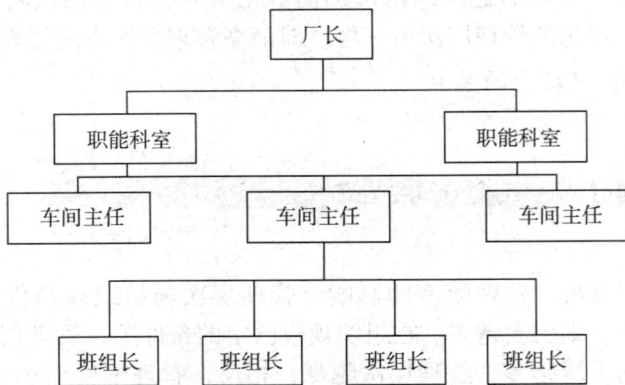

图6-3　职能制组织结构

优点：分工较细，有利于专业管理职能的充分发挥。

缺点：部门之间的协调性差，不利于统一指挥。

适用性：现代社会基本不存在这一组织形式。

3. 直线职能制

直线职能制是一种将直线制与职能制结合起来的组织形式。这种组织形式以直线制为基础，在各级行政负责人之下设置相应的职能部门，作为该领导的参谋，实行主管统一指挥与职能部门参谋、指导相结合的组织结构形式。职能参谋部门拟订的计划、方案及有关指令，由直线主管批准下达；职能部门参谋只起业务指导作用，无权直接下达命令，各级行政负责人逐级负责。该形式是现实中运用得最为广泛的一种组织形式。直线职能制组织结构如图6-4所示。

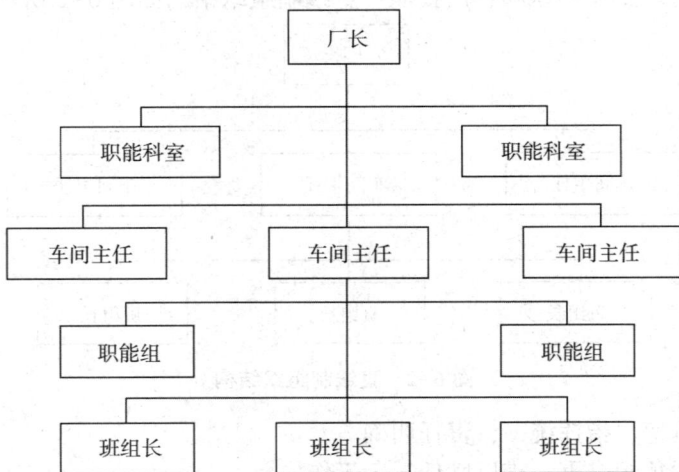

图6-4　直线职能制组织结构

优点：既保证了企业的统一指挥，又有利于强化专业化管理，提高了管理效率。

缺点：职能部门之间横向联系较差，矛盾较多，上层主管的协调工作量大；难以从组织内部培养熟悉全面情况的管理人才；系统刚性大，适应性差，容易因循守旧，对新情况不易及时做出反应。

适用性：这种组织形式较为普遍，我国大部分机关、学校、医院等都采用这种结构。

4. 事业部制

事业部制，也叫联邦分权制，是一种分权制的组织形式，是指在公司总部下增设一层独立经营的事业部，实行公司统一政策、事业部独立经营的一种体制。事业部不是按职能，而是按企业所经营的事业项目划分的，是具有经营自主权的专业化生产经营单位。

事业部制的一般情况是，在公司总部统一领导下，根据产品、地区或市场建立事业部或分公司，各事业部分别进行产品设计、采购、生产和销售活动。事业部既是在总公司控制下的利润中心，具有利润生产、利润核算和利润管理职能，又是产品生产责任单位和市场销售责任单位，具有自己的产品和独立的市场。事业部按照"集中决策，分散经营"的原则进行管理，公司最高管理机构保留投资决策、资金统一调度和监督检查等大权，并利用利润指标对事业部进行控制。事业部的领导人则具有对本部门相对独立的生产经营管理权。事业部制组织结构如图6-5所示。

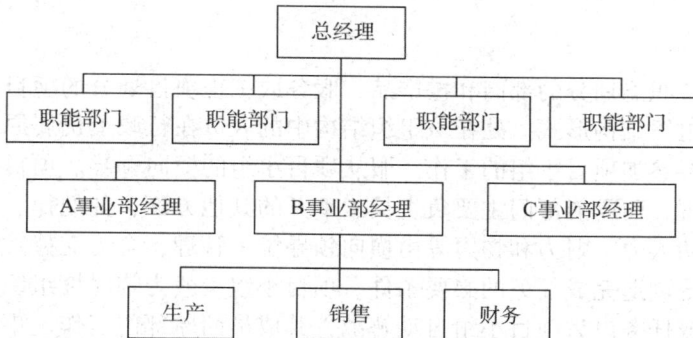

图6-5 事业部制组织结构

优点：有利于发挥事业部的积极性、主动性，更好地适应市场；公司高层集中思考战略问题；有利于培养综合管理人员。

缺点：存在分权带来的一系列问题，如指挥不灵、机构重叠，管理成本较高。

适用性：主要适用于面对多个不同市场或多个不同产品的大规模组织。

📖 **知识链接**

事业部制的起源

事业部制起源于美国的通用汽车公司。20世纪20年代初，通用汽车公司合并收购了许多小公司，企业规模急剧扩大，产品种类和经营项目增多，而内部管理却很难理顺。当时担任通用汽车公司常务副总经理的斯隆参考杜邦化学公司的经验，以事业部制的形式于1924年完成了对原有组织的改组，使通用汽车公司的整顿和发展获得了很大的成功，成为实行事业部制的典型，因而事业部制又称"斯隆模型"。近年来，我国一些大型企业集团或公司，如美的、海信等也引进了这种组织结构形式。

📖 **管理故事**

事业部变革

上海某高科技企业主要为全球的通信运营商和通信设备制造商提供机房、机柜和配线架等产品。这些产品基本构成了该企业的主营业务，也是其收入和利润的主要来源。

该企业原本实行传统的职能制组织结构，但因为其主营业务的各类产品线除了客户类似以外，在研发、制造等方面存在较大的差异性，导致内部管理的差异性加大，对同一个职能部门的要求也比较高。加上管理能力欠缺，导致内部管理的责任不清，效率极其低下。

为了解决这些问题，该企业推进了以产品线总监为主要方向的组织结构变革，即业务相对独立的光电和综合布线单独设立事业部，原有其他主营业务按照产品线总监的方式进行变革。

管理启示：组织结构的重要性体现在适当、恰当和适应上。下到个人、企业，上到国家，都要以巨大的勇气去全面深化改革，敢于面对新矛盾新挑战，冲破思想观念束缚。该公司正是根据其发展的需要，适时改为事业部制，解决了原本存在的问题。

5. 矩阵制

矩阵制是将按职能划分的部门和按产品、服务或工程项目划分的项目小组结合起来而形成的一种二维组织结构形式。处在该组织结构中的人员在行政上仍属原职能部门，但在执行任务时，主要参加项目小组的工作，服从项目小组的横向领导。项目小组主要负责小组成员的技术表现，而职能部门主要负责员工事务的其他方面，如纪律、福利等。完成任务时所需要的一切人力、财力和物力等由横向领导统一管理，全力支持。纵向系统的主要任务是为横向系统创造完成任务的必要条件。项目小组一般为临时性组织，而职能部门是固定的组织，完成任务以后项目小组自动解散，其成员回原部门工作。矩阵制组织结构如图6-6所示。

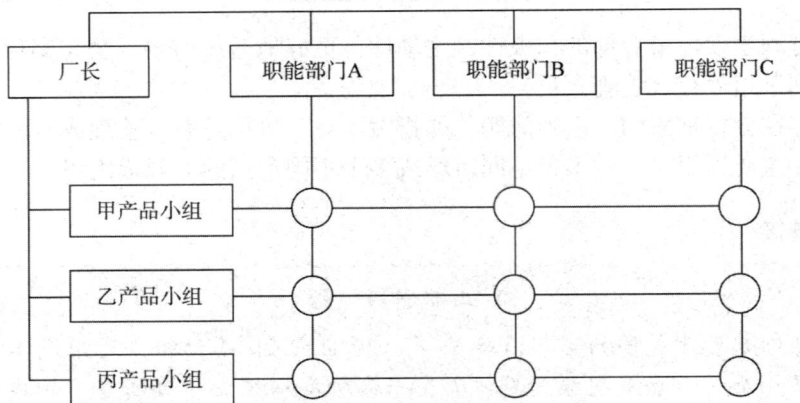

图6-6 矩阵制组织结构

优点：纵横结合，有利于配合，人员组织富有弹性。

缺点：稳定性较差，实行双重领导，可能会出现多头指挥现象。

适用性：主要适用于突击性、临时性工作，特别适用于以开发与试验为主的单位，尤其是应用性研究单位等。

管理故事

IBM 公司和矩阵制组织结构

矩阵制组织结构弥补了 IBM 公司进行单一组织划分带来的不足，把各种组织结构的好处充分发挥出来。显然，如果不对企业进行地域上的细分，假如说只有大中华区而没有华南区、华东区，就无法针对各地区市场的特点把工作深入下去。而如果只进行地域上的划分，对某一种产品，如 AS/400，就不会有一个非常了解这个产品在各地表现出来的特点的人，因为每个地区都会只看重该地区整盘的生意。如按照行业划分，就会专门有人来研究各个行业的客户对 IBM 产品的需求，从而更加有效地把握各种产品的重点市场。

"如果没有这样的矩阵制组织结构，我们要想在某个特定市场推广产品，就会变得非常困难。" IBM 某事业部负责人说。例如，在中国市场推广 AS/400，有华南、华东等大区的队伍，有金融、电信、中小企业等行业队伍，有市场推广、技术支持等各职能部门的队伍，以及专门的 AS/400 产品队伍，大家相互协调、配合，就很容易打开局面。

管理启示：不同的组织结构形式有不同的功能，更有不同的要求，要使其发挥应有的作用，就必须了解企业的实际情况。

6. 网络型组织

网络型组织结构是一种目前流行的、新的组织形式，它是指一个较小的核心组织，通过合作关系，依托其他组织进行生产、销售或其他关键业务的经营活动而形成的一种组织结构。其特点是以项目为中心，以合同为基础，企业内部各项工作及关键业务依靠其他组织承担，从而有效发挥核心业务专长的协作型组织形式。网络型组织结构如图 6-7 所示。

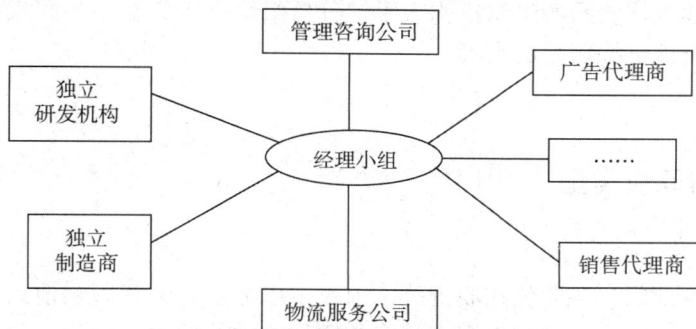

图 6-7 网络型组织结构

优点：具有更大的灵活性和应变能力。它是由许多公司组成的临时性机构，分合迅速，成员共摊成本，共享技术，联结供货商和客户，发挥自己的优势，能及时利用种种机会，能够提高企业的竞争能力。与各依托单位形成相互联结的网络型组织，有助于利用现代通信技术、网络技术进行沟通交流，统一协调。有助于开展研究开发、共同营销、互补生产等，以加快资金回收，避免重复投资。

缺点：不利于控制，不利于技术保密；具有较高的不确定性；员工忠诚度可能较低。

适用性：对小企业来说，网络型组织结构是合适的选择。相比较而言，小企业在资金、技术、规模上无法与大企业相抗衡，借助这种形式可以在较短时间内形成规模。网络型组织结构也适用于一些大型组织，如耐克公司。

任务实施

1．任务讨论

讨论组织结构的类型。

2．任务执行

（1）全班学生以 4~6 人为一组，每组选出一名组长，分别走访不同的企业。

（2）要求学生了解某一企业的组织结构设置及其相互之间的关系。

（3）了解其中某一部门基层管理人员的职责。收集完信息后，组织探讨与分析诊断。

（4）在班级内进行交流与研讨。

3．总结评价

（1）组长根据调查与研讨的表现，为每个成员评估打分。

（2）指导老师根据各组成员在调查与研讨中的表现进行综合点评。

任务三　职权配备

任务描述

职权有哪些类型？什么是集权、分权、授权？

任务分析

本任务要求学生从熟悉的组织机构入手，分析组织机构具有哪些职权，以及集权、分权、授权等，分析该机构职权的类型。

相关知识

一、职权与职权类型

1．职权的含义

职权是组织各部门、各职位在职责范围内决定事务、支配和影响他人或者集体行为的权力。职权属于正式权力，是与组织中特定的职位相关的权力。例如，组织中的下级有时会被强制执行不利于自己或者本人不同意的命令，这就是职权的力量。一个没有职位的管理者难以拥有相应的力量和作用。

2．职权类型

在组织内部，基本的信息沟通是通过职权来实现的。通过职权关系上传下达，使下级按指令行事，上级及时得到反馈，做出合理决策，进行有效控制。组织内部的职权有三种类型：直线职权、参谋职权、职能职权。

（1）直线职权。直线职权是指某个职位或部门所拥有的包括做出决策、发布命令等的权力，即通常所说的指挥权。

每一管理层的主管人员都应具有这种职权，只是每一管理层次的功能不同，其职权的大小及范围各有不同而已。例如，厂长对车间主任拥有直线职权，车间主任对班组长拥有直线职权。这样，在组织的上层到下层的主管人员之间，便形成了一个权力线，这条权力线被称为指挥链或指挥系统。在这条权力线中，职权的指向由上而下。由于在指挥链中存在不同管理层次的直线职权，故指挥链又叫层次链。它很像一座金字塔，通过指挥链的信息传递，由上而下，或由下而上地进行，所以，指挥链既是权力线，又是信息通道。

（2）参谋职权。参谋职权是某个职位或某部门（参谋）所拥有的辅助性职权，包括提供咨询、建议等。在军事、政治及经济等部门，都需要出谋划策的参谋人员。

参谋的种类有个人与专业之分，前者即参谋人员。参谋人员是直线人员的咨询人，他协助直线人员履行职责。专业参谋通常为一个单独的组织或部门，即所谓的"智囊团"或"顾问班子"。专业参谋部门是时代发展的产物，它聚集了一些专家，运用集体智慧，协助直线主管进行工作。

（3）职能职权。职能职权是指参谋人员或某部门的主管人员所拥有的原属直线主管的部分权力。在纯粹参谋的情形下，参谋人员所具有的仅仅是辅助性职权，并无指挥权。但是，随着管理活动的日益复杂，主管人员不可能通晓所有的专业知识，仅仅依靠参谋的建议还很难做出最后的决定。为了改善和提高管理效率，主管人员就可能对职权关系做某些变动，把一部分本属于自己的直线职权授予参谋人员或某个部门的主管人员，这便产生了职能职权。

职能职权大部分是由业务或参谋部门的负责人行使，这些部门一般由职能管理专家组成。例如，一个公司的总经理统揽全局，他为了节约时间，加速信息的传递，就可能授权财务部门直接向生产经营部门的负责人传达关于财务方面的信息和建议；也可能授予人事、采购、公共关系等部门一定的职权，让其直接向直线组织发布指示等。

3. 正确处理直线职权、参谋职权与职能职权的关系

（1）直线职权与参谋职权的关系。直线与参谋是两类不同的职权关系：直线关系是一种指挥和命令的关系，授予直线人员的是决策和行动的权力；参谋关系则是一种服务和协助的关系，授予参谋人员的是思考、筹划和建议的权力。

直线职权是一种完整的职权，是协调组织的人、财、物，保证组织目标实现的基本权力。拥有直线职权的人有权做出决策，有权进行指挥，有权发布命令。参谋职权则是一种有限制的、不完整的职权，拥有参谋职权的管理者可以向直线管理者提出建议或提供服务，但其本身并不包括指挥权和决策权。参谋职权是一种辅助性职权，一个组织不委派任何参谋人员也可以有效地工作。但当组织的规模扩大到一定程度，直线职权已不足以应付所面临的许多复杂问题时，就需要设置参谋职权。参谋职权的行使是保证直线人员做出的决策更加科学合理的重要条件。

设立参谋职权可以协助直线管理人员解决复杂的管理问题，但是由于参谋职权的特点，它不易为人们所理解，因而在实际运用时受到了某些限制，常常造成直线管理人员与参谋人员之间的冲突。因此，如何正确处理他们的关系对一个组织来讲至关重要。

（2）直线职权与职能职权的关系。职能职权是直线职权的一部分，是从直线职权中分离出来的，因此，职能职权也具有直线职权的特点。职能职权的范围小于直线职权，它主要解决较具体的问题，如怎样做、何时做的问题，绝不能包揽直线职权的一切权力，否则就会削弱直线人员的地位。同时，职能职权的行使者多是一些有一定专长的参谋人员，因此，它更能从某一专业的角度出发，保证一项决策的科学性、可行性和实用性，从而大大

促进管理效率的提高。

管理中的直线职权与职能职权是相当重要的，二者的关系必然会影响到组织的运作，处理不好会引起冲突和更多的时间及效率的损失。因此，如何正确处理他们的关系也是组织要考虑的。

管理故事

谁拥有权力

王某近来感到十分沮丧。一年半前，他获得某名牌大学工商管理硕士学位后，在毕业生人才交流会上，凭着满腹经纶和出众的口才，成为某大公司的高级管理职员。由于其卓越的管理才华，一年后，他又被公司委以重任，出任该公司下属的一家面临困境的企业的厂长。当时，公司总经理及董事会希望他能重新整顿下属企业，使其扭亏为盈，并保证他拥有完成这些工作所需的权力。考虑到他年轻，且肩负重任，公司还为他配备了一名高级顾问严高工（原厂主管生产的副厂长）为其出谋划策。

然而，在担任厂长半年后，王某开始怀疑自己能否控制住局势。他向办公室高主任抱怨道："在执行工厂的管理改革方案时，我要各部门制定明确的工作职责、目标和工作程序；而严高工却认为，管理固然重要，但眼下第一位的还是抓生产、开拓市场。"更糟糕的是，他原来手下的主管人员居然也有类似的想法。结果，这些经集体讨论的管理措施执行受阻，那些生产方面的事情推行起来却十分顺利。

管理启示：直线与参谋本质上是一种职权关系，而职能职权介于直线职权和参谋职权之间。在管理工作中，处理好这三种职权的关系，是使组织高效运行的有力保证。

知识链接

六条有效发挥参谋作用的准则

罗斯·艾伦提出了以下六条有效发挥参谋作用的准则。

（1）直线人员可做最后的决定，对基本目标负责，故有最后决定权。

（2）参谋人员提供建议和服务。

（3）参谋人员可主动提供协助，不必等待邀请，时刻注意业务方面的情况，予以迅速协助。

（4）直线人员应考虑参谋人员的建议，当下最后决定时，应与参谋人员磋商。参谋人员应配合直线人员朝目标行进。

（5）直线人员对参谋人员的建议，如有适当理由，可以拒绝。此时，上级主管不能干预，因直线人员有选择权。

（6）直线人员与参谋人员均有向上申诉的权力，当彼此不能自行解决问题时，可请求上级帮助解决。

二、集权与分权

1. 集权与分权的含义

集权与分权是指组织中决策权限的集中与分散程度，反映了组织的纵向职权关系。所谓集权，是指决策权在组织系统中较高层次上一定程度的集中；与此相对应，分权是指决策权在组织系统中较低层次上一定程度的分散。

在组织管理中，集权和分权是相对的，绝对的集权或绝对的分权都是不可能的。

2. 集权与分权程度的衡量

集权与分权在组织中只存在程度问题，有的集权程度高一点，有的分权程度高一点。衡量一个组织的集权或分权程度，主要有下列几项标准。

（1）决策的数量。组织中较低管理层次做出的决策数量越多，则分权的程度越高；相反，上层决策数量越多，则集权程度越高。

（2）决策的范围。组织中较低层次决策的范围越广，涉及的职能越多，则分权程度越高；相反，上层决策的范围越广，涉及的职能越多，则集权程度越高。

（3）决策的重要性。组织中较低层次做出的决策越重要，影响面越广，则分权的程度越高；相反，下级做出的决策越次要，影响面越小，则集权程度越高。决策的重要性一般以决策所涉及的费用来衡量，费用大者一般较为重要。

（4）对决策控制的程度。组织中较低层次做出的决策，上级要求审核的程度越低，则分权程度越高；上级对下级的决策根本不要求审核，则分权的程度最高。如果做出决策之后必须立即向上级报告，分权的程度就小一些；如果必须请示上级之后才能做出决策，分权的程度就更小。下级在做决策时需要请示的人越少，其分权程度就越高。

3. 影响分权的因素

集权与分权的程度，是随条件的变化而变化的。对一个组织来说，其集权或分权的程度，应综合考虑各种因素。

（1）决策失误的代价。一般来说，决策失误的代价越高，越不适宜交给下级人员处理。高层管理者常常亲自负责重要的决策，而不轻易授权给下级人员处理。

（2）政策的一致性。如果高层管理者希望保持政策的一致性，即在整个组织中采用统一的政策，则势必趋向于集权化，因为集权是达到政策一致性最方便的途径。如果高层管理者希望政策不一致，即允许各单位根据客观情况制定各自的政策，则势必会放松对职权的控制程度。

（3）组织的规模。组织规模较小时，一般倾向于集权，这是因为高层管理者有足够的时间和精力直接制定和组织实施大部分决策。组织规模扩大后，集权管理就不如分权管理有效和经济。这是因为组织规模越大，组织的层次和部门会因管理幅度的限制而不断增加。

（4）组织的成长。从组织成长的阶段来看，绝大多数组织成立初期采取和维持高度集权的管理方式。随着组织逐渐成长，规模日益扩大，则由集权的管理方式逐渐转向分权的管理方式。

（5）管理哲学。有些组织采用高度集权制，有些组织推行高度分权制，原因往往是高层管理者的个性和管理哲学不同。专职、独裁的管理者不能容忍别人侵犯他们的权力，往往采取集权式管理；相反，善于倾听他人意见的管理者则会倾向于分权。

（6）管理人员的数量与素质。组织中，管理人员是否充足、现有管理人员素质的高低与组织能否实行分权也有关系。管理人员不足或素质不高可能会限制组织实行分权，这是由于下授的决策权要由训练有素的管理人员来承担。即使高层管理者有意分权，但没有下属可以胜任，也不能成事。相反，如果管理人员数量充足、经验丰富、训练有素、管理能力强，则可有较多的分权。

（7）控制的可能性。分权不可失去有效的控制。高层管理者在将决策权下授时，必须同时保持对下属工作和绩效的控制。一般来说，控制技术与手段比较完善，管理者对下属的工作和绩效的控制能力强的，可较多地分权。

（8）职能领域。组织的分权程度也因职能领域而异，有些职能领域需要更高的分权程度，有些则相反。例如，在企业的经营职能中，生产和销售业务分权程度往往很高，原因非常简单，生产和销售业务的管理者要比其他人更熟悉生产和销售工作。财务职能中的某些业务活动则需要高度集权，只有集权高层管理者才能保持其对整个组织财务的控制。

（9）组织的动态特性。组织的动态特性也会影响组织分权的程度。如果一个组织处于迅速的成长过程中，并面临着复杂的扩充问题，组织的高层管理者可能不得不做出很多的决策，在无法应付的情况下会被迫向下分权。在历史悠久、根基稳固的组织中，一般倾向于集权。

此外，在影响组织分权程度的因素中，也包括许多组织无法控制的外部因素，如政府的行政干预、各种经济法规和政策等。

4. 分权的途径

权力的分散可以通过两个途径来实现：组织设计中的权力分配（制度分权）与主管人员工作中的授权。

（1）制度分权。制度分权是在组织设计时，考虑到组织规模和组织活动的特征，在工作分析、职务和部门设计的基础上，根据各管理岗位工作的要求，形成各岗位、各部门的权力。这种分权是一种法定授权，具有稳定性。

（2）授权。授权是担任一定管理职务的领导在实际工作中，为充分利用专门人才的知识和技能，或在出现新增业务的情况下，将部分解决问题、新增业务的权力委托给某个或某些下属。它具有临时性、随机性或一次性。关于授权，将在下文详细讲述。

制度分权与授权的主要区别表现在以下几个方面：制度分权具有一定的必然性，而授权具有很大的随意性；制度分权是将权力分配给某个职位，而授权是将权力委任给某个下属；制度分权是相对稳定的，授权可以是长期的，也可以是临时的；制度分权是一条组织工作的原则，而授权是领导者在管理工作中的一种领导艺术。

作为分权的两种途径，制度分权与授权是互相补充的。制度分权是授权的基础，授权以制度分权为前提。组织设计中难以详细规定每项职权的运用，难以预料每个工作岗位上工作人员的能力，同时也难以预测每个管理部门可能出现的新问题，因此，需要各层次管理者在工作中灵活运用授权。

知识链接

集权的弊端

过分集权带来了种种弊端，主要如下。

（1）降低决策的质量。在高度集权的组织中，随着组织规模的扩大，组织的最高管理者远离基层，基层发生的问题经过层层请示汇报后再做决策，不仅影响决策的正确性，而且影响决策的及时性。

（2）降低组织的适应能力。处在动态环境中的组织必须根据环境中各种因素的变化不断进行调整。过度集权的组织，可能使各个部门失去自我适应和自我调整的能力，从而削弱组织整体的应变能力。

（3）不利于调动下属积极性。由于实行高度集权，几乎所有的决策权都集中在最高管理层，使中下层管理者变成纯粹的执行者，没有任何的决策权、发言权和自主权。长此以往，中下层管理者的积极性、创造性和主动性会被磨灭，工作热情消失，并且会减弱其对组织关心的程度。

（4）阻碍信息交流。在高度集权的组织里，由于决策层即最高管理层与中下层的执行单位之间存在多级管理层次，信息传输路线长、环节多，因而信息的交流比较困难，使下情难以上达。

三、授权

1. 授权的概念

授权是指上级委授给下属一定的权力，使下属在一定的监督下，有相当的自主权和行动权去完成上级所委托的任务。授权者对被授权者有指挥和监督的权力，被授权者对授权者有报告及完成任务的责任。授权包括以下三个方面的含义。

（1）分派任务。管理者必须明确下级运用被授予的权力所要完成的任务，并把这个任务分派给下级。

（2）授予权力。管理者把完成任务所必需的权力授予下级，使之能运用这个权力去完成任务。

（3）明确责任。权力授予下级之后，下级就要对分派的任务负责。负责不仅包括完成分派的任务，也包括向上级汇报任务的执行情况和成果。

授权并不意味着"授责"，更不等于有意识地推卸责任，而是为了充分调动下属的积极性，以更好地实现组织的整体目标而必须采取的一种手段。同时，授权也并不是将职权放弃或让渡。

2. 授权的作用

（1）授权有利于管理者从日常事务中解脱出来，腾出时间和精力处理重大问题，提高管理效率。每个管理者的时间、精力、阅历、知识水平和工作能力都是有限的，不必也不可能亲自处理所有工作，授权可以减少他们的工作负担，使其集中精力考虑公司的战略问题。

（2）授权有利于管理者培养和发现人才。下属在独立处理问题时，能提高认识能力、分析能力、判断能力和单独处理问题的能力。换言之，授权给下级提供了发挥才干、大显身手的机会，同时也给领导者发现人才提供了机会。

（3）授权有利于调动下属的工作积极性，增强其责任心。通过授权，下属不仅拥有一定的权力和自由，而且分担了相应的更复杂的工作，参与组织管理，从而调动了工作积极性和主动性。

（4）授权有利于提高下属的工作安全感。美国盖洛普公司对中小企业员工所做的调查表明，有52%的员工认为，充分授权能提高工作安定感；有45%的员工认为，公司将他们的构想付诸实施，将大大提高他们的工作满意度。

（5）授权有利于改善管理者和下级之间的关系，形成良好的相互信任、合作共事的工作氛围。通过授权，下级从层层听指令行事的消极状态，变为各自有责的积极主动状态，从而使上下级关系更加融洽。

3. 授权的过程

首先，分派任务。授权者必须明确被授权者要做的工作，它可能是被授权者写一份报告或计划，也可能是要求其担任某一职务承担一系列职责。

其次，授予权力。选择授权的对象并确定其权力范围。

再次，明确责任。被授权者的责任主要表现为向授权者承诺保证完成所分派的任务和工作责任。授权者负有最终责任，在失误面前，授权者应首先承担责任。

最后，监督与控制。授权者在授权过程中对被授权者有监控权，有权对被授权者的工作进展和权力使用情况进行监督检查，并根据检查结果，调整所授权力或收回权力。

知识链接

不要授权给"猴子"

有一个国王老待在王宫里，感到很无聊，为了解闷，他叫人牵了一只猴子来作伴。猴子因为天性聪明，很快就得到国王的喜爱。这只猴子到王宫后，国王给了它很多好吃的，渐渐地就长胖了，国王周围的人也都很尊重它。国王对这只猴子更是十分相信和宠爱，甚至连自己的宝剑都让猴子拿着。

在王宫的附近，有一处供人游乐的树林。当春天来临的时候，这座树林简直美极了，成群结队的蜜蜂嗡嗡地咏叹着爱神的光荣，争奇斗艳的鲜花用香气把林子弄得芳香扑鼻。国王被那里的美景所吸引，带着他的王后到林子里去。他把所有的随从都留在树林的外边，只留下猴子。

国王在树林里好奇地游了一遍，感到有点疲倦，就对猴子说："我想在这座花房里睡一会儿。如果有什么人想伤害我，你要竭尽全力来保护我。"说完这几句话，国王就睡着了。

一只蜜蜂闻到花香飞了过来，落在国王头上。猴子一看就火了，心想：这个倒霉的家伙竟敢在我的眼前蜇国王！于是，它开始阻挡。但是这只蜜蜂被赶走了，又有一只飞到国王身上。猴子大怒，抽出宝剑就朝着蜜蜂砍下去，结果把国王的脑袋给砍了下来。

同国王睡在一起的王后吓了一跳，爬起来大声喊："哎呀！你这个傻猴子，你究竟干了什么事儿呀！"

猴子把事情的经过原原本本地说了一遍，聚集在那里的人把它骂了一顿，将它带走了。

管理启示：授权是管理学的一个重要范畴，是管理的一种重要手段，是每个管理者都必须掌握的一门技巧，更是管理艺术性的集中体现。只有通过授权分析，了解授权的内容、特点，合理地进行授权，才能将授权发挥得恰如其分。

1. 任务讨论

讨论某组织机构职权的类型。

2. 任务执行

分组对某一企业的组织结构进行了解，分析该企业组织结构职权的类型，分析该机构集权、分权、授权等方面的内容，分组编制一份该企业的职权报告。

3. 总结评价

教师总结，使学生了解组织结构的职权类型。

任务四　人员配备

任务描述

什么是人员配备？如何选聘、培训、考评员工？

任务分析

本任务要求学生掌握人员配备的内容，描述不同职务的岗位职责，掌握选聘方式、培训方式和考评方式。

相关知识

一、人员配备的内容

人员配备的内容包括：制订用人计划；确定人员的来源；根据岗位标准要求确定备选人选；确定人选，必要时进行上岗培训，以确保其能适用于组织的需要；将所确定的人选配置到合适的岗位上；对员工的业绩进行考评，并据此决定员工的续聘、调动、升迁、降职或辞退。

二、人员选聘

1. 人员选聘的途径

人员选聘，既可以考虑从内部选聘，也可以考虑从外部招聘。

（1）内部选聘。内部选聘即从组织内部选聘那些能够胜任的人员来填充空缺职位。内部选聘形式具体有内部提升、内部调动、内部竞聘。

内部选聘的优点：简化招聘程序，降低招聘成本；组织对候选人比较了解，候选人也比较了解组织，能很快胜任工作；为组织成员提供了公平竞争的机会，有助于激励组织成员的进取心和士气；使组织对组织成员的训练投资得到回报。

内部选聘的缺点：提升人员数量有限，容易引发组织内部人员之间的矛盾，挫伤组织中没有得到提升的员工的积极性；可能造成"近亲繁殖"；失去了从外界获得优秀人才的机会，抑制了组织创新。

（2）外部招聘。外部招聘是指组织借助某些招聘渠道和方法，在组织外部寻找符合空缺岗位工作要求的人员。外部招聘可通过刊登广告、人才市场招聘、校园招聘、组织成员推荐、猎头公司挖掘等途径来进行。

外部招聘的优点：挑选余地大，有利于获得组织所需人员；能够为组织带来新的管理经验和方法，为组织发展注入新的活力；缓解组织内部成员之间的紧张关系；帮助树立组织形象。

外部招聘的缺点：人才甄别难度大，有时会产生聘用失误问题，导致招聘成本增加；外聘人员不熟悉组织情况，进入角色慢；挫伤内部员工的积极性。

在实际工作中，企业通常采用内部选聘与外部招聘相结合的途径，将从外部招聘来的人员先放在较低的职位上，然后根据其表现进行提升。

2. 选聘程序

合理的人员选聘程序对组织能否选聘到合适的人选至关重要，一般来讲，人员招聘的流程如下。

（1）制订招聘计划。招聘计划内容包括招聘人员的数量、质量、岗位与职位分布、招聘程序安排和组织保证等。

（2）发布招聘信息。当组织中的空缺职位不能通过内部选聘满足时，就需要借助外部招聘。

（3）初试。根据收到的应聘者的简历，对其进行筛选，通知符合组织需要的人员进行初试。初试通过两种形式完成：一是对应聘者进行初步资格审查，初步认定符合招聘条件的候选人；二是面谈，面谈可以直观地了解对方的语言表达、逻辑思维和思维敏捷度等方面的能力，但需要注意的是，面试者不要因为第一印象产生偏见。

（4）复试。初试合格者可进入复试环节，复试的测试方法通常有四种。

1）智力测验，目的是衡量候选人的记忆力、思维的敏捷度和观察复杂事物间相互关系的能力。

2）熟练程度和适应性测验，目的在于识别候选人现有的技术熟练程度、掌握这类技术的能力及潜力。

3）职业测验，目的在于识别候选人最适宜担任的职务。

4）个性测验，目的在于识别候选人领导才能方面的潜力。

（5）录用与评估。对通过初试和复试及必要的体检程序的人员，与其签订劳动合同，完成正式录用。在整个选聘流程结束后，需要对本次选聘工作进行总结，并对新职员进行跟踪和评估。

📝 管理故事

雅诗兰黛"温和主义"招聘政策

雅诗兰黛的招聘相对温和，招聘人员不喜欢问"刁钻"的问题，但是一定要寻找到个性最匹配的人。如果说宝洁公司更有大丈夫的张扬气概，那么由一位女性创立起来的雅诗兰黛则更加内敛。雅诗兰黛的人力资源（HR）说："一些大企业的招聘'怪招'在网上并不少见。网上铺天盖地的是古怪的测试题。我相信，一个聪明的人，只要多看看这些资料，就基本掌握规律了。"

管理启示：本案例反映了企业在招聘过程中有自身的风格，且招聘活动具有规律性，是一项有计划的管理活动。

三、人员培训

1. 人员培训的含义

人员培训指的是组织通过各种措施和方法，促进内部成员学习的活动。人员培训不仅可以帮助员工个人做好职业规划，同时也有助于组织激励、留住员工，对组织目标的实现具有正面、积极的影响。

2. 培训内容

（1）知识培训。知识培训由以下两方面构成。

1）规则制度培训。规则制度培训主要是对员工进行组织内部规章制度和组织外部（与员工自身密切相关）制度的培训。通过培训，员工能熟悉、掌握组织办事流程，能够认清岗位职责，学会法律维权等，这在一定程度上保证了组织经营活动的顺利进展。

2）岗位知识培训。对新入职员工来讲，通过岗位所需知识的培训，能提高生产效率，培养劳动安全意识。

（2）技能培训。技能培训的内容主要包括以下三个方面。

1）通用技能培训。尽管不同的岗位需要不同的专业技能，但是，对于一般员工而言，必须掌握一定的岗位通用技能，这对提高组织整体能力非常必要。

2）专业技能培训。对于某些特定岗位，必须对员工进行实际操作技能的培训，并且在培训合格后才能上岗。这种培训形式最常见的是"传、帮、带"。

3）人际技能培训。人际技能是协调组织成员上下级关系、传递信息的必备能力。

（3）态度培训。态度培训影响着员工的工作绩效，通过培训，可以改变员工的工作态度。但这不是绝对的，关键要看管理人员本身，管理者要根据员工的不同特点找到最有效的影响和控制方法，从而规范员工行为，促进其态度转变。

3. 培训方法

培训的主要方法有课堂培训、职务轮换、提升、设立副职、集体研讨会等。

（1）课堂培训。该培训形式有助于员工比较系统、深入地了解有关学科的基本理论和方法，有助于提高其理论水平。课堂培训形式多种多样，可以是脱产学习（如短训班、专题研讨会等），也可以是在职业务学习。

（2）职务轮换。职务轮换是使各级人员在不同部门的不同岗位上轮流工作，以使其全面了解整个组织的不同工作内容，得到各种不同的经验，为其今后在较高层次的职位上工作打好基础。

职务轮换的一种方式是非主管工作的轮换。参加轮换的多为刚从学校毕业的人员或是一些基层主管人员，多是在生产和服务的第一线进行的。这种轮换有助于受训者了解组织最基层的各类业务活动，了解这些活动的基本特点、基本过程，对各类业务活动获得感性认识，了解基层非主管人员的工作情况和精神状态，密切与基层非主管人员的联系。

职务轮换的另一种方式是在主管职位间轮换。这种轮换是在组织同一层次、不同部门的职务上进行的轮换。其目的是提高主管人员的全面管理技能，使他们积累在不同部门管理的经验，以胜任更高层次的管理工作。这一方法的优点是可以开阔主管人员的视野，使其了解各个部门的特点及相互联系，培养其全面、综合的管理能力，同时考察其实际管理能力和应变能力。

（3）提升。提升的方式主要包括有计划的提升和临时性提升。

1）有计划的提升。这种方法有助于培养有发展前途的，将来拟提拔到更高一级职位上的主管人员。它是按照计划好的途径，使主管人员经过层层锻炼，从低级逐步提拔到高层。

2）临时性提升。临时性提升指当某个主管人员由于某些原因临时脱离岗位时，组织指定某个有培养前途的下级主管人员代理其职务。临时性提升既是一种培养方法，对组织来说也是一种便利。

（4）设立副职。这种培训方法是让受训人员和有经验的管理人员一起工作，有经验的管理人员对受训人员的发展给予特别注意。

（5）集体研讨会。这种方法适用于人员较少的集体。其长处是提供了培训者的双向交流机会，对提高受训者集体责任感和改变工作态度有较大作用。同时，受训者的情况可直接反馈至培训者，从而提高了培训效率。

任务实施

1. 任务讨论

讨论如何给企业进行人员配备。

2. 任务执行

（1）由学生自愿组成小组，每组5~6人。

（2）利用课余时间，小组成员对系部学生会组织人员配备情况进行调查与访问。

（3）在调查访问之前，每组需根据课程所学知识讨论制订调查访问的提纲，确定具体调研内容。

（4）调查研究内容如下。

1）系部学生会组织各部门的现有成员配置情况，包括部门总人数，大一、大二、大三的学生分别占多少比重，哪些成员有退出的想法。

2）根据上述调研数据，分析各部门的人员配置情况是否合理，哪些部门需要招新，要招聘多少新人，从哪个年级吸引人才。

（5）结合上述调查分析结果，再汇总学生会各部门内部的招聘意见，各小组初步拟订招聘计划框架。

（6）经过后期咨询系部团总支意见，不断修改完善后，每一小组提交一份详细的系部学生会新人招聘方案。

（7）各小组完成后，组织班级交流研讨，提出改进建议。

3. 总结评价

（1）各小组内部成员给出自评分数和评价结论，占总成绩权重的30%。

ᅟᅟᅟᅟᅟᅟᅟᅟᅟᅟᅟᅟᅟᅟᅟᅟᅟ

（2）根据各组上交的组织结构设计图和调研报告，各小组之间交流互评，给出小组评价分数和评价意见，占总成绩权重的30%。

（3）根据各组上交的组织结构设计图和调研报告小结，同时结合小组内部和各组间的评价，教师客观地给出评分和评价意见，占总成绩权重的40%。

任务五　组织变革

任务描述

组织变革有哪些原因？

任务分析

本任务要求学生根据所学内容，分析某组织机构组织变革的原因。

相关知识

一、组织变革的原因

组织变革的原因很多，可以归纳为外部原因和内部原因两大类。

1. 外部原因

（1）经济的力量。当今市场竞争日趋激烈，组织一方面面临传统竞争对手的威胁，一方面又受到新进入者的挑战。另外，由于经济全球化的影响，组织所面对的竞争领域随之增大，这种变化为组织发展带来机遇的同时，风险也进一步增大，如果组织不能有效实施组织变革，就无法应对竞争的压力。与此同时，消费者的需求水平、需求结构、价值观以及生活方式、审美观和闲暇时间等都发生了一系列的新变化，为及时满足消费者的需要，迅速占领市场，组织也需要进行变革。

（2）技术的进步。现代科学技术以空前的广度与深度影响和改变着社会生产及生活的各个方面，给组织结构、组织的管理跨度和管理层次、组织信息沟通方式等都带来了巨大变化。一方面，随着科学技术的进步，产品的技术含量越来越高，产品从研发到投入市场的周期日益缩短，产品更新的速度也越来越快，这就要求组织必须有针对性地进行变革，更具灵活性，能够迅速做出反应；另一方面，信息技术使组织内部的沟通方式大为改变，组织各部门之间、上下层之间的沟通更为快捷，计算机控制取代了直接监督，使管理者的管理跨度更广，组织结构日渐扁平化，管理层次大大减少。

（3）社会和政治变革。社会和政治变革的影响力量包括政权、政治体制、国内政治局势、民主法制、方针政策、社会风气、国际政治等，这些因素的变化，都会使组织有变革的需求。

（4）就业人口的改变。近年来，由于高等教育普及，高学历员工比例增加，员工被取代的速度加快，劳工权利意识有所提升；女性受教育的机会增多，大量的妇女成为就业人口，改变了旧有社会的就业结构；新一代员工与老一辈员工相比，其工作态度、工作伦理观、工作价值观也发生了很大的改变，组织内的人力资源结构发生了较大的变化。这就要求组织进行相应的调整，以适应新形势下管理人力资源的需求。

2. 内部原因

（1）组织目标的改变。随着组织的发展，组织目标必然会做出相应的改变和调整。要么组织既定的目标已经实现或即将实现，需要寻求新的发展、新的目标；要么组织既定目标无法实现，需要及时转轨；要么组织目标在实施过程中与环境不相适应，出现偏差，需要进行及时修正与调整。这些原因引起的组织目标的改变，会促使组织调整结构、重新组织人员和财力，有针对性地做出变革。

（2）管理条件的变化。管理现代化要求组织对其行为做出有效的预测和决策，对组织要素和组织运行过程的各环节进行合理规划，以充分调动员工的积极性，最大限度地发挥本单位人力、物力、财力的作用，取得最佳效益。推行各种现代化管理方法、运用计算机辅助管理、转化企业经营机制、深化企业改革、改革用工制度、优化劳动组合等，都会要求企业组织机构做出相应的改革，以适应企业管理条件的变化。

（3）组织发展阶段的变化。与任何有机体一样，组织也有其生命周期。处于不同发展阶段的组织，其运行模式不同。一个组织的成长大致可以分为创业、聚合、正规化、成熟、再发展或衰退五个阶段。在每个阶段的后期都面临某种危机和管理问题，这就要求组织适时做出变革，采用一定的管理策略解决这些危机，达到成长的目的。

（4）组织成员社会心理及价值观的改变。组织成员的动机、态度、行为、需求等的改变，对整个组织的变革具有重要影响。组织的成长会带来员工的需求层次提高，参与意识、自主意识增强，以及个性化趋势增强等变化，这就要求组织改变激励手段，改善工作环境和工作条件，改变工作设计，以适应组织成员变化的社会心理需要。同时，员工的价值观、对组织的期望和劳动态度的变化都要求组织随之做出变革。

（5）组织内部的矛盾与冲突。组织内部的矛盾与冲突也是组织变革的重要动力。部门扩大、人员增多、业务量增加、目标不一致等，会引起组织内部矛盾增加，人际关系复杂，群体冲突不断，从而对组织的运行产生不利影响；但也会促使组织调整结构，改变沟通方式，以缓解矛盾、理顺关系，从而实现组织的有效运行。

管理故事

四只猴子

科学家将四只猴子关在一个密闭房间里，每天喂很少的食物，让猴子饿得吱吱叫。几天后，实验者在房间上面的一个洞放下一串香蕉，一只饿得头昏眼花的大猴子一个箭步冲上前，可是它还没拿到香蕉，就被预设机关发出的滚烫热水烫得全身是伤，当后面三只猴子依次爬上去拿香蕉时，一样被热水烫伤。于是几只猴子只好"望蕉兴叹"。

几天后，实验者换进一只新猴子进入房内，当新猴子饿得也想尝试爬上去吃香蕉时，立刻被其他三只老猴子制止，并告知有危险，千万不可尝试。实验者再换一只新猴子进入，当这只新猴子想吃香蕉时，有趣的事情发生了，这次不止剩下的两只老猴子制止他，连没被烫伤的半新猴子也极力阻止他。

实验继续，当所有的猴子都已换新之后，没有一只猴子曾经被烫伤，上头的热水机关也已被取消，香蕉唾手可得，却没人敢前去享用。

管理启示：企业忌故老相传，虽然时过境迁、环境改变，大多数的组织仍然恪遵前人的失败经验，平白错失大好机会。变革是痛苦的，人们对旧习惯的根除并不那么容易。组织的变革，更是一个巨大的挑战。但为了组织更好地发展，变革又是必须的。

二、组织变革的内容

1. 组织的结构变革

组织的结构变革是指组织需要根据环境的变化适时地对组织的体制、机制、责任权力关系等方面进行变革，包括权利关系、协调机制、集权程度、职务和工作再设计等其他结构参数的变化。

2. 技术与任务变革

技术与任务变革是指对业务流程、技术方法的重新设计、修正和组合，包括更换设备、采用新工艺、技术、方法等。管理者应注意利用最先进的科学技术对企业业务流程进行再造，还应注意用先进的管理技术对组织中各部门或各层级的工作任务进行重新组合，如工作任务的丰富化、工作范围的扩大化等。

3. 人员变革

人员变革是指对人的思想与行为进行的变革。组织如果不能改变人的观念和态度，人员变革就无从谈起。人员变革的主要任务是组织成员之间在职、责、权、利等方面的重新分配。要想顺利实现这种分配，组织必须注重员工的参与，注重改善人际关系，并提高实际沟通的质量。

4. 组织目标的变革

组织目标的变革是由战略变革所决定的，它是指组织在发展战略或使命上发生的变革。若要收缩业务，则必须剥离不良资产和非相关业务；若要扩大业务，则须考虑并购的对象和方式，以及重构组织文化。

三、组织变革的过程

一般来讲，组织变革需要经历解冻、改革、冻结三个阶段。

1. 解冻

解冻是鼓励成员正视现实，认识到变革的必要性，接受变革。由于任何一项组织变革都或多或少会面临来自组织自身及其成员一定程度的抵制，因此，组织变革过程需要有一个解冻阶段，来作为实施变革的前奏。

解冻阶段可以通过三种途径实现：一是增加变革的压力，例如，把奖金和接受变革联系起来，目的是加强组织行为脱离现状的"驱动力"；二是减少变革阻力，消除变革障碍，目的是减弱反抗变革的"遏制力"；三是结合上述两种方法，考虑采用减小阻力和增加动力的双重举措。

2. 改革

改革或变动阶段的任务是按照所拟订的变革方案的要求开展具体的行动，以使组织从现有结构模式向目标模式转变。这是变革的实质性阶段，通常可以分为典型试验与全面推广两个步骤。

通过一定范围的典型试验，总结经验，进一步修正变革方案。在试验取得初步成效后再进入大规模的全面实施阶段。这样做可以规避改革不成功导致的"牵一发而动全身"的风险；同时可以使一部分对变革尚有疑虑的人及早看到或感觉到组织变革的潜在效益，从而有利于争取组织成员在思想和行动上支持变革。

3. 冻结

现实中经常出现组织变革行动发生之后，个人和组织却有一种退回原本习惯了的行为方式的倾向。为了避免出现这种情况，变革的管理者就必须采取措施，保证新的行为方式和组织形态能够不断地得到强化和巩固，这一强化和巩固阶段可以视为一个冻结或者重新冻结的过程。缺乏这一冻结阶段，变革的成果就有可能退化，而且对组织及其成员也将只有短暂的影响。

任务实施

1. **任务讨论**

讨论组织变革的原因。

2. **任务执行**

学生分组模拟某组织机构，设计该组织变革，分析组织变革的原因，然后编制一份组织变革报告。

3. **总结评价**

教师进行总结，给每小组同学评分。

实践训练

实训项目——系部学生会组织结构设计

1. 实训目标

（1）使学生结合实际，加深对组织结构设计的感性认识与理解。

（2）初步培养学生设计组织结构的能力。

2. 实训方法与要求

（1）由学生自愿组成小组，每组5~6人。

（2）利用课余时间，团队成员对系部学生会组织系统进行调查与访问。

（3）在调查访问之前，每组需根据课程所学知识，经过讨论，制定调查访问的提纲，确定具体调研内容。

（4）各小组完成实训后，组织班级交流研讨，提出改进建议。

3. 实训内容

（1）调查研究内容如下。

1）系部学生会组织具体包括哪些部门？这些部门是如何划分的？其主要职责是什么？

2）系部学生会组织每个部门内部的岗位如何设置？其岗位职责又是什么？

3）系部学生会组织内部的层级关系是怎样的？部门与部门之间如何打交道？

4）现行的组织架构是否能促进学生会工作的运转？如有障碍，如何设立更适合其发展？

（2）每一小组提交一份系部学生会组织的组织结构设计图。

（3）每一小组提交一份简要的调研分析报告。

4．成果评价

（1）各小组内部成员给出自评分数和评价结论，占总成绩权重的30%。

（2）根据各组上交的组织结构设计图和调研报告，各小组之间交流互评，给出小组评价分数和评价意见，占总成绩权重的30%。

（3）根据各组上交的组织结构设计图和调研报告小结，同时结合小组内部和各组间的评价，教师客观地给出评分和评价意见，占总成绩权重的40%。

（4）通过加权平均法计算出各小组最终的实训成绩。

案例分析

小米组织架构

小米手机、MIUI、米聊在小米公司成立之初，被称为小米公司的"铁人三项"。这种针对产品而进行的组织结构划分，相当适合刚刚成立的公司。

2013年2月9日，小米公司对内部组织结构做出部分调整，新增电商事业部，该部门将全面负责小米公司的手机产品销售、市场推广、公关业务、客户服务，以及相关社区和互动产品。

由于小米手机最初只在网上销售，电商业务线于2012年5月份开始搭建。从小米手机网上销售开始，电商业务线愈发紧要。2013年年初，小米手机调整内部组织架构，电商事业部、米聊、MIUI和小米手机成为小米公司四大核心产品部门。

小米公司的产品相对单一，而且手机市场变化极快，以往的一些大企业，如诺基亚、摩托罗拉等，都因为企业过于庞大复杂、灵活性差而最终被市场抛弃，所以小米公司采取了以产品部门化为主的动态网络型结构。

小米采取"互联网+"的扁平化组织，仅有非常扁平的三层组织架构。以小米核心的合伙人团队，作为最高的管理层次，中间是各个主管，而最底层就是员工，由员工直接面对用户。这样的组织架构有利于减少管理层次、裁减冗员，使组织变得灵活敏捷，富有柔性和创造性。扁平化组织强调管理层次的简化、管理幅度的增加与分权，有利于企业针对内外部环境的变化及时做出调整。

在组织架构上，小米摒弃了传统公司通过制度、流程来保持控制力的树状结构。小米的架构直面用户，是一种以人为核心的扁平化管理模式。小米创始人将权力下放给七位合伙人，合伙人拥有较大自主权，且互不干预。同时，业务部门内没有层级关系、职级名称，不考察KPI（关键绩效指标），所有人看上去都是平等的。小米的架构只有三层：联合创始人、部门负责人、员工。

小米的联合创始人按照各自擅长的领域和能力，分管2~3块业务。这种以功能而非分部制来划分的模式类似于苹果，但苹果的缺陷在于高度的中央集权，而小米通过向合伙人分权，以及让合伙人来控制员工，规避了这种缺点。

目前小米已经是一家拥有 8 000 名员工的大型公司，通过合伙人来掌管公司的好处在于可以互相制衡、人尽其用，效率极高。但缺点在于，如果合伙人能力不够，就会极大制约其所管辖业务的发展，并且容易带来内部竞争。

请根据上面的案例，回答以下问题。

（1）简述小米组织结构的变化过程。

（2）小米现在的结构存在的问题有哪些？请指出其合理性并提出改进意见。

项目测试

一、单选题

1. 组织职能的最核心环节是（　　）。

A. 组织结构设计　　　　　　　　B. 制度规范

C. 职权配置　　　　　　　　　　D. 人员配置与管理

2. 一家产品单一的跨国公司在世界许多地区拥有客户和分支机构，该公司的组织结构应考虑按（　　）来划分部门。

A. 职能　　　　　　　　　　　　B. 产品

C. 地区　　　　　　　　　　　　D. 矩阵结构

3. 下列最适合采用矩阵式组织结构的是（　　）。

A. 纺织厂　　　　　　　　　　　B. 医院

C. 电视剧制作中心　　　　　　　D. 学校

4. 某企业的员工在工作中经常接到来自上级的两个有时甚至是相互冲突的命令，以下（　　）说法指出了导致这种现象的本质原因。

A. 该公司在组织设计上采取了职能结构

B. 该公司在组织运作中出现了越权指挥的问题

C. 该公司的组织层次设计过多

D. 该公司组织运行中有意或无意地违背了统一指挥的原则

5. 关于组织内部的职权类型，下列选项不正确的是（　　）。

A. 直线职权　　　　　　　　　　B. 网络职权

C. 参谋职权　　　　　　　　　　D. 职能职权

二、简答题

1. 组织的作用有哪些？

2. 部门划分的方法有哪几种？

3. 影响分权的因素有哪些？

项目七 领　导

　　在整个管理过程中，领导这一职能，是计划、组织及控制等职能的纽带，是实现组织目标的关键。领导职能的功效就是对组织中的全体成员辅以指导和领导，进行沟通联络，运用恰当的激励手段对下属施加影响，以统一组织成员的意志，从而保证组织目标的实现。

🎯 学习目标

　　(1) 了解领导的含义、类型，熟悉领导的内容、作用。
　　(2) 掌握指挥的形式和要领，掌握协调的方式和方法。
　　(3) 掌握有效沟通的技巧，掌握激励的方法和技巧。

📍 技能目标

　　(1) 能够初步运用领导理论分析和处理管理中的实际问题，学会运用领导艺术进行日常管理工作。
　　(2) 培养有效指挥的能力，并具有组织协调能力。
　　(3) 能够排除沟通障碍，合理应用激励方法和技巧。

🔷 案例引入

领导的管理作用

　　某公司是一个复杂的生态系统，管理 8 亿企业用户。和洛克菲勒、福特、比尔·盖茨、乔布斯等世界级企业家一样，该公司董事会主席马总白手起家，有创新意识，也有权谋手腕，几经磨难起伏，一度毁誉参半。但他以某种信念或信仰成就了商业奇迹，也从信念或信仰中得到了救赎。

马总在一次演讲上分享了一个例子，他说："我在经济形势最好的时候，也就是2012年，在公司内部做过一个预算，要求2013年所有的利润、收入等指标必须翻一番。那时我们公司发展势头很好，公司的相关业务如日中天，其实我不说也会翻一番。但是翻一番的要求是什么？"

马总请员工做了一项预算，他得到的答案是：翻一番的话，总共2万多名员工，还必须增加8 700人。马总直接又干脆地回应："不行，不能接受！"于是，他们重新做了预算，还是要增加7 800人，马总还是不能接受；最后一次，经过开会讨论，决定增加200人，要是超过了200人，所有的员工包括管理层，都没有年终奖。

结果是什么呢？该公司那一年所有的指标翻了一番，人数净减将近300人。马总最后说到：改革就是逼出来的！

马总作为这个团队的领导者，首先，他制定了组织明确的奋斗目标——2013年所有的利润、收入等指标必须翻一番；其次，他通过分析当时的企业员工和发展现状，为远大目标的实现准备了必要的条件；最后，他通过自身的领导，有效地实现了沟通、协调和激励，最终达到了翻一番的目标。所以，马总可称得上一位好领导。

可见，领导的关键在于充分利用各种有利条件，通过有效的沟通、协调和激励促使下属完成既定的目标。

任务一　领导职能概述

任务描述

在学习领导职能内涵之前，你是怎么理解领导职能的？

任务分析

在学习领导职能之前，可能学生认为领导是组织第一责任人，员工听其指挥、协助其工作等。本任务要求学生深入理解领导职能。

相关知识

一、领导的含义

领导是指领导者依靠其影响力，指挥、带领、引导和鼓励被领导者实现组织目标的活动和艺术，其基本含义包括以下几个方面。

【视频】领导

（1）领导是一种活动，是带领、引导和鼓舞组织成员完成工作、实现目标的过程。

（2）领导的本质是一种影响力。领导者拥有影响被领导者的能力或力量，既是因为组织赋予的职位权力，也由于领导者个人具有影响力。当一个领导者的职位权威不足以说服下属从事适当的活动时，领导是无效的。

（3）领导的目的是实现组织目标。领导必须通过影响下属，使其为实现组织的目标而努力。

管理故事

鹦鹉

一个人去买鹦鹉，看到一只鹦鹉前标着：此鹦鹉会两门语言，售价二百元。另一只鹦鹉前则标着：此鹦鹉会四门语言，售价四百元。该买哪只呢？两只都毛色光鲜，非常灵活可爱。这人转啊转，拿不定主意。结果突然发现一只老掉牙的鹦鹉，毛色暗淡散乱，标价八百元。这人赶紧将老板叫来：这只鹦鹉是不是会说八门语言？

店主说：不。

这人奇怪了：那为什么又老又丑，又没有能力，会值这个价呢？

店主回答：因为另外两只鹦鹉叫这只鹦鹉老板。

管理启示：本故事告诉我们，真正的领导人，不一定自己能力有多强，只要懂信任，懂放权，懂珍惜，就能团结比自己更强的力量，从而提升自己的身价。相反许多能力非常强的人却因为过于完美主义，事必躬亲，认为什么人都不如自己，最后只能做最好的攻关人员、销售代表，成不了优秀的领导人。

二、领导的类型

根据罗夫·怀特（Ralph White）和罗纳德·利佩尔（Ronald Lipper）的观点，领导可分为权威式领导、参与式领导和放任式领导。

1. 权威式领导

权威式领导又称"独裁式"领导。权威式领导者几乎决定所有的政策；所有计划及具体的方法、技术和步骤也由领导者制订，并要求下属不折不扣地依从；工作内容、资源的分配及组合，也大部分由领导者单独决定；平时领导者对下属和员工的了解不多，如有奖罚，也往往是对事不对人。大多数权威式的领导者为人教条且独断，往往借助奖罚手段实现对别人的领导，对下属既严厉又充满要求。

知识链接

权威式领导的运用

权威式领导一般不鼓励成员间的互动，并且形成领导者—成员和成员—领导者这样的集中交流形式。成员之间极少的交流妨碍了士气的提高和凝聚力的形成。尽管具有权威式领导的团队有时能产生优秀的决策，但是这样的领导很少能增加成员的满意度和亲密感。进一步说，权威式领导并不能培养成员的主动性和责任感，因此群体气氛和士气都不理想。推脱、冷漠、低凝聚力甚至怨恨是常见的对权威式领导的回应。

在完全放弃权威式领导之前，读者应该意识到，这是一种有效率的领导方式，在某种环境下甚至是理想的。电影《垂直极限》讲的是一个高风险登山者的冒险传奇故事。在电影里，一组登山者在努力到达巴基斯坦的 K2 高点时，跌入山隙；另一组决定全力营救。当就如何营救产生分歧时，最老练、经验最丰富的登山人告诉其他成员："这不是民主选举。你们按我说的去做。"有两个原因可以说明权威式领导在这里是恰当的。第一，这位领导者有最丰富的经验，可能做出有关如何营救的最好的判断；第二，如果营救团队花大量的时间讨论所有的办法，并且民主地决定如何去做的话，第一组成员可能会死于浮肿、体温下降或其他疾病。

（资料来源：张建伟. 权威式领导［M］. 北京：中国时代经济出版社，2003.）

2. 参与式领导

参与式领导下，领导者一般会在理性的指导下及一定的规范中，使下属及员工为了目标做出自主自发的行为，他们往往主动征求、认真倾听下属的意见。

参与式领导者将下属视为与自己平等的人，给予他们足够的尊重。在参与式领导的团队中，主要政策由组织成员集体讨论、共同决定，领导者采取鼓励与协助的态度，并要求下属员工积极参与决策；在确定完成工作和任务的计划、方法、技术和途径上，组织成员也有相当的选择机会。通过集体讨论，领导者使团队成员对工作和任务有更全面、更深刻的认识，并就此提出更为切实可行的计划和方案。

参与式领导按照下属及员工的参与程度，又可分为以下三种类型。

（1）咨询式。领导者在做出决策前会征询组织成员的意见；但对于这些意见，他们往往只是作为自己决策的参考，并不一定要接受。

（2）共识式。这类领导者鼓励组织成员对需要决策的问题加以充分讨论，然后做出一个大多数人同意的决策。

（3）民主式。领导者授予组织成员最后的决策权力，其在决策中的角色则更像是一个各方面意见的收集者和传递者，主要从事沟通与协调。

3. 放任式领导

放任式领导者喜欢松散的管理方式，极少运用手中的权力，几乎把所有的决策权完全下放，并鼓励下属独立行事。他们对下属员工基本采取放任自流的态度，由下属自己确定工作目标及行动。他们只为组织成员提供决策和完成任务所必需的信息、交流、资源和条件，提供一些咨询，并充当组织与外部环境的联系人，并不主动干涉下属、员工的决策和工作过程，只是偶尔发表一些意见，任务几乎全部依赖团队成员的自主工作完成。这种领导方式虽然控制力较弱，但对专业人员却可以起到不错的效果。

知识链接

不同的领导风格

领导风格是指领导者的行为模式。领导者在影响别人时，会采用不同的行为模式。企业领导风格就是习惯化的领导方式所表现出的种种特点。习惯化的领导方式是在长期的个人经历、领导实践中逐步形成的，并在领导实践中自觉或不自觉地、稳定地起作用，具有较强的个性化色彩。每一位领导者都有其与工作环境、经历和个性相联系的、与其他领导者相区别的风格。领导风格研究的理论价值和实践意义在于，它更能反映现实的领导活动，解释领导有效性的差异。

领导风格由两种领导行为构成：关系行为和工作行为。

关系行为是领导者满足被领导者心理需求的领导行为，包括倾听、鼓励、表彰、表现信任、提升参与感、建立亲和关系和归属感等。领导者与被领导者进行双向或者多向沟通是关系行为的主要特征。

工作行为是指领导者清楚地说明个人或组织责任的程度。这种行为包括告诉对方"你是谁"（角色定位），该做什么，什么时间做，在哪里做，以及如何做。从领导者到被领导者的单向沟通是工作行为的典型特征。

工作行为和关系行为的组合，产生了四种领导风格：告知式领导风格、推销式领导风格、参与式领导风格、授权式领导风格。四种领导风格的关系行为和工作行为如图7-1所示。

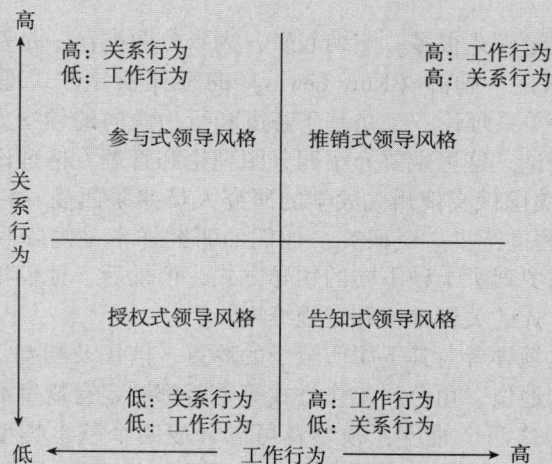

图7-1 四种领导风格的关系行为和工作行为

三、领导的内容

1. 领导理论

（1）特质理论。特质理论形成于20世纪初到20世纪40年代，重点研究领导者的性格、品质方面的特征，作为描述和预测其领导成效的标准。其目的是区分领导者与一般人的不同特点，并以此来解释他们成为领导者的原因，同时作为培养、选拔和考核领导者及预测其领导有效性的依据。该理论认为，一个领导者只要具备了某些优秀的个人特性或素质，就能有效地发挥其领导作用。

西方学者将领导特质归纳为身体特征、背景特征（教育、经历、社会关系等）、智力特征（智商、分析判断力）、个性特征、与工作有关的特征（责任心、独创性、毅力、事业心等）、社会特征（指挥能力、合作能力、声誉、人际关系）等，并在这些方面提出许多观点。这些观点可分为传统特质理论和现代特质理论。传统特质理论认为，领导者的品质生而具有；而现代特质理论认为，领导者的品质在实践中形成，可以培养与训练。

但是一些管理学家通过试验研究表明，领导者并不一定都具有比被领导者高明的特殊品质，实际上他们与被领导者在个人品质上并没有显著差异。此外，特质理论并不能使人明确，一个领导者究竟应在多大程度上具备某种特质。因此，对领导特质理论需要正确地理解和恰当地应用，不能绝对化。但研究发现，领导者有六项特质不同于非领导者，即进取心、领导愿望、正直与诚实、自信、智慧和工作相关知识。

总之，领导特质理论研究的意义在于，为组织提供了一些选拔领导者的依据。但同时，特质理论又难以充分说明领导的有效性。

（2）行为理论。从20世纪40年代至20世纪60年代，随着行为科学的兴起，领导理论研究的重点从领导者的特质转向领导者的行为方面，形成了行为理论。行为理论认为，领导者的领导才能和领导艺术都是以领导方式为基础的，领导者个人的特性难以说明与领导有效性之间的联系。因此，在研究领导艺术时，应从研究领导者的内在特征转移到外在行为上，即对领导者的各种领导行为进行研究，以寻找最有效的领导行为和领导方式。

领导行为研究的理论模式很多，归纳起来，大致分两类：一是基于权力运用的领导方式分类，主要包括库尔特·勒温（Kurt Lewin）的三种领导方式理论和伦西斯·利克特（Rensis Likert）的支持关系理论；二是基于态度和行为倾向的领导方式分类，主要包括四分图理论和管理方格理论。这里主要介绍四分图理论和管理方格理论。

1）四分图理论。美国俄亥俄州立大学的研究人员弗莱西曼（Fleishman）和他的同事从1945年起对领导问题进行了广泛研究。他们的研究样本是国际收割机公司的一家卡车生产厂，研究结果本来罗列了十种不同的领导方式，但最后，他们把这十种方式进一步分为两个维度，即领导方式的关怀维度和定规维度。

关怀维度是指一位领导者对其下属所给予的尊重、信任及相互了解的程度。定规维度是指领导者对于下属的地位、角色、工作方式等是否都制定有规章或工作程序。

该理论认为，根据这两个维度，领导者可以分成四个基本类型，即"高关怀—高定规""高关怀—低定规""低关怀—高定规""低关怀—低定规"，如图7-2所示。两个维度皆高的领导者，一般更能使下属达到高绩效和高满意度，不过，高关怀—高定规的领导方式并不总能产生积极效果；而其他三种维度组合类型的领导者行为，普遍与较多的缺勤、抱怨及离职有关系。其他发现还有，领导者的直接上级给领导者的绩效评估等级与高关怀性呈负相关。

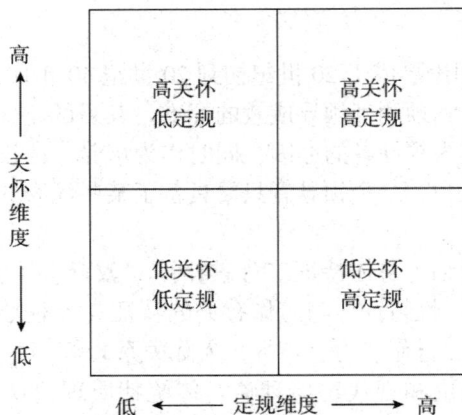

图7-2 领导行为四分理论示意

一般来说，中国企业的领导者采取的是"高关怀—低定规"的领导方式，而西方国家的领导者采取的是"高关怀—高定规"的领导方式。

2）管理方格理论。四分图理论引起了对理想的领导方式的广泛讨论。理论界普遍认为，理想的方式既要是绩效型又要是关怀型。美国得克萨斯大学的罗伯特·布莱克（Robert Blake）和简·莫顿（Jane Mouton）对理想的领导方式加以分析综合，于1964年提出了管理方格理论。该理论用令人醒目的图，表示出主管人员对生产的关心程度和对人的关心程度。对生产的关心表示企业领导者对各种事务所持的态度，如政策决定的质量、程序与过程，研究的创造性，职能人员的服务质量、工作效率及产品产量等。对人的关心则主要表现在个人对实现目标所承担的责任，保持职工的自尊，建立在信任而非顺从基础上的职责，保持良好的工作环境及只有满意感的人际关系等方面。

管理方格认为，领导者在对生产（工作）的关心与对人的关心之间存在多种复杂的领导方式，因此，用二维坐标图来加以表示，如图7-3所示。以横坐标代表领导者对生产的关心，以纵坐标代表领导者对人的关心。各划分九个格，反映关心的程度，1代表关心程度最小，5代表中等的或平均的关心程度，9代表关心程度最大，这样就交叉形成81个方格，每一个方格代表这两个方面以不同程度结合的领导方式。

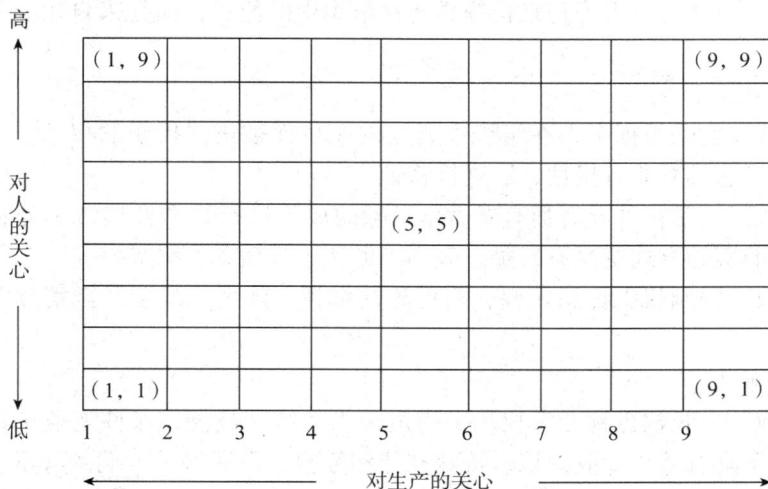

图7-3 管理方格

（1，1）型：贫乏式领导。这种领导者既不关心生产，也不关心人，表现为只做最低限度的努力，以求完成工作。这实际上是一个饱食终日、无所用心的领导者。

（9，1）型：任务式领导。这是任务第一的领导者，他非常关心生产，但不关心人。这种领导者能够集中精力去完成任务，却很少关心下级，不讲究提高下级的士气。

（1，9）型：逍遥式领导。领导者十分注重人际关系，乐于增进同事和下级对自己的良好感情，营造和谐的组织气氛，内部一团和气。但忙忙碌碌，不关心生产，效益很差。

（5，5）型：中间路线式领导。这是一个一般化的领导，他对生产和人的关心都处在一般状态，保持着两者的基本平衡，使职工基本上得到满足，以取得正常的工作水平。

（9，9）型：协作式领导。这类领导者无论是对人员还是生产都表现出最大可能的献身精神。他把组织目标的实现与满足职工的需要放在同等重要的地位，既有严格的管理，又有对人高度的关心，因而，员工关系协调，士气旺盛，生产任务完成得出色。

一个领导者较为理性的选择是：在不低于（5，5）的水平上，根据生产任务与环境等情况，在一定时期内，在关心生产与关心人之间做适当的倾斜，实行一种动态的平衡，并努力向（9，9）型靠拢。

（3）权变（情景）理论。权变理论在考察领导者的特性和行为之后，进一步增加了环境因素，认为不存在"普遍适用"的领导方式，只有结合具体情景，因时、因地、因人制宜的领导方式，才是最有效的领导方式。

这一理论有两大流派：一派认为，领导者的个性特征是稳定的，要提高效率，必须探索领导者个性特征与情景特征之间的关系，安排领导者到适合其个性的环境中；另一派认为，领导者的领导作风和领导行为可以改变，优秀的领导者应善于分析下级的个性特点和环境因素，并根据具体条件选择恰当的领导方式。

2. 领导权力

领导的本质是一种影响力。影响力的基础是权力，即指挥下级和促使下级服从的强制和支配力量。领导者的影响力主要来自两个方面：一是职位权力，即职权，也称正式权力。这种权力是根据领导者在组织中所处的位置，由上级和组织赋予的。二是个人权力，也称非正式权力。这种权力不是来自领导者在组织中的位置，而是来自领导者自身所具有的个人威望。

（1）职位权力。

1）法定权。它是根据个人在组织中所处的职位而被正式授予的权力，包括任命、罢免等诸多权力。它具有非人格性、制度性特征。

2）奖赏权。它是指领导者拥有对做出贡献的成员进行物质性奖赏和非物质性奖赏的权力。奖赏权的实施方式主要有鼓励、表扬、颁奖、提薪和晋级等。

3）强制权。强制权也称惩罚权，指可施加批评、降薪、降职乃至解雇等惩罚性措施的权力。

（2）个人权力。

1）专长权。专长权也称专家权，是指由个人的特殊技能或某些专业知识而产生的权力。一个人由于具有某种专业知识、特殊技能和经验，而赢得了人们的尊敬，人们就会在一些问题上服从于他的判断和决定。

2）感召权。感召权也称模范权，是与个人品质、魅力、经历和背景等相关的权力。一个拥有独特的个人特质、超凡魅力和思想品德的人，会使下属认同他、敬仰他、崇拜他，甚至模仿他，从而对下属就有了感召权。

上述权力形成了领导者各种影响力的基础。显然，有效的领导者不仅要依靠职位权力，还必须具有个人内在的影响力，这样才会使被领导者心悦诚服，更好地工作。

3. 领导作用

【拓展知识】领导权力的行使

领导活动直接影响着管理水平和经济效益，而领导的作用就是引导下属以最大的努力去实现企业的目标。领导的作用主要体现在以下三个方面。

（1）指挥引导作用。在组织的集体活动中，领导者应当通过引导、指挥、指导或先导活动，帮助组织成员最大限度地实现组织的目标。在此过程中，领导者不是站在组织成员的后面去推动、督促，而是作为带头人引导他们前进，鼓舞他们奋力实现组织的目标。只有站在组织成员的前面，用自己的行动带领组织成员实现组织的目标，才是真正起到了指挥引导的作用。

（2）激励鼓舞作用。任何组织都由具有不同需求、欲望和态度的个人组成，组织成员的个人目标与组织目标不可能完全一致。领导活动的目的在于把个人目标与组织目标相结合，引导组织成员为实现组织目标做出贡献。领导工作的作用在很大程度上表现为调动组织成员的积极性，使其以高昂的士气自觉地为组织做贡献。如果领导不具备激励、鼓舞的能力，那么即使组织内拥有再多的优秀人才，也很难发挥其整体作用。

（3）沟通协调作用。组织的目标是通过许多人的集体活动来实现的。由于组织成员对目标的理解、对技术的掌握和对客观情况的认识有差异，在思想认识上产生分歧、在行动上出现偏离目标的现象是不可避免的。因此，领导者需要通过沟通来协调组织成员的关系和活动，以实现组织目标。

任务实施

1. 任务讨论

讨论什么是领导。

2. 任务执行

分组讨论：假如你是某公司的 CEO（首席执行官），现在公司要组建一个新的领导班子。

（1）组建评选领导委员会，制定评选条件、程序及考核标准。

（2）根据考核标准，确定候选人。

（3）由 CEO 最终根据具体工作岗位确定合适的人选。

（4）由各小组派一名代表对评选条件、程序及考核标准进行情况介绍。

3. 总结评价

（1）各小组选派一名代表进行班级交流发言，教师根据发言内容对小组成绩打分。

（2）教师根据各小组提交的考核报告进行打分。

（3）将上述各项得分综合为本次实训成绩。

任务二　指挥与协调

任务描述

指挥有哪些形式？协调有哪些方法？

任务分析

指挥的形式包括载体不同的指挥形式和强制程度不同的指挥形式。协调包括工作协调和上下级关系协调两个方面。本任务要求学生通过指挥形式和协调方法的学习，掌握指挥与协调方面的内容。

📑 **相关知识**

一、指挥

1. 指挥的含义

指挥的含义有广义和狭义之分。广义的指挥包括指示、部署、指导和协调等基本手段。狭义的指挥是指事前准备工作的安排与组织、目标任务的部署与指派、所需资源的分配与落实、实施过程中的指导与激励、矛盾的协调等工作环节与行为。

2. 指挥的形式

（1）载体不同的指挥形式。领导者的指挥形式，根据所采用的载体，可划分为口头指挥、书面指挥和会议指挥三种，见表7-1。

表7-1　载体不同的指挥形式

名称	含义	特点	注意事项
口头指挥	管理者用口头语言直接进行指挥	直接、简明、快速、方便	内容表达要清晰、准确；用语简洁有力，详略得当；讲究语言艺术
书面指挥	采用书面文字进行指挥	准确性、规范性、确定性和可存储性	加强针对性；增强规范性；提高写作质量
会议指挥	这是一种通过多人聚集，共同研究或布置工作的指挥形式	快速下达、即时反馈	控制会议的议题与规模、次数；必须做好充分的会议前准备；科学地掌握会议；狠抓会议内容的落实与反馈

（2）强制程度不同的指挥形式。领导者的指挥行为，一般带有一定程度的强制性。但指挥又不是单纯的强制行为，总是需要辅以一定程度的说服、教育与思想工作，两方面相互配合，不可偏废。根据强制程度，指挥形式主要可分为：命令、决定，建议、说服，暗示、示范等，见表7-2。

表7-2　强制程度不同的指挥形式

名称	含义	特点	注意事项
命令、决定	命令要求下级无条件执行；决定是对一些事项所做出的决策或规定	强制性、直接性和时效性	必须遵循客观规律，坚持从实际出发；必须采取简明扼要的表达方式，并有很强的可操作性；注意实施方式的艺术性和有效性
建议、说服	建议是以平等身份提出供参考的意见；说服是摆事实，讲道理，以理服人	引导、说理性质，不带或只有微弱的强制性	要以平等的身份进行交流；管理者提出的见解、意见要有较高水平；加强信息反馈与控制

续表

名称	含义	特点	注意事项
暗示、示范	暗示是指管理者通过各种语言、行为、政策及其他形式，对下级的行为进行某种隐含性的引导；示范则指管理者以自身的模范带头作用来影响、带动下级的行为	隐含性、间接性和自觉自愿性	要有鲜明的目的性；选择恰当的行为方式；要有其他形式的有机配合

3. 指挥的过程

指挥的过程就是领导者通过下达命令、指示等形式，使系统内部每个人的意志统一起来，将计划和领导者的决心变成统一行动，使全体成员全力以赴完成任务的过程。指挥的过程包括三项具体工作，即工作准备、工作部署及指导与激励。

（1）工作准备。一方面，要正确把握目标任务要求，准确了解任务标准和完成时限；另一方面，要全面了解与任务相关的环境、条件等因素，找到完成任务的有利和不利因素。在此基础上，分配和落实完成任务所需的各项资源。

【拓展知识】科学激励制度的作用

（2）工作部署。要将工作目标任务的本质内涵、标准和时限，向下属传达到位，以便下属准确认识任务的性质、内容和重要性。做好任务目标的分解，必要时让下级参与此项工作，要求下属制订详尽可行的方案。

（3）指导与激励。工作部署下去后，领导者的主要任务就是监督下属，最大限度地激励下属的积极性，在下属遇到问题时加以指导，以促进工作的有效开展，最终按时保质地完成任务。

管理故事

奖金与积极性

一墙之隔的两家企业，甲企业由于经营不善，职工下岗回家；乙企业则因为其产品在市场上仍有一定的销路，所以职工并未都下岗，且每月都能按时领到工资，这时职工们表现出了空前的工作积极性。厂长大惑不解："当初有奖金的时候也没这么积极，这是怎么了？"于是他决定去请教有关管理专家。

管理启示：假如该厂长去请教激励理论的专家，你认为这位专家将如何帮助该厂长分析解释这一现象？

按赫兹伯格的双因素论来分析，赫兹伯格把企业中影响人的积极性的因素分为保健因素和激励因素两大类：①保健因素与工作环境和外在条件有关，不能对员工产生巨大的激励；②激励因素通常与工作本身的特点和工作内容有关，构成很大程度的激励和对工作的满足感。因此，管理者应从激励因素入手，调动员工的积极性。

该厂的奖金性质在当初与现在不同，当初属于保健因素，现在却变成了激励因素，所以影响着工作的效果和人的积极性。

4. 指挥的有效性

（1）影响指挥有效性的因素。

1）权威。权威是指挥的基础。领导者拥有权力，但如果缺乏与之相匹配的权威，就无法获得下属的认同，其权力也就无法运用，因为缺失了权力指向的对象。领导者要想实现有效指挥，首先要树立自己的权威。

2）指挥内容的科学性。指挥内容必须科学、正确，才会产生好的指挥效果。这就要求领导者掌握一定的管理知识和专业知识，做出符合客观规律和实际情况的指挥。

3）指挥形式的适宜性。科学的指挥内容要依靠合理、恰当的载体体现。采用什么样的载体，要综合考虑当前任务的性质、时间的限制等，尽可能做到高效。

4）指挥对象。指挥应适应指挥对象的特点和需要，特别是领导者运用权力的方式，要考虑指挥对象的接受程度和习惯，不能引起指挥对象的反感和抵触。

5）环境。指挥的效果受具体环境的影响很大，这就要求领导者因时、因地制宜，处理好指挥所涉及的各项因素，实现有效指挥。

（2）领导者做到有效指挥应注意的问题。

1）了解员工。组织的规模有大有小，领导不一定能了解每一个员工，但至少要深入了解自己的直接下属。

2）及时淘汰没有工作能力的人。为了使领导者所在单位的工作氛围处于良好状态，领导应该淘汰那些没有能力很好地完成自己工作的人。这是重要的，常常又是很艰巨的、不可推卸的工作。

领导者是整体利益的裁决者与负责者，只要整体利益要求他执行这项措施，领导者就应该灵活地、勇敢地完成这项任务。

如果社会组织的成员没有认识到淘汰工作是必要的也是正确的，那么每个成员的工作安全感都会受到破坏，每个成员对未来的信心将越来越小，因此，工作热情也相继减少。所以应该使每位成员认识到，淘汰工作是必要的，而且是正确的。

管理故事

合理使用"末位淘汰制"

目前，许多工作单位执行根据总体目标和具体目标，结合各个岗位的实际情况，设定一定的考核指标体系，以此指标体系为标准对员工进行考核，根据考核的结果对得分靠后的职工进行淘汰的绩效管理制度，也就是人们常说的末位淘汰制。人们对末位淘汰制的看法莫衷一是。有人认为它的实施大大调动了职工的工作积极性，有力避免了人浮于事、效率低下的不良状态；有人则认为末位淘汰制不符合以人为本的管理思想，容易造成职工心理负担过重、同事关系紧张等情况。

一、末位淘汰制的积极作用

增强相互竞争，促进干部队伍建设。在单位中，干部队伍建设一直是一个核心问题。

在单位中实施末位淘汰制，在评估指标体系中加入群众评价的因素，使职工有效地监督领导干部，使领导干部有压力。这样可以使领导干部更好地为人民服务，可以有效地把干部置于群众监督之下，可以使清廉而有能力的干部得到应有的晋升。

合理淘汰，精简分流。单位在人员过剩时难免会存在人浮于事的情况。在这种情况下，精简机构、有效分流是解决这个问题最有效和最直接的办法。末位淘汰制，既兼顾了公平，又实现了机构的缩减，是分流人员、缩减机构的有效手段。

二、末位淘汰制适用环境

鉴于末位淘汰制有优点也有缺点，使用时应慎之又慎。具体实践时应考虑具体单位是否具备适用的条件和环境，是否确定了科学的考评指标体系，是否建立了合理的补偿制度。

第一，必须了解本单位的地位和水平，即全面了解本单位的内部环境。如果本单位人浮于事、人员过剩，管理没有形成健康有序的机制，那么实施末位淘汰制是合适的。不同的岗位对末位淘汰制的适用情况也不一样，如销售岗位的业绩容易量化，较适合末位淘汰制；而研发岗位不易量化，且这种创新性很强的工作需要宽松的外部环境，因而就不大适合用末位淘汰制。

第二，一旦决定使用末位淘汰制，就必须设定一套非常科学而合理的指标体系。否则，考评的结果就不会科学，反而会影响单位的发展。

第三，使用末位淘汰制后应该采取一定的补偿措施。末位淘汰制的一个缺点就是缺乏人性关怀，过于残酷，针对这种情况，应该在实施末位淘汰制的同时实施一定的补偿制度，如对于被淘汰的员工提供培训机会、换岗另用等，使这种制度的消极作用降到最小限度。

管理启示：适合的就是最好的。任何管理制度，包括末位淘汰制，都不是放之四海而皆准的，都有一个适用的特定范围和阶段，不分条件、时间、范围地套用，可能适得其反。

3）及时兑现给员工的承诺。不管是奖励还是惩罚，都应及时兑现，这样才能保证制度的权威性和领导者个人的权威性。

4）做出榜样。每个领导者都有权让别人服从自己，但如果这种服从只是出于怕受惩罚，那么企业工作可能做得很不好。

领导者做出榜样是最有效的工作方法之一。当领导者在出勤方面做出榜样时，谁也不敢迟到；当领导者积极地、忘我地工作时，职工们也将以领导者为榜样，积极地、忘我地工作。

5）尽可能多地让下属参与决策。领导者可先提出一个计划，然后收集每个人的意见和建议，做出自己的决定，确定自己所做的每一个决定都被大家理解，而且每个人都明白自己应做的工作。

6）不要在工作细节上耗费精力。领导应始终设法保持对重大事情的研究、领导和检查，把所有不一定非要自己去做的工作交给部下和参谋。

不在工作细节上耗费精力，并不是说不注意细节。作为一个领导者应该事事都了解，但不能事事都去研究、去解决。领导不应因关心小事情而忽视了重大事情。

✎ **管理故事**

留个缺口给别人

一位著名企业家在作报告时，一位听众问："你在事业上取得了巨大的成功，请问，对你来说，取得成功最重要的因素是什么？"

企业家没有直接回答，他拿起粉笔在黑板上画了一个圈，但圈没有画圆满，留下一个缺口。他反问道："这是什么？""零""圈""未完成的事业""成功"，台下的听众七嘴八舌地答道。

他对这些回答未置可否："其实，这只是一个未画完整的句号。你们问我为什么会取得辉煌的业绩，道理很简单：我不会把事情做得很圆满，就像画个句号，一定要留个缺口，让我的下属去填满它。"

管理启示：留个缺口给他人，并不说明自己的能力不强。实际上，这是一种管理的智慧，是一种更高层次上带有全局性的圆满。

给猴子一棵树，让它不停地攀爬；给老虎一座山，让它自由纵横。也许，这就是企业管理用人的最高境界。

二、协调

1. 协调与交涉

协调与交涉能力是化解矛盾、变消极因素为积极因素的能力，也是充分调动人的积极性的能力。协调是指通过各种管理和沟通手段，解决组织运行中的各种矛盾，使经营管理活动平衡、有效运行和稳定发展的管理行为。交涉是指人与人之间或者人与单位之间的处事、沟通的能力。

协调与交涉能力主要表现在以下三个方面。

（1）有效的人际沟通能力。它是指领导者通过各种语言或其他媒介向他人传达某种信息，以便他人理解，促进经营管理活动顺利进行的能力。领导者在管理活动中必须及时向下属、同层级人员、上级或其他人员传达信息。要使对方理解其信息，促进双方的协调就必须进行有效沟通。

（2）高超的员工激励能力。领导者要善于利用各种手段激励员工，以激发员工的积极性、主动性和创造性。对此，领导者必须掌握以下几个方面的能力：一是对下属的不同需要和价值取向必须具有敏感性；二是必须努力提高下属的工作积极性；三是必须保证下属员工感到组织的公平；四是要善于鼓励下属员工，帮助其设立具体的、有挑战性的、现实合理的绩效目标。

（3）良好的人际交往能力。它是指领导者在人际交往中以各种技能来建立良好的人际关系的能力。良好的人际交往能力是有效管理的前提条件。作为人际交往能力的重要部分，积极倾听、有效反馈、解决冲突和谈判都是领导者所应具备的技能。

2. 协调的方式方法

协调包括工作协调和上下级关系协调两个方面。工作协调包括横向协调和纵向协调两种。横向协调是在组织同一管理层次间的协调，一般实施较为困难，因为同一管理层间是平级关系，不存在权威的干涉。纵向协调是组织纵向结构各管理层间的协调，实施容易，因为存在权力隶属关系。

工作协调中，横向协调的基本方式主要有以下三种。

第一，制度方式。通过建立科学有效的组织与管理制度，健全完善组织体系，保证组织的协调。

第二，组织方式。在组织结构出现缺陷时，建立协调组织。

第三，人际关系方式。通过协调人际关系来协调组织。

工作协调中，纵向协调的方式主要有以下三种。

第一，整个组织服从最高领导者的统一指挥，做到下级服从上级。

第二，整个组织内部要加强信息沟通，做到上情下达，下情上传。

第三，建立清晰的管理权力链，明确不同管理层的职责权限，并互相尊重职权。

在工作中，上下级关系的协调对组织至关重要，它包括上级关系协调和下级关系协调。通过协调，理顺上下级关系，使上下级的思想、行动保持一致。

对于上级关系协调，首先是要尊重职权，不越权，摆正位置。尊重领导者的职权，既是对领导者的尊重，也是对组织及其管理工作秩序的尊重与服从。其次，协调上级关系的实质是下级能具备很强的工作能力，出色完成本职工作。再次，做到重要工作要请示，重大问题要汇报，与上级主动沟通，保持必要的经常性联系。最后，要保持适度的距离，做到"等距外交"，下级与领导的关系应该是一种默契的工作关系。

但是，员工在与上级共事的过程中，由于个性、工作等原因，可能会导致与上级的矛盾和冲突。遇到这种问题时，首先要以事实为依据，分清是非，划分责任；作为下级要以尊重的态度服从上级，认真查找自己的责任与原因，主动与上级沟通，修好关系。

下级关系协调直接关系组织的工作效率和稳定。对于领导者而言，协调下级关系首先应做到以人为本，尊重、关怀下级，支持下级成长；但同时也要做到严爱结合，必须从严要求，维护组织的权威与秩序。对下级要充分信任，授予实权，把对下级的监督变成平等协商，激发下级工作的积极性，从而提高组织的绩效；同时要对下级一视同仁，才能利于组织的团结与稳定。此外，与下级多沟通、多联系，组织的重大事项尽可能让下级参与，既可以提高决策的可行性，又可以激发下级的工作积极性。

在与下级产生冲突时，领导者应该以宽容的心态对待下级，主动找下级沟通，解决矛盾和冲突。同时，还要以客观的态度对下级错误之处进行批评，同时检讨自身错误。事后应该和好如初，依旧信任。这样，上下级在工作中不但不会产生隔阂，还能建立起更加稳固的关系。

📋 任务实施

1. 任务讨论

讨论指挥与协调。

2. 任务执行

（1）根据设定的管理情境，由学生分组即时进行指挥。

（2）管理情境为：凌晨1点多，男生宿舍三楼卫生间的上水管突然爆裂，此时楼门和校门已经关闭，人们都沉睡在梦中，只有邻近几个宿舍的学生惊醒。水不断地从卫生间顺着东西走廊涌出，情况非常紧急。假如你身处其中，如何利用你的指挥能力进行处理。

（3）根据管理情境进行分组讨论，然后各小组分别进行现场指挥表演。

3. 总结评价

（1）每组进行现场指挥演示，其他组给予评价打分。

（2）教师根据各小组的现场指挥进行评价打分。

（3）将上述两项评价得分综合为本次成绩。

任务三　沟通与激励

任务描述

平时你和朋友、同学之间沟通，喜欢采用哪种方式？企业是如何激励员工的？

任务分析

本任务要求学生灵活应用沟通与激励。

相关知识

一、沟通

【视频】沟通

1. 沟通的含义

沟通是指为了达到一定的目的，将信息、思想、情感在个人或群体之间进行传递与交流的过程。沟通的内容、形式、载体、渠道都是多种多样的。

沟通的内容既可以是某一件事实，某一种情感，也可以是某一项命令，还可以是某一种意见、看法，或是某一个观点或思想，当然也可以是某一种情绪等。

沟通的渠道或信息载体既可以语言，又可以非语言。语言载体可以细分为口头语言载体和书面语言载体。口头语言载体可以分为捎口信、电话、录音带等，书面语言载体可以分为备忘录、信件、内部刊物、布告、文件等。随着通信和电子技术的发展，出现了幻灯片、投影、电子邮件、电子会议等诸多新的沟通途径。

一般所讲的沟通是指语言沟通。但在现实生活中，大量存在着非语言沟通，如一个眼神、一个细小的动作、一个简单的身体姿态、一件物体、一个特别的位置等。

知识链接

> **沟通的一些通用技巧**
>
> 沟通涉及各式各样的活动，如交谈、劝说、教授，以及谈判等。要在这些活动中游刃有余，理解何为沟通，并培养出高效沟通所需的技巧，是十分重要的。
>
> 沟通技巧包括积极地询问、使用询问的辅助语言、灵活使用肢体语言以及注意声音变化，注意倾听技巧、气氛控制技巧、推动技巧，拥有自信的态度，能体谅他人的行为，适当地提示对方或有效地直接告诉对方，善用询问与倾听等。
>
> 糟糕的沟通方式包括种族歧视言论、低俗笑话，哭泣、咒骂，抓耳挠腮、逃避眼神接触，语无伦次、笑声太多和大声说话等。

管理故事

惠普公司"敞开式的办公室"

为了更好地鼓励上行沟通，国内外很多知名优秀企业都想方设法制定了各式各样的"沟通政策"。例如，制定完善的投诉程序，高层领导的开门政策、座谈会或热线电话，电子邮件或音频、视频对话，咨询、态度问卷和离职访谈，员工正式或非正式地参与决策，授权策略创造开放信任，外聘独立调查员等。

惠普公司将办公室布局成美国少见的"敞开式大房间"，惠普公司的每个人，包括最高主管，都在没有隔墙、没有门户的大办公室里工作。尽管这种随时可以见到的做法也有缺点，但是惠普公发现这种做法的好处远远超过其不利之处。

（资料来源：百度文库，案例集。）

管理启示：作为管理者，要有主动与下属沟通的胸怀，下属也要积极向管理者说出自己的想法，只有大家都真诚地沟通、密切地配合，企业才可能发展得更好。

2. 沟通的类型

依据不同的标准，可以将沟通分为不同的类型。

（1）按照沟通方式的不同，沟通可划分为口头沟通、书面沟通、非语言沟通、电子媒介沟通等。

1）口头沟通。人们最常见的沟通方式是口头沟通。常见的口头沟通包括演说、正式的一对一讨论或小组讨论、非正式的讨论，以及传闻或小道消息的传播。口头沟通的优点是快速传递和快速反馈。在这种方式下，信息可以在最短的时间里被传送，并在最短的时间里得到对方的回复。如果接收者对信息有疑问，迅速的反馈可以使发送者及时检查其中不够明确的地方并进行改正。但是，当信息经过多人传送时，口头沟通的主要缺点便会暴露出来。在此过程中卷入的人越多，信息失真的潜在可能性就越大。每个人都以自己的方式解释信息，当信息到达终点时，其内容常常与最初大相径庭。如果组织中的重要决策通过口头沟通在权力金字塔中上下传递，则信息失真的可能性相当大。

知识链接

口头沟通的注意事项

（1）为提高信息发送者发送信息的质量，在口头沟通中应注意以下几点。

1）吐字清晰，发声适中。

2）语言简练、准确，用词得当。

3）采取双向沟通，如在沟通过程中，可以在中间暂停下来，询问对方"有什么地方没有听清楚吗？"。

4）态度诚恳，营造和谐的沟通气氛，耐心回答对方的提问。

5）眼睛看着对方。

（2）为提高信息接收者聆听的技巧和理解力，在口头沟通中应注意以下几点。

1）集中精力，全神贯注地听。

2）以设身处地的态度对待讲话者，不要带有戒备心态。

3）认真理解对方所讲的话，默默地用自己的语言复述对方讲话的内容。如有必要，可以用自己的语言向对方提问，如问一下"你刚才那段话的意思是不是……"，或请对方进一步明确所述内容并举例说明。

4）耐心倾听对方讲话，不要打断对方讲话或过早地对对方讲话进行评价。

2）书面沟通。书面沟通包括备忘录、信件、组织内发行的期刊、布告栏及其他任何传递书面文字或符号的手段。书面沟通持久、有形、可以核实。一般情况下，发送者与接收者都有沟通记录，沟通的信息可以无限期地保存下去。如果对信息的内容有所疑问，过后的查询是完全可能的。因此，书面沟通比口头沟通显得更为周密，逻辑性强，条理清楚。但是，书面沟通也有缺陷，如耗时，同是一个小时的测验，学生们通过口试向老师传递的信息远比笔试多。事实上，花费一个小时写出来的东西，往往只需15分钟左右就能说完。书面沟通的另一个主要缺点是缺乏反馈。口头沟通能使接收者对其所听到的东西提出自己的看法，而书面沟通则不具备这种内在的反馈机制。其结果是无法确保所发出的信息能被接收到；即使被接收到，也无法保证接收者对信息的解释正好是发送者的本意。

3）非语言沟通。有一些沟通既非口头沟通也非书面沟通，而是通过非文字的信息加以传递的。非语言沟通中最常见的是体态语言和语调。体态语言，包括手势、面部表情和其他的身体动作。例如，一副怒吼咆哮的面孔所表达的信息显然与微笑不同。手部动作、面部表情及其他姿态能够传达的信息有攻击、恐惧、腼腆、傲慢、愉快、愤然等。语调指的是个体对词汇或短语的强调。轻柔、平稳的声调和刺耳尖利、重音放在最后一词所产生的意义完全不同，一般认为，第一种语调表明某人在寻求更清楚的解释，第二种语调则表明了这个人的攻击性或防卫性。

知识链接

非语言的主要特征

1. 无意识性

例如，与自己不喜欢的人站在一起时，保持的距离比与自己喜欢的人要远些；一个人有心事，不自觉地就给人忧心忡忡的感觉。正如弗洛伊德所说，没有人可以隐藏秘密，假如他的嘴唇不说话，则他会用指尖说话。一个人的非言语行为更多的是一种对外界刺激的直接反应，基本都是无意识的反应。

2. 情境性

与语言沟通一样，非语言沟通也展开于特定的语境中，情境左右着非语言符号的含义。相同的非语言符号，在不同的情境中，会有不同的意义。同样是拍桌子，可能是"拍案而起"，表示怒不可遏；也可能是"拍案叫绝"，表示赞赏至极。

3. 可信性

当某人说他毫不畏惧的时候，他的手却在发抖，那么我们更相信他是在害怕。根据英国心理学家阿盖依尔等人的研究，当语言信号与非语言信号所代表的意义不一样时，人们相信的是非语言信号所代表的意义。因为语言信息受理性意识的控制，容易作假，人体语言则不同，大都发自内心，极难压抑和掩盖。

4. 个性化

一个人的肢体语言，同说话人的性格、气质紧密相关，爽朗敏捷的人同内向稳重的人的手势和表情肯定是有明显差异的。每个人都有自己独特的肢体语言，它体现了个性特征，人们时常从一个人的肢体语言来解读他的个性。

4）电子媒介沟通。人们现在依赖各种各样的电子媒介传递信息。除了常见的媒介（如电话、电报、邮件等）之外，还有闭路电视、计算机、复印机、传真机等一系列电子设备。将这些设备与言语和纸张结合就产生了更有效的沟通方式。电子媒介发展得最快的是互联网，人们可以通过计算机网络快速传递书面及口头信息。电子邮件迅速而经济，并可以同时将一份信息传递给若干人。

四种沟通方式的优缺点见表7-3。

表7-3　四种沟通方式的优缺点分析

沟通方式	形式	优点	缺点
口头沟通	交谈、讲座、讨论会、电话	快速传递、快速反馈，信息量很大	传递经过层次越多，信息失真越严重，核实越困难
书面沟通	报告、备忘录、信件、文件、内部期刊、布告	持久、有形，可以核实	效率低，缺乏反馈
非语言沟通	声、光信号，体态，语调	表达意义十分明确，内涵丰富，含义灵活	传递距离有限，界限模糊，只能意会，不能言传
电子媒介沟通	传真、闭路电视、计算机网络、电子邮件	快速传递，信息容量大，一份信息可同时传递给多人，经济	单向传递，电子邮件可以交流但看不见表情

（2）按照功能目的不同，沟通可以分为工具式沟通和感情式沟通。工具式沟通是指发送者将信息、知识、想法、要求传达给接收者，目的是影响和改变接收者的行为。感情式沟通是指沟通双方互相表达情感，获得对方精神上的同情和谅解，目的是改善沟通双方之间的人际关系。

（3）按照组织系统不同，沟通可分为正式沟通和非正式沟通。一般来说，正式沟通指以正式组织系统为渠道的信息传递。非正式沟通指以非正式组织系统或个人为渠道的信息传递。

（4）按照方向不同，沟通可分为下行沟通、上行沟通和平等沟通。下行沟通指上级将信息传达给下级，是由上至下的沟通。上行沟通指下级将信息传达给上级，是由下至上的沟通。平等沟通指同级之间横向的信息传递，也称横向沟通。

管理故事

某企业员工的关系培养

某企业每家店都不直接招聘人员，而是由片区人事部负责统一招聘，集中培训。从培训师到店长、大堂经理、后堂经理，都会把自己的手机号码告诉新员工，让员工在困难的时候给他打电话。此外，员工们在培训过程中融入了一个小集体，这个小集体只有十几个人或者二十几个人，这比一开始就要与一两百人相处容易多了。每一期培训的新员工都会自动结成一个群体，有了这个小群体，再融入大群体就相对容易一些。在培训结束到店实习后，店里也是安排同一批新员工一起吃饭，一起开小会，这样也有利于这种小集体的形成。这种小集体能迅速消除孤独感，使新员工尽快进入工作角色，融入大集体。

该企业要求对待同事跟对待顾客一样礼貌，还有很多相互问好的具体要求。如同事照面要把右手放胸口，弯腰鞠躬（跟客人打招呼也是这种姿势）说"你好，辛苦了"；送脏餐具回洗碗间要说"你好，辛苦了，请回收"，洗碗阿姨要说"收到，谢谢"；下单到上菜房要说"你好，辛苦了，请上菜"，师傅们也要回答"收到，谢谢"；上菜房出了配好的一托盘菜后要说"你好，辛苦了，请走菜"，传菜员要说"收到，谢谢"。这些都是相互的鼓励。

管理启示：对一个企业而言，最重要的是营造一个快乐、轻松的环境；在管理的架构和同事之间，可以上下公开、自由自在、诚实地沟通。

（5）按照是否进行反馈，沟通可分为单向沟通和双向沟通。一般来说，单向沟通指没有反馈的信息传递；双向沟通指有反馈的信息传递，是发送者和接收者之间相互进行信息交流的沟通。单向沟通和双向沟通的比较见表7-4。

表7-4　单向沟通和双向沟通的比较

因素	结果
时间	双向沟通比单向沟通需要更多的时间
信息和理解的准确程度	在双向沟通中，接收者理解信息和发送者意图的准确程度大大提高
接收者和发送者的置信程度	在双向沟通中，接收者和发送者都比较相信自己对信息的理解
满意度	接收者比较满意双向沟通，发送者比较满意单向沟通
噪声	由于与问题无关的信息较易进入沟通过程，双向沟通的噪声比单向沟通要大得多

3. 沟通的技巧

无论是人际沟通、组织内的沟通还是组织与组织之间的沟通，要有效，就必须按照一定的原则，对沟通技能和方法进行开发和改进。沟通虽然非常普遍，看起来非常容易，但是有效沟通常常是一项困难和复杂的活动。因此，沟通双方就需要通过一些技巧来实现有效沟通。

（1）明确沟通的重要性并正确地对待沟通。管理人员十分重视计划、组织、领导和控制，而对沟通有所疏忽，认为信息的上传下达有组织系统就可以了，对非正式沟通中的"小道消息"常常采取压制的态度，这表明企业管理层没有从根本上对沟通给予足够的重视。

（2）培养"听"的艺术。对管理人员来说，"听"不是件容易的事。管理人员要较好地"听"，也就是要积极倾听。积极倾听的要点见表7-5。

表 7-5 积极倾听的要点

要	不要
表现出兴趣	争辩
全神贯注	打断
该沉默时必须沉默	从事与谈话无关的活动
选择安静的地方	过快地或提前做出判断
留适当的时间用于辩论	草率地给出结论
注意非语言暗示	让别人的情绪直接影响你
当你没有听清楚时，请以询问的方式重复一遍	似懂非懂
当你发觉遗漏时，直截了当地问	若无其事

（3）创造一个相互信任和有利于沟通的小环境。企业管理人员不仅要获得下属的信任，而且要得到上级和同僚们的信任。他们必须明白，信任是用诚心诚意争取来的。

（4）缩短信息传递链并拓宽沟通渠道，以保证信息的畅通无阻和完整性。减少组织机构重叠，在利用正式沟通的同时，开辟高层管理人员至基层管理人员的非正式沟通渠道，以便于信息的传递。

（5）建立特别委员会并定期加强上下级之间的沟通。特别委员会由管理人员和第一线的工人组成，定期相互讨论各种问题。

（6）非管理工作组。当企业发生重大问题、引起上下关注时，管理人员可以授权组成非管理工作组。非管理工作组由一部分管理人员和一部分职工自愿参加，利用一定的时间，调查企业的问题，并向最高主管部门汇报。最高管理层也要定期公布他们的报告，就某些重大问题或热点在全企业范围内进行沟通。

（7）加强平行沟通，以促进横向交流。通常，企业内部的沟通以与命令链相符的垂直沟通居多，部门之间、车间之间、工作小组之间的横向交流较少，而平行沟通却能加强横向合作。这一方式对组织间的沟通尤为奏效。

管理故事

故事两则

故事一：一位学者向南隐问禅，南隐以茶相待。南隐将茶水倒入杯中，茶满了还继续倒。学者说："师傅，茶已经满了，不要再继续倒了。"南隐说："你就像这只茶杯，里面装满了自己的想法。你不先把自己的杯子空掉，叫我如何对你说禅？"

故事二：古时有一个国王想考考他的大臣，就让人打造了三个一模一样的小金人，让大臣分辨哪个最有价值。最后，一位老臣用一根稻草试出了三个小金人的价值，他把稻草依次插入三个小金人的耳朵，第一个小金人的稻草从另一边耳朵里出来，第二个小金人稻草从嘴里出来，只有第三个小金人，稻草放进耳朵后，什么响动也没有，于是老臣认定第三个小金人最有价值。

管理启示：有些领导者经常在下属还没有来得及讲完自己的事情前，就按照自己的经验大加评论和指挥。打断下属的话，这样一方面容易做出片面的决策，另一方面会使下属缺乏被尊重的感觉。时间久了，员工就再也没有兴趣向上级反馈真实的信息。所以，与下属保持畅通的信息交流，能够及时纠正管理中的错误，制订更加切实可行的方案，从而使管理工作如鱼得水。

二、激励

1. 激励的含义

激励是指激发人的内在动机，鼓励人朝着组织期望的目标采取行动的过程，其核心是调动人的积极性。可以从以下三个方面来理解激励这一概念。

（1）激励是一个过程。对人的行为的激励，实质上就是通过采用能满足人需要的诱因条件，引起行为动机，从而推动人采取相应的行为，以实现目标，然后再根据人们新的需要设置新的诱因，如此循环往复。

（2）激励过程受内外因素的制约。各种管理措施，应与被激励者的需要、理想、价值观和责任感等内在因素相吻合，这样才能产生较强的合力，从而激发和强化工作动机，否则不会产生激励作用。

（3）激励具有时效性。每一种激励手段的作用都有一定的时间限度，超过时限就会失效。因此，激励不能一劳永逸，需要持续进行。

管理故事

惠普公司的组织文化

惠普公司是世界上最大的电脑公司之一。早在1997年，其计算机产品的营业收入就占其总收入的80%以上，仅次于IBM。惠普公司也是全球著名的电子测试测量仪器公司，它拥有29 000种电子产品。惠普的工厂和销售部门分布于美国28座城市，以及欧洲、加拿大、拉丁美洲和亚太地区。到底是什么支持着惠普公司有今天的成就呢？

公司创始人休利特相信，员工们都渴望把工作干得出色、干得有创造性，企业只要为他们提供适当的环境，他们就能做到这点。体贴和尊重每个人，承认个人的功绩是公司的一大传统。多年前，公司就不实行上下班记时制了，后来又推行了一项灵活的工作时间方案。为每位员工提供了一种能够按个人生活习惯来调整工作时间的机会。公司还实施了独具特色的"实验仪器完全开放政策"，这项政策不仅允许工程技术人员自由使用实验设备，而且还鼓励他们把设备带回家自行使用。这项政策实施后，大大激发了技术人员的研发热情，为公司的科学研究和产品创新奠定了良好的基础，蓄积了强大的实力。

（资料来源：CSDN，惠普之路——HP公司发展史2013-3-7.）

管理启示：管理者因对人的认识的不同，管理方式也往往不同。正是惠普公司尊重员工的文化大大激励了员工工作的动力，这才是公司长盛不衰的秘诀。

2. 激励的方法

激励方法得当，会事半功倍，最大限度地激发员工的工作积极性，给组织带来利益。在组织内部一般采用的有效激励方法主要有以下几种。

（1）经济激励法。经济激励主要是报酬奖励，是最基本的激励方法，主要包括工资、奖金和各种形式的津贴及实物奖励。在我国，工资和奖金是主要的激励方法。经济激励要点包括几个方面：其一，只对成绩突出者予以奖赏，奖赏如果"全面开花"，既有可能助长落后者的惰性，又有可能伤及先进者的努力动机，从而失去激励的意义；其二，重奖重罚，对于克服重重困难方才取得成功者，应该重奖，以示鼓励；而对于玩忽职守、造成重大责任损失者，则要重罚，以示惩戒；其三，奖励要向关键岗位及脏、累、苦、难等岗位倾斜，既体现工作的重要程度，又要体现劳动价值。

管理故事

经济激励

某餐饮企业为了激励员工的工作积极性，每个月会给大堂经理、店长以上干部、优秀员工的父母寄几百元钱，这些农村的老人大多没有养老保险，这笔钱相当于给他们发保险，他们因此也会一再叮嘱自己的孩子在该企业好好干。

例如，对北京的员工来说，只要是店长以上级别，如果把孩子带到北京念书，就可以每年在公司报销一万二以内的学费。这让店长们可以将家迁到北京。这些激励措施使员工们想通过努力获得晋升，从而得到更好的经济待遇。

是"奖金"还是"分红"？该企业在福利的发放上也花了很多心思。其实，"分红"与"奖金"并不一定有本质上的差别，都是从利润里拿出一部分来奖励给员工，但是，"分红"这个词对比"奖金"更有魅力。因为很多单位给普通员工奖金，只有该餐饮企业给普通员工分红；绝大多数企业只给股东分红，只有该企业给普通员工分红。换句话说，奖金的激励效果已经退化了，甚至快要沦落到和基本工资一样的地位；不给奖金，员工肯定不满意，给多一点奖金也不会提高员工多少满意度。但分红目前还是一件新事，激励效果还很大，员工说起他们有分红的时候都特别自豪，因为他们感觉到了和别的企业员工不一样的待遇。

管理启示：激励的目的在于调动人的积极性，采用经济激励法时，一定要避免挫伤部分人员的积极性。

（2）任务激励法。任务激励法就是把工作任务的重要性和完成情况，同个人的成就感及切身利益相结合，从而使员工能够积极承担各自应完成的工作任务。

管理故事

某高校专聘岗位制风波

湖北某高校系全国著名的重点大学，该校于 1997 年正式通过"211 工程"立项，成为国家"十五"期间重点建设的大学之一。学校共有正副教授三百多名，教员七八百名，长期以来，学校走教学与科研相结合的路子，教员既是教学骨干，又是科研人员。大家虽然累一点，但都安居乐业。

1998 年 10 月的某天，王校长突然一连收到了几封来自学生的匿名信。信中抱怨授课教师水平差，又不负责任，讲课时眼睛红肿，无精打采，一个学期下来，几乎听不到一些有名的教师授课。看完信，王校长马上打通了主管教学的刘副校长的电话，询问有关教学工作情况，并将有关学生匿名信的事告诉了他。刘副校长分明感到了校长对他的工作很不满意。他来不及仔细思索，通过电话责成教务处长两天内将教师不愿上课的原因及学生的反映调查清楚，并向他汇报。

调查的结果很快出来了，从 1995 年开始，由于学校工资水平较低，正副教授中有的下海，有的一心扑在科研上，对教学和青年教师的培养过问较少，而部分青年教师对教学缺乏热情，有的到外面兼职，有的讲课是应付差事。学生对此反应强烈。

于是刘副校长和王校长一起探讨可能解决问题的办法，决定搞教师专聘制。学校认为，为了体现"多劳多得，优劳优得"的分配原则，设置上岗教师岗位，岗位设置数约为全校教师总数的三分之一……

这一决定受到学校各单位的一致好评，但就岗位设置数量各二级单位反应不一，有的认为可行，有的认为三分之一的数量太少，特别是那些较年轻的院系，如管理学院和外语系。但学校只是在细节问题上做了修改，三分之一的专聘制仍决定执行。整个校园沸腾了，大家对此表示了极大的关注，各院系在具体实施过程中遇到了前所未有的阻力。

管理启示："专聘岗位制"这种做法对不对，不好一概而论，从总体上来讲，其思路与出发点是好的，如果做得到位，能充分体现绩与效的挂钩，体现优劳优得、按劳分配的科学分配原则，起到调动老师的教学与科研积极性的目的。但在具体运作过程中，能否起到预期的激励目的，取决于两个方面：一是专聘岗位制的本质是部分人的工资会有一定额度的增加；二是这一定的额度对三分之一的员工而言是否起到激励作用，与其所要付出的劳动相比，这一定的额度标准定得是否恰当。同时，在进行有关激励政策的制定之前，学校首先应该了解员工的需要，以便有的放矢。且应深入了解政策的落实能否产生激励力，能产生多大的激励力，是否有利于组织目标的实现。

（3）纪律激励法。纪律激励法就是用纪律和制度来约束和规范执行者行为的激励方法。这是一种负激励方法，表现为只罚不奖，因为遵守纪律是理所当然的，而不遵守纪律则应受到批评或处罚。

管理故事

负激励

A公司总部的工作人员毫无生气，主管海外事业部的人更是饱食终日，无所事事。主管决定从严明纪律入手，在所有分公司负责人参加的工作会上，他宣布了三条新的工作纪律，任何人必须遵守，否则将严厉查处。

这三条纪律是：①任何分支机构，必须不折不扣地向总公司汇报自己的预算、营业收入和支出情况。②每个分支机构必须定期向总公司报告自己的经营环境、面临的竞争对手和市场情况。③凡在此期间被解职的人，一律不发退休金。经过这一系列措施，A公司迅速走上了正轨，再辅以其他经营之道，恢复了昔日在国际舞台的地位。

（资料来源：百度文库，团队激励方式案例集.）

管理启示：纪律是一切制度的基础。组织与团队要长久存在，组织纪律就是最主要的维系力，也是激励员工的有效方法。

（4）情绪激励法。情绪激励法就是通过在单位内部建立亲密、融洽、和谐的氛围来激励员工士气的方法。领导对员工的关心慰问，以及在全体员工中组织开展的各项集体活动，有利于促进和谐关系，调动员工的工作积极性。海尔集团从1992年开始，在每月最后一日的晚上，都要为当月过生日的员工举办一次卡拉OK晚会，并规定每位过生日的员工可带四位亲属一同来参加，公司领导会按时到场，为过生日的每位员工送祝福。

（5）关怀激励法。关怀激励法就是通过对职工进行关怀、爱护来激发其积极性、创造性的激励方法，属于感情激励的内容。企业领导对下级的关怀，哪怕再微不足道，如果是真诚的，对下级而言都是无限的激励。关怀激励法被管理学家称为"爱的经济学"，即无须投入资本，只要注入关心、爱护等情感因素，就能获得很好的激励效果。

管理故事

友情、亲情和家庭

某餐饮企业的服务员很多是经人介绍过来的，如老乡、朋友、亲戚甚至是家人，这种招聘方式在很多人看来简直是匪夷所思。

餐饮业属于劳动密集型行业，来就餐的顾客是人，管理的员工是人，所以应贯彻以人为本的原则。该企业创始人认为，只有当员工对企业产生认同感和归属感时，才会真正快乐地工作，用心去做事，然后再通过他们去传递公司的价值理念。大家可以和亲戚朋友一起工作，自然就很开心，这种快乐的情绪对身边的人很具感染力。

关于员工的夫妻生活、子女教育问题，许多企业规定，服务员不能和厨师谈恋爱，高级管理人员配偶不能与其在同一个地区同一个城市，"这种规定是很不人道的。我们的做法相反，会尽量把他们调在一块儿，让他们一起工作，一起生活。公司会发给他们补贴，鼓励他们住在一起，并且把孩子带着身边，自己照顾和教育孩子"。不仅如此，对于公司店长以上的干部，公司还会帮助其子女入学，并且代交入学赞助费。

家庭的幸福和稳定是个体在满足了基本需求后的一项高水平但又十分重要的需求。和自己的家人、亲戚和朋友一起生活甚至一起工作，会大大提高员工的幸福程度，极大地激发员工的工作积极性。另外，该公司的员工有机会自己照顾和教育孩子，保证亲子关系的健康发展，这真正地保证了员工生活的完整。

总之，还是那句话，只有让员工感受到自己是作为一个人存在，而不是打工机器，才能让他们有能力用真诚、平等的心去服务客人。

管理启示：企业领导对员工的关怀，是激励的有效形式。它能使员工获得受尊重和归属感的满足，因此，可以产生极大的激励作用。

（6）尊重激励法。尊重激励法就是通过尊重下级的意见、需要及尊重有功之臣的做法，使员工感到自己对组织的重要性，并促使他们向先进者学习的一种激励方法。松下幸之助经常主动征询员工的意见，他喜欢带来访客人参观工厂，随便指着一位员工说"这是我最好的主管之一"，从而使被指者倍感自豪。

【拓展知识】中西方激励理论的比较

（7）行为激励法。企业领导者用在某些方面的有意行为来激发下级的激励方法就是行为激励法。由于企业领导者处于员工有目共睹的特殊地位，其一言一行自然就成为众人关注的焦点，因而在一个企业里，没有什么比企业高层领导亲自过问某事或采取某项行为更能说明此事的重要性。

管理故事

工程师的工资

一次，通用电气公司的机械工程师伯涅特在领工资时，发现少了30美元。这是他一次加班应得的加班费。为此，他找到顶头上司，而上司却无能为力。于是，他便给公司总裁斯通写信，信中写道："我们总是碰到令人头痛的报酬问题，这已使一大批优秀人才感到失望。"斯通立即责成最高管理部门妥善处理此事。

三天之后，通用电气公司补发了伯涅特的工资，并向伯涅特道歉；且在这件事情的推动下，了解那些"优秀人才"待遇较低的问题，调整了工资政策，提高了机械工程师的加班费。同时，企业还向著名的《华尔街日报》披露这一事件的全过程，在美国企业界引起了不小轰动。

管理启示：领导对普通员工的问题亲自过问和处理，能形成一定的影响力，激励员工的工作积极性。

3. 激励的技巧

要让激励达到最终的效果，除了要选择有效的激励方法之外，还需要采用相应的技巧，才能收到最佳效果。一般采用的激励技巧主要有以下四种。

（1）先教育后激励。在做某件事之前，先打好基础，以得到他人的认同，往往会事半功倍。在施以激励之前，先对员工进行启发、教育，使他们明白要求和规则，这样在采用激励方法时，他们才不至于感到突然，尤其是对于处罚就不会感到冤枉。所以，最好的管理方法是启发，而不是惩罚。

（2）公平激励。人"不患寡而患不均"，因此，要保证激励制度的顺利执行，一定要做到不唯亲、不唯上、不唯己，只唯实，公平相待。在激励过程中，无论是奖励还是惩罚，都要公平公正，这样，才能使人感到心理平衡，才能极大地调动员工的积极性。

（3）适时激励。适时激励就是要注意激励的时效性，当发现员工有突出表现或巨大进步时，采取当机立断的方式予以肯定，往往会促使其后续行为的强化与超越。

（4）适度激励。激励标准有个适度性问题，保持了这个度，就能使激励对象乐此不疲地努力工作。相反，如果激励对象的行为太容易达到被奖励和被处罚的界限，那么，这套激励方法就会使激励对象失去兴趣，达不到激励的目的。

任务实施

1. 任务讨论
讨论沟通的方式以及激励的方法。

2. 任务执行
（1）调查与深入研究本班学生的学习积极性及包括奖学金在内的激励状况。

（2）模拟一家公司，给本班所有同学安排适当的职务，就如何在该公司进一步调动学习积极性、实现有效激励组织研讨。

（3）每人为班级起草一份激励计划。

（4）在班级组织研讨，深入分析目前的激励状况，研讨如何有效激励，充实完善激励计划。

3. 总结评价
（1）能正确分析学生的实际需求，并能正确应用激励理论与激励方法来制订激励计划。

（2）每个人的发言提纲可作为一次作业，然后根据班级讨论中的表现评定最终成绩。

实践训练

实训项目——口头指挥

1. 实训目标

（1）训练现场观察与运筹的能力。

（2）培养口头指挥的能力。

（3）培养团队合作意识。

2. 实训内容与形式

（1）以模拟公司为单位组织进行。选定总经理，在总经理的指挥下，由其成员在一块空地上用一条20米长的绳子围成一个正方形，绳子不能有剩余。

（2）公司成员按照此次任务要求进行分工，除总经理外，设总经理秘书1名、部门经理4名、部门成员若干名。

（3）活动开始时，主持者（轮值主持公司）先将总经理同其成员隔离，向其说明游戏规则，再由总经理通过其秘书向各部门经理下达用绳子围正方形的命令。总经理不可直接指挥。

（4）部门经理再指挥其下属（要蒙上眼睛）用绳子围正方形。部门经理要与操作人员（其下属）保持5米的距离。

（5）在围的过程中，主持者要不断设置新障碍，增加围正方形的难度。这样，总经理可能有新的指示下达，部门经理有新的或不明确的问题向总经理请示，但都必须通过秘书传递。

3. 标准与评估

（1）标准：能正确运用运筹与指挥的原理与艺术指导活动，并以在最短时间围成标准的正方形为胜利标准。

（2）评估：分别评估总经理、秘书、部门经理及其成员的能力与表现；评估每个公司的绩效与团队合作的默契程度。

案例分析

副总家失火以后

一家公司的销售副总，在外出差时家里失火了。他接到妻子电话后，连夜火速赶回家。第二天一早去公司向老总请假，说家里失火要请几天假安排一下。按理说，销售副总的请求不过分，但老总却说："谁让你回来的？你要马上出差，如果你下午还不走，我就免你的职。"这位副总很有情绪，无可奈何地从老总办公室出来后又马上出差走了。

老总听说副总已走，马上把党、政、工、团负责人都叫了过来，要求他们分头行动，在最短的时间内，不惜一切代价把副总家里的损失弥补回来，把家属安顿好。

请根据上面的案例回答：

1. 从管理方格理论分析这位老总属于哪一种领导风格？为什么？

2. 从本案例中你可以获得哪些启迪？

3. 你赞成这位老总的做法吗？有何建议？

项目测试

一、单选题

1. 管理方格图中，（9.9）型对应的是（　　　）领导方式。

A. 中间型　　　　　　　　　　　　B. 任务型

C. 团队型管理　　　　　　　　　　D. 乡村俱乐部型

2. 王先生是某公司的一名年轻技术人员，一年前被调到公司企划部任经理，考虑到自己的资历、经验等，他采取了较为宽松的管理方式，试分析下列哪一种情况下，王先生的领导风格最有助于产生较好的管理效果（　　　）。

A. 企划部任务不明确，王先生与下属关系好且职位权力强

B. 企划部任务明确，王先生与下属关系好但职位权力弱

C. 企划部任务不明确，王先生与下属关系差且职位权力弱

D. 企划部任务明确，王先生与下属关系差但职位权力弱

3. 领导方式可以分成独裁、民主、放任三种，其中，民主型领导方式的主要优点是（　　　）。

A. 按规章管理，领导者不运用权力

B. 纪律严格，管理规范，赏罚分明

C. 组织成员具有高度的独立自主性

D. 员工关系融洽，工作积极主动，富有创造性

4. 一份英国杂志比较了欧洲各国经理的习性和处事手法后得出这样的结论：法国经理最"独裁"，意大利经理最"无法无天"，德国经理最爱"意气用事"，英国经理最不能"安于位"。各国经理的习性和处事法的不同，最有可能是因为（　　　）。

A. 各国的天气不同　　　　　　　　B. 各国的教育体制不同

C. 各国的文化传统不同　　　　　　D. 各国的经济发展不同

5. 为了激发员工内在的积极性，一项工作最好授予（　　　）。

A. 能力远远高于任务要求的人　　　B. 能力略低于任务要求的人

C. 能力略高于任务要求的人　　　　D. 能力远远低于要求的人

二、简答题

1. 协调的方式有哪些？

2. 激励的技巧有哪些？

3. 沟通技巧有哪些？

4. 权力来源有哪些？

5. 口头指挥应注意的事项有哪些？

项目八　控　制

项目介绍

　　控制是管理工作中一项重要的管理职能。在管理工作中，为了按照拟订的计划实现既定的目标，就必须建立相应的控制机制。没有有效的控制，实际管理工作就有可能偏离计划，组织目标就有可能无法实现。

学习目标

　　(1) 了解控制的含义、类型，掌握控制的内容、作用。
　　(2) 掌握有效控制的要领。
　　(3) 熟悉控制的过程。
　　(4) 掌握控制的三种方法。

技能目标

　　(1) 具有有效控制的能力。
　　(2) 能够进行管理控制过程的分析。
　　(3) 能够灵活应用控制的方法。

案例引入

哈勃望远镜

　　经过长达 15 年的精心准备，耗资 15 亿美元的哈勃太空望远镜最终于 1990 年 4 月发射升空。但是，美国国家航天局 (NASA) 发现望远镜的主镜片仍然存在缺陷。由于直径达

94.5 英寸（1 英寸 = 2.54 厘米）的主镜片的中心过于平坦，导致成像模糊。因此望远镜对遥远的星体无法像预期那样清晰地聚焦，结果造成一半以上的实验和许多观察项目无法进行。

更让人觉得可惜的是，如果有更细心的控制，这些问题是完全可以避免的。镜片的生产商珀金斯—埃默公司，使用了一个有缺陷的光学模板来生产如此精密的镜片。具体原因是，在镜片生产过程中，进行检验的一种反射校正装置没设置好。校正装置上的 1.3 毫米的误差导致镜片研磨、抛光成了误差形状，但是没有人发现这个错误。具有讽刺意味的是，与其他许多 NASA 项目不同的是，这一项目并没有时间上的压力，而是有足够充分的时间来发现望远镜上的错误。实际上，镜片的粗磨在 1978 年就开始了，直到 1981 年才抛光完毕。此后，由于"挑战者号"航天飞机的失事，完工后望远镜又在地上待了两年。

美国国家航天局（NASA）中负责哈勃项目的官员，对望远镜制造中的细节根本不关心。事后，航天管理局中一个 6 人组成的调查委员会的负责人说："至少有三次明显的证据说明问题的存在，但这三次机会都失去了"。

任务一　控制职能概述

📋 **任务描述**

什么是控制？

📋 **任务分析**

本任务要求学生了解控制的含义，掌握控制的类型，分析企业在管理过程中采用哪种类型的控制比较合适。

📋 **相关知识**

一、控制的含义

控制就是按照计划标准来衡量所取得的成果并纠正所发生的偏差，以确保计划目标实现的活动或过程。

【视频】控制

企业在生产经营活动中，由于受外部环境和内部条件变化的影响，实际执行结果与预期目标不完全一致的情况时常发生。对管理者来讲，重要的问题不是工作有无偏差，或者是否可能出现偏差，而是能否预见到潜在的偏差或及时发现已出现的偏差，采取措施予以预防或纠正，以确保组织的各项活动正常进行，使组织预定的目标顺利实现。这就是管理控制职能，它是管理的一项基本职能，所有的管理者都应当承担控制的职责。

从广义上来讲，控制与计划相对应，是指除计划以外的所有保证计划实现的管理行为，包括组织、领导、监督、测量和调节等一系列环节；从狭义上来讲，控制是指继计划、组织、领导职能之后，按照计划标准衡量计划完成情况和纠正偏差，以确保计划目标实现的一系列活动。

二、控制的类型

1. 根据控制在管理过程中的时间点分类

根据控制在管理过程中的时间点，可以将控制分为事前控制（预先控制）、事中控制（同期控制）和事后控制。

（1）事前控制。事前控制也称预先控制或前馈控制，是一种在工作开始之前进行的控制，其特点是能在偏差发生之前就告知管理者，使其一开始就采取各种预先防范措施，预防或尽可能地减少偏差，从而把偏差带来的损失降到最低限度。预先控制的目的是在工作开始之前就将问题的隐患排除掉，做到"防患于未然"。

（2）事中控制。事中控制也称同期控制、同步控制或现时控制，是一种在工作进行时同步进行的控制，其特点是在工作进行过程中，一旦发生偏差，马上予以纠正。事中控制的目的是及时纠正工作中发生的偏差，改进本次而非下次工作活动的质量。事中控制是一种主要为基层管理人员所采用的控制方法。

（3）事后控制。事后控制也称反馈控制，是一种在工作结束之后进行的控制。事后控制的特点是把注意力集中在工作的结果上，通过对前一阶段工作的总结，对比标准进行测量、比较、分析和评价，发现存在的问题，并以此作为下一次工作改进的依据。

管理故事

扁鹊三兄弟

魏文王问名医扁鹊说："你们家兄弟三人，都精于医术，到底哪一位医术最好呢？"扁鹊回答说："大哥最好，二哥次之，我最差。"

文王再问："那么为什么你最出名呢？"

扁鹊答说："我大哥治病，是治病于病情发作之前。由于一般人不知道他事先能铲除病因，所以他的名气无法传出去，只有我们家里的人才知道。我二哥治病，是治病于病情刚刚发作之时。一般人以为他只能治轻微的小病，所以他只在我们的村子里才小有名气。而我扁鹊治病，是治病于病情严重之时。一般人看见的都是我在经脉上穿针管来放血、在皮肤上敷药等大手术，所以他们以为我的医术最高明，因此名气响遍全国。"

文王连连点头称道："你说得好极了。"

管理启示：事后控制不如事中控制，事中控制不如事前控制，可惜大多数的事业经营者均未能体会到这一点，等到错误的决策造成了重大的损失才寻求弥补。弥补得好，当然是声名鹊起，但更多的时候是亡羊补牢，为时已晚。对企业高级领导来说，最重要的才能莫过于能作出正确的判断，而这种特殊才能将是计算机永远无法取代的。

2. 根据控制的结构分类

根据控制的结构，可以将控制分为分散控制和集中控制。

（1）分散控制。分散控制是指由若干分散的控制机构来共同完成组织的总目标。在这种控制方式中，各种决策及控制指令通常是由各局部控制机构分散发出的，各局部控制机构主要是根据自己的实际情况，按照局部最优的原则对各部门进行控制。分散控制适用于结构复杂、功能分工较细的组织。

（2）集中控制。集中控制是指由一个集中控制机构对整个组织进行控制。在这种控制方式中，各种信息都将集中传送到集中控制机构，由集中控制机构进行统一加工处理。在此基础上，集中控制机构根据整个组织的状态和控制目标，直接发出控制指令，控制和操纵所有部门和成员的活动。集中控制方式比较简单，指标控制统一，便于整体协调。集中控制缺乏灵活性和适应性，机构的变革和创新会很困难。

3. 根据整个组织控制活动的来源分类

根据整个组织控制活动的来源，可以将控制分成正式组织控制、群体控制和自我控制三种类型。

（1）正式组织控制。正式组织控制是由管理人员设计和建立起来的一些机构或人员来进行控制，组织可以通过规划指导成员的活动，通过审计监督来检查各部门或各个成员是否按规定进行活动，并提出具体更正措施和建议意见。

（2）群体控制。群体控制是指基于群体成员的价值观念和行为准则进行控制，是由非正式组织自发发展起来和维持的。群体控制可能有利于达成组织目标，也可能给组织带来危害，所以，要对其加以正确引导。

（3）自我控制。自我控制即个人有意识地按某一行为规范进行活动。这种控制的成本低、效果好。自我控制要求上级给下级充分的信任和授权，还要把个人活动与报酬、提升和奖励联系起来。

4. 根据组织控制所使用的手段分类

根据组织控制所使用的手段，可以将控制分为直接控制和间接控制。

（1）直接控制。直接控制是主要通过行政命令的手段对被控制对象直接进行控制的形式。实现直接控制的关键是对施控人员的精心选择和有针对性地进行培养。

（2）间接控制。间接控制是不对运行过程直接干预，而是通过间接手段来引导和影响运行过程，从而达到控制目的的一种控制形式。

三、控制的内容

1. 控制的目的

（1）限制偏差的积累，确保计划的实施。这是控制工作的基本目的。小错误不会立即给组织带来严重的损害，但时间长了，差错积少成多，最终会变得非常严重。在组织运营的过程中，需要随时将计划的执行结果与标准进行比较，如果发现执行与计划有偏差，就需要采取必要的措施予以纠正。当然，偏差是很难完全避免的，关键是要有一套严格控制的方法，及时获取信息，以防止偏差的集聚，危害组织安全。

（2）适应环境的变化，调整计划的准确性。在某些条件下，变化着的内外部环境会对组织提出新的要求。当管理者对现状不满，如竞争对手可能会推出新产品和新的服务项目，新材料和新技术可能会出现，政府可能会制定新的法规或对原有政策进行修正，员工对计划无法理解并有效执行时，就需要进行变革、创新。原定的计划需要根据新的目标和管理控制目标加以调整，使之更加合理、有效。

2. 控制的特点

（1）控制具有整体性。这包含两层含义：一是管理控制是组织全体成员的职责，完成计划是组织全体成员共同的责任；二是控制的对象是组织的各个方面。

（2）控制具有动态性。管理控制应具有动态的特征，指的是随着组织内部环境不断地发生变化，控制标准和方法不可能固定不变。

（3）控制具有管理性。管理控制是保证工作按计划进行并实现组织目标的管理活动，而组织中的各项工作要靠人完成，各项控制活动也要靠人去执行。管理控制首先是对人的控制。管理控制的这种特点使管理控制工作具有明显的人为因素干扰。这种干扰可能是正面的，如人们的责任心有助于增强控制效果；也可能是负面的，如担心受处罚的心理会影响偏差信息的收集。如何降低人为因素所产生的负面影响，是管理控制工作中的一大难题。

管理故事

安全事故发生以后

桂林机务段是隶属于铁道部柳州铁路局的一个基层单位，拥有职工 1 300 人，担负着柳州—永州区段的列车牵引任务。该段有两大主要车间：运用车间和检修车间。运用车间负责 76 台内燃机车的牵引任务，共有正副司机 700 多人。检修车间负责全段机车的检修任务，共有职工 200 多人。

段长张广明毕业于上海交通大学，在该段工作近 30 年。2004 年 11 月 3 日，全段实现了安全运输生产 8 周年，其成绩在全局名列前茅。因此，段长召开了全段庆功大会，并请来了局里的主要领导。可是会开到一半，机务处打电话给局长：桂林机务段司机由于违反运输规章，造成冒进信号的险性事故。庆功会被迫停开，局长也阴沉着脸离开会场。

其实段长早感觉到存在许多安全隐患，只是由于该段安全天数较高，因此存在麻痹思想。他连夜打电话通知各部门主任，查找本部门的安全隐患，第二天召开全段中层干部会议，要求各主任会上发言。

第二天，会议在严肃的气氛中召开。

段长首先发言："这次发生险性事故主要责任在我，本人要求免去当月的工资和奖金，其他段级领导每人扣 400 元，中层干部每人扣 200 元。另外，我宣布原主管安全的副段长现分管后勤，他的职务暂时由我担任。"

随后，各段长进行发言。

运用车间主任说："这次事故虽然主要是由于司机严重违反规章操纵所致。其实车间一直努力制止这种有章不循的现象，但效果一直不明显。主要问题是：①司机一旦出车，将会离开本单位，这样车间对司机的监控能力就会下降；司机能否完全按章操纵，基本上依靠其自觉程度，而司机的素质目前还没有达到这种要求。②车间共有管理干部和技术干部 20 多名，我们也经常要求干部到现场，但由于司机人数较多，并且机车的利用率很高，因此对司机的监控具有很大的随意性和盲目性。③干部中'好人现象'严重。干部上车跟乘时，即使发现司机有违章操纵行为，也会替其隐瞒，使司机免于处罚。"

检修车间主任说："这次事故虽然不是由于机车质量造成的，但是检修车间还是存在很多安全隐患。首先，职工队伍不稳定，业务骨干时有跳槽。因为铁路局是按照机修车间定员 160 人发工资，而检修车间现员 230 人左右，超员近 70 人，这样摊到我们头上的工资就很少了，这是职工不稳定的主要原因。"

检修主任继续说："火车提速后，对机车的质量要求更高，而我段的机车检修水平目前还达不到这种要求。第一，机车的检修作业标准较为过时，缺乏合理性、实用性、可控性，工人按此标准检修，劳动效率不高，而且漏检漏修现象时有发生。第二，车间的技术人员多是刚毕业的大学生，虽然有理论知识基础，但解决实际技术问题的能力不强。第三，对发生率较高的机车故障难题一直没有解决好。"

教育主任说："这次事故反映了我段职工素质不高。目前，我段的职工培训工作开展不是很顺利，各车间都以生产任务繁重为由不肯放人脱产学习。因此，每年的职工脱产学习计划很难实现。另外，每年一次的职工业务考试没有起到真正督促职工学习的作用。考试结束后只是将成绩公布，对职工考试成绩并不进行分析。"

人事主任说："这次事故从某种意义上说是由于司机疲劳所致，因为现在的司机经常请假，造成当班司机人手不够。因此司机连续工作，休息时间不能得到保证。司机经常请假的原因是由于吃大锅饭造成的，干多干少一个样。"

段长说："几位主任讲得都很好，将我段管理上存在的一些弊病都找出来了，会后各有关部门要针对这些弊病迅速制订整改措施。我相信，只要我们共同努力，工作的被动局面会很快扭转的"。

管理启示：控制三要素包括控制标准、偏差信息和纠偏措施。为防止事故的发生，一般要做好事前控制，而事前控制应以制定的标准为依据，如果标准仅仅变成了一种形式，那么结果可能会导致事故发生或者是存在诸多事故隐患。而一旦发生事故，尽管比较被动，但仍应该采取必要的纠正措施，以防止产生更大的负面影响和杜绝新事故的发生。

四、控制的作用

1. 控制是保证组织目标、计划顺利实现的重要手段

组织的目标和计划，是对组织未来一定时期内的努力方向和行动步骤的描述，而现代组织面临的环境通常是复杂多变的，为了使目标、计划适应变化了的环境，保证组织目标、计划更好地实现，组织就必须通过控制来及时了解环境变化的程度和原因，从而对原定计划和目标采取有效的调整和修正措施。

2. 控制是协调组织内部关系、保证每项具体工作顺利进行的重要工具

随着组织规模的日益庞大，活动内容日益复杂，每一个组织要实现自身目标，都要从事一系列艰巨、复杂的工作，涉及各个部门。因此，组织不仅要制定明确的目标并进行目标分解，而且在实施过程中还要进行大量的组织协调工作。为了避免本位主义，使各部门活动紧密围绕组织目标，保证每一项具体活动或工作顺利进行，组织就必须对各部门及其活动进行控制。

3. 控制是组织发现错误、纠正错误的有效工具

任何组织在其发展过程中，都不可避免地会犯一些错，控制是对实际活动的反馈。通过控制，管理者可以及时发现失误；通过对产生偏差的原因进行分析，管理者可以明确问题所在，从而采取措施纠正偏差。因此，控制是改进工作、推动工作不断前进的有效工具。

控制贯穿于管理的各个方面，与其他管理职能之间存在着密切关系。计划、组织、领导职能是控制的基础，控制要以计划为依据，有组织、有领导地进行；反过来，控制是计划、组织、领导有效进行的必要保证，离开了适当的控制，计划、组织、领导就可能流于形式，得不到实效。

任务实施

1. 任务讨论

讨论控制系统。

2. 任务执行

学生收集某公司的控制系统资料。

（1）先以小组为单位讨论控制系统，然后以班级为单位进行讨论。

（2）在班级讨论的基础上，每名学生针对讨论内容，写出书面分析报告，上交教师。

3. 总结评价

教师根据学生的讨论情况和书面分析报告进行考核与评价，综合得出每位学生的分数。

任务二 有效控制

任务描述

有效控制应从哪些方面把握？

任务分析

本任务要求学生掌握有效控制的各个方面，分析企业有效控制的成果。

相关知识

一、适时控制

面对企业经营活动中产生的偏差，只有及时采取措施加以纠正，才能避免偏差的扩大，或防止偏差对企业产生的不利影响扩散。及时纠偏，要求管理人员及时掌握能够反映偏差产生及其严重程度的信息。如果等到偏差已经非常明显，且对企业造成了不可挽回的影响后，反映偏差的信息才得到收集，那么，即使这种信息是非常系统、绝对客观、完全正确的，也不可能对纠正偏差带来任何指导作用。纠正偏差最理想的方法应该是在偏差产生以前，就注意到偏差产生的可能性，从而预先采取必要的防范措施，防止偏差的产生。预测偏差的产生虽然在实践中有许多困难，但在理论上是可行的，即可通过建立企业经营状况的预警系统来实现。人们可以为需要控制的对象建立一条警戒线，反映经营状况的数据一旦超过这个警报线，预警系统就会发出警报，提醒人们采取必要的措施，防止偏差的产生和扩大。但是在由于某种组织无法抗拒的力量导致必定发生偏差时，就要求这一控制能够指导企业预先采取措施，消除或者遏制偏差产生后可能对企业造成的不利影响。

二、适度控制

适度控制就是指控制的范围、频度和程度要恰到好处。组织在进行控制时恰到好处，主要表现在以下三个方面。

1. 杜绝控制过多或控制不足

控制过多往往会使控制者与被控制者产生冲突，使被控制者内心不愉快。但如果因噎废食导致控制不足，则有可能导致组织活动的混乱。为防止个人因利己主义而无视组织的要求，最终导致组织的涣散和崩溃，应该在防止组织成员间发生激烈冲突的基础上，对组织活动进行监督和检查。

控制程度是否得当受很多因素的影响，如组织活动性质、管理层次、下属受培训程度、组织内外部环境等。一般来说，对科研机构的控制程度小于生产劳动部门；对科室人员工作的控制少于现场的生产作业；对经过严格训练、能力较强的管理人员的控制要低于缺乏训练的新任管理人员；市场疲软时期的控制要严于经济繁荣时期。

2. 注意重点控制与一般控制的关系

任何组织都无法做到对每个部门、每一环节的每位员工每一时刻的工作情况进行全面控制。由于组织中有若干个层次，上一个层次可以控制下一个层次。如果进行全面控制，很可能出现实施控制的人员多于被控制的人员，从而导致资源的浪费和管理的无效。然而在组织活动中，并不是每一环节的活动对组织都具有同等影响力，不同环节的偏差也不会给组织带来相同程度的损害，所以，组织可以利用技术手段找出影响组织的关键环节和因素，分离出重要的环节和作业、一般的环节和作业，以及不重要的环节和作业，并建立预警系统，对重要的环节和作业进行重点控制，对一般的环节和作业进行一般控制，对不重要的环节和作业进行简单控制。

3. 遵守控制成本与收益合理的原则

任何控制都需要耗费一定的成本。组织衡量工作业绩、收集信息、分析偏差产生的原因，以及纠偏而采取的措施都需要支付一定的费用。同时，通过控制偏差，组织能够优化管理活动，提高工作效率，也会产生一定的收益。只有当组织因控制带来的收益高于付出的成本时，才是经济的。由于在实践过程中的不确定因素较多，很难测定控制的收益与费用之比为多少才是合理的，但一般来说，过多的控制不一定能带来较高的收益。

三、客观控制

组织的控制工作是针对企业的实际情况采取的纠偏措施，因此，控制必须是符合客观实际的。客观性主要来源于对组织经营状况的客观了解和评价。所以，要使组织控制过程客观，一方面，必须建立客观的计量体制，制定客观的衡量标准，采取适当的检查、测量技术手段，准确地反映组织时空上的变化程度与分布状况，并定期检查过去的标准和计量范围，从而做出客观、准确的评价。另一方面，管理人员要慎重对待、仔细分析组织活动的信息。数字是否客观，关键要分析其隐含的内在含义。产品产量的大幅提高有可能是牺牲了产品的品质，产品销量增加的背后可能是过于宽泛的信用政策或者是在产品功效方面做了不切实际的保证等。

数亿元贷款无法收回

2006年3月28日，某银行原党委书记、董事长因涉嫌违法放贷，被公安局刑事拘留。同案另有三人被拘，均来自该银行，他们分别是原行长助理、审贷会主任，人力资源部副总经理，以及总行公司业务部职员。

这笔15亿元的贷款为期三年，于2003年7月至8月，分别由天津、海口、北京三家分行完成出账，分别贷给某网络公司和某国企及下属五家企业，申报用途分别为建设全国性的连锁网吧及"农村科技信息体系暨农村妇女信息服务体系"。

事实上，这笔资金很快就被挪用到其他项目上。事后证明，共有7亿到8亿元最终用到了其他项目，其余资金去向不明。案发后，已计提高达4亿元的拨备。

2004年年底，该银行外资股东"新桥"入股后，新管理层在检查资产质量的过程中，发现这几笔贷款有发放不合内部管理程序和借款人违规使用贷款的嫌疑，于2004年11月向公安机关报案，并获立案。

管理启示：

（1）现在银行的各种内控制度多如牛毛，"土制度"和"洋制度"样样俱全，已经建立了内外结合、纵横到底到边的监督机制，审计、稽核队伍和人员是历史上最多、最庞大的。内部有稽核部门的检查、监事会的检查，外部有银监会、人民银行、审计部门的检查等，可以说一年四季检查不断。但是要反思的是，这些制度是否都得到了有效的执行。

（2）事后惩罚过轻，使得银行内部人员作案和内外勾结作案成为一种成本很低而收益极高的行为。

（3）我们引进的不仅应有外资，还应有先进的银行风险管理经验，以及滴水不漏的银行人与物的金融监管体系。

四、弹性控制

企业在生产经营过程中，经常可能遇到某种突发的、无法抗拒的变化，这些变化使企业计划与现实条件严重背离。有效的控制系统在这样的情况下仍能发挥作用，维持企业的运营，也就是说，控制系统应该具有灵活性或弹性。

弹性控制通常与控制的标准有关。例如，预算控制通常规定了企业各经营单位的主管人员在既定规模下用于购买原材料或生产设备的经营额度。这个额度如果规定得过于绝对化，那么一旦实际产量或销售量与预测数之间有差异，预算控制就可能失去意义。经营规模扩大，会使经营单位感到经费不足；而销售量低于预测水平，则可能使经费过于宽绰，甚至造成浪费。有效的预算控制应能反映经营规模的变化，应该考虑企业未来的经营可能出现的变化，从而为表示不同的经营规模参数值规定不同的经营额度，使预算在一定范围内可以变化。

弹性控制有时也与控制系统的设计有关。通常，组织的目标并不是单一的，而是多重目标的组合。由于控制系统的存在，人们为了避免受到指责或是为了使业绩看起来不错，会故意采取一些行动，从而直接影响一个特定控制阶段内信息系统所产生的数据。例如，如果控制系统仅仅以产量作为衡量依据，员工就会忽略质量；如果衡量的是财务指标，员工就不会在生产指标上花费更多时间。因此，采取多重标准可以防止工作中出现做表面文章的现象，同时，也能够更加准确地衡量实际工作和反映组织目标。

一般地说，弹性控制要求企业制订弹性的计划和弹性的衡量标准。

除此之外，一个有效的控制系统还应该站在战略的高度，抓住影响整个企业行为或绩效的关键因素。有效的控制系统往往集中精力于例外发生的事情，即例外管理原则。凡已出现的事情，皆可按规定的控制程序处理，第一次发生的事例，需投入较大的精力。

任务实施

1. 任务讨论

讨论有效控制。

2. 任务执行

（1）以小组为单位，为所在班级拟订一个目标管理方案，必须充分体现目标管理适度适时、客观和弹性控制的特点。

（2）班级组织一次交流，介绍、分析与评价各小组的目标管理方案。

应进行必要的调查研究，正确地确定目标项目与标准，要具有可操作性。

3. 总结评价

（1）根据方案的完整性、规范性、实用性等进行评分。

（2）由部分学生对交流学生的方案进行评估。

（3）教师进行最后点评，确定成绩。

任务三　控制过程

任务描述

控制的过程包括哪些工作？

任务分析

本任务要求控制的过程包括三个基本环节，即确定标准、衡量工作绩效、纠正偏差。学生掌握控制的过程，学会分析企业控制管理的过程。

相关知识

一、确定标准

标准是人们检查和衡量工作及其结果（包括阶段结果与最终结果）的规范。制定标准是控制进行的基础，没有一套完整的标准，衡量绩效或纠正偏差就失去了客观依据。

1. 确定控制对象

标准的具体内容涉及需要控制的对象，经营活动的成果是需要控制的重点对象。控制工作的最初动机就是促进企业有效地取得预期的活动结果，因此，要分析企业的预期结果。这种分析可以从盈利性、市场占有率等多个角度进行。确定了企业活动需要的结果类型后，要对它们加以明确的、尽可能定量的描述，也就是说，要明确需要的结果在正常情况下希望达到的状况和水平。

如果要保证企业取得预期的结果，就必须在结果最终形成前进行控制，纠正与预期成果的要求不相符的活动。因此，需要分析影响企业经营结果的各种因素，并把它们列为需要控制的对象。一般来说，影响企业在一定时期经营成果的主要因素有以下几个方面。

（1）关于环境特点及其发展趋势的假设。企业在特定时期的经营活动是根据决策者对经营环境的认识和预测制订计划和安排。如果预期的市场环境没有出现，或者企业外部发生了某种无法预料的变化，那么原来计划的活动就可能无法继续进行，从而难以为组织带来预期的结果。因此，应将制订计划时所依据的对经营环境的认识作为控制对象，列出"正常环境"的具体标志或标准。

（2）资源投入。企业经营成果是通过对一定资源的加工转换得到的，没有或缺乏这些资源，企业经营就会成为无源之水、无本之木。投入的资源不仅会在数量和质量上影响经营活动按期、按量、按要求进行，从而影响最终的物质产品，而且其费用会影响生产成本，从而影响经营的盈利程度。因此，企业必须对资源投入进行控制，使之在数量、质量及价格等方面符合预期经营成果的要求。

（3）组织的活动。输入生产经营中的各种资源不可能自然形成产品，企业经营成果是通过全体员工在不同时间和空间上利用一定技术和设备对不同资源进行不同内容的加工劳动才最终得到的。企业员工的工作质量和数量是决定经营成果的重要因素，因此，必须使企业员工的活动符合计划和预期结果的要求。为此，必须建立员工的工作规范、各部门和员工在各个时期的阶段成果标准，以便对他们的活动进行控制。

2. 选择控制重点

企业无力也没有必要对所有成员的所有活动进行控制，只能在影响经营成果的众多因素中选择若干关键环节作为重点控制对象。

3. 制定标准的方法

控制的对象不同，建立标准的方法也不一样。一般来说，企业建立标准的方法有以下三种。

（1）统计性标准。统计性标准也叫历史性标准，是以分析反映企业经营在历史上各个时期的数据为基础为未来活动建立的标准。这些数据可能来自本企业的历史统计，也可能来自其他企业的经验。据此建立的标准，可能是历史数据的平均数，也可能是高于或低于平均数的某个数。

利用本企业的历史性统计资料为某项工作确定标准，具有简便易行的好处。但是，据此制定的工作标准可能低于同行业的卓越水平，甚至低于平均水平。在这种条件下，即使企业的各项工作都达到了标准的要求，也可能造成劳动生产率相对低下，制造成本相对高昂，从而导致成果劣于竞争对手、竞争能力弱于竞争对手。为了克服这种局限性，在根据历史性统计数据制定未来工作标准时，应充分考虑行业的平均水平，并研究竞争企业的经验。

（2）根据评估建立标准。实际上，并不是所有工作的质量和成果都能用统计数据来表示，也不是所有的企业活动都保存着历史统计数据。对于新从事的工作，或统计资料缺乏的工作，可以根据管理人员的经验、判断和评估来建立标准。利用这种方法来建立工作标准时，要注意利用各方面管理人员的知识和经验，综合大家的判断，给出一个相对先进、合理的标准。

（3）工程标准。严格地说，工程标准也是一种用统计方法制定的控制标准，不过它不是对历史性统计资料的分析，而是通过对工作情况进行客观的定量分析来进行的。例如，机器的产出标准是其设计者计算的正常情况下的最大产出量；工人操作标准是劳动研究人员在对构成作业的各项动作和要素进行客观描述与分析的基础上，经过消除、改进和合并而确定的标准作业方法；劳动时间定额是利用秒表测定的受过训练的普通工人以正常速度按照标准操作方法，对产品或零部件进行某个（些）工序的加工所需的平均必要时间。

管理故事

小和尚应该如何撞钟？

有一个小和尚担任撞钟一职，半年下来，觉得无聊至极，"做一天和尚撞一天钟"而已。有一天，住持宣布调他到后院劈柴挑水，原因是他不能胜任撞钟一职。小和尚很不服气地问："我撞的钟难道不准时、不响亮？"老住持耐心地告诉他："你撞的钟虽然很准时也很响亮，但钟声空泛、疲软，没有感召力。钟声是要唤醒沉迷的众生，因此，撞出的钟声不仅要洪亮，而且要圆润、浑厚、深沉、悠远。"

本故事中的住持犯了一个常识性管理错误，小和尚撞的钟不符合要求，是由于住持没有提前公布撞钟标准。如果小和尚进入寺院的当天就明白撞钟的标准和重要性，他也不会被调离。

管理启示：工作标准是员工的行为指南和考核依据。缺乏工作标准，往往会导致员工的努力方向与公司整体发展方向不统一，从而造成大量的人力和物力资源浪费。因为缺乏参照，时间久了，员工容易形成自满情绪，导致工作懈怠。工作标准的制定应尽量做到数字化，要与考核联系起来，注意可操作性。

二、衡量工作绩效

控制活动应时刻关注工作的进度，及时发现偏离计划的信息，以便迅速采取纠正措施。在衡量绩效的过程中，必须慎重考虑以下问题。

1. 确定衡量的主体、客体和方法

（1）衡量的主体。组织的结构是复杂的，控制的过程是分层次的。上一层次的管理人员可以控制下一层次的管理人员和员工。所以，衡量绩效的主体可以是员工个人，即对自我的控制，也可以是同一层级的其他人员，又可以是上级管理人员。衡量的主体不同，表现的形式也不同。自我控制是调动自身积极性、主动性的控制；同一级的其他人员的控制是一种带有指导性的监督控制；而上级管理人员的控制则是一种强加的、非自主的控制。不同的控制主体，其控制方法和控制效果不同。

（2）衡量的客体。衡量的客体是衡量绩效工作的前提，是管理者落实实际衡量工作的起点。管理者要衡量什么环节的哪一项工作取决于其重要程度，但人们往往偏重易于衡量的项目，而忽视不易衡量的项目，使得控制过程出现管理偏差，所以，衡量客体的选择要客观。

（3）衡量的方法。衡量绩效的方法有多种，需要管理者具体问题具体分析，并适时综合使用。具体方法如下。

1）观察。观察是管理者亲自到工作现场实际观察或与工作人员现场交谈，从中了解工作进展情况和存在的问题。

2）报表和报告。报表和报告是工作结束后形成的书面资料，其内容较全面地反映了组织的发展状况，但其描述的是过去一年或一段时期的工作成果，时间上具有滞后性。这种方法是目前最常用的一种方法。

3）抽样。抽样是从所有的调查对象中选取部分能描述总体特征的对象作为样本，通过样本反映的情况来推断所有调查对象的状况。

4）会议讨论。会议讨论是让各个部门的管理人员口头或书面汇报各自的工作情况和遇到的问题，以便不同部门间能够相互理解，相互协调，加强沟通，共同协作。

5）非正式的口头汇报。非正式的口头汇报往往是一对一进行的，如电话交谈、个别谈话等。该方法能简单快捷地沟通工作中存在的问题，但很难保留传递出的信息。

2. 确定考核的频度

确定恰当的考核频度是指确定间隔多长时间衡量一次实际工作的绩效。该频度不仅体现在控制对象的数量上，也体现在同一标准控制的次数上。控制过多，考核的频度过快，不仅会增加组织的控制费用，同时也可能使工作人员产生抵触情绪，影响生产经营；控制过少，衡量频度过慢，虽然组织检查的费用降低，但不足以及时发现偏差，可能给组织带来损失。

组织采取什么样的频度，取决于被控制对象的性质及其要求，如新产品开发的控制常常以月为单位进行，而产品质量的控制则以小时或日为单位进行。

3. 建立信息反馈系统

组织活动的控制工作由负有控制责任的管理人员监督执行。管理人员只有及时掌握实际工作与预期工作绩效之间的偏差，才能迅速采取有力措施，最大限度地避免组织的损失。由于工作的复杂性，控制工作的开展有时候需要借助专职检测人员来协助完成，并且需要建立一个有序的偏差信息传递系统，以保证有效的信息反馈。因此，建立信息反馈系统，实时将反映实际状况的信息传递给相关管理人员，使之能与预定标准进行比较，找出产生差异的原因，及时解决问题。该系统不仅可以把信息传递给上级管理人员，也可以传递给被控制的下级员工，使之能够自我检查，及时改正。

4. 检验标准

组织各环节的工作绩效以预定的标准为依据进行衡量。如果实际工作与标准之间存在偏差，那么可能由两种情况导致：第一种是组织实际工作没有严格按照计划进行；第二种是标准本身不合理。如果是第一种情况导致的，就应及时采取纠偏措施，尽量减少组织的损失。如果是第二种情况导致的，就需要修正和更新标准，以免误导组织的工作。因此，检验标准的有效性与客观性是进行绩效评价的重要环节。

5. 差异分析

将组织的实际工作与标准进行比较，如果无差异则按计划继续进行；如果存在偏差就要进行差异分析，找出产生偏差的原因，从而确定纠偏措施的实施对象。

（1）分析产生偏差的主要原因。实际工作与标准产生偏差的具体原因不同，偏差的种类也不同。有的偏差可能是由计划不合理或者执行过程中某些因素造成的，有的则是由偶然的、暂时的、局部性的因素引起的。在实际工作中，并非所有的偏差都会影响组织的最终成果，所以需要对产生偏差的原因进行分析，评价组织工作的效果。

在分析偏差的原因时，既要分析内部的具体工作状况，也要检查外部的工作环境，分析偏差的程度和对组织的影响，找出产生偏差的本质原因。并且在分析时也要注意正偏差产生的原因，因为正偏差的产生有可能是某些特殊事件作用的结果，不能忽视隐藏在背后的负面因素。

（2）确定纠偏措施的实施对象。组织偏差的产生原因可能是没有按计划进行，也可能是标准不科学。

由于标准是根据计划制定的，因此，组织纠偏的实施对象有可能是组织活动中的某一环节或某种行为，也可能是衡量组织工作的标准，甚至是指导组织活动的计划。

计划或者标准需要纠正的原因有两个：一是制订的标准或计划不合理；二是标准或计划本身没有问题，但客观环境发生了改变或遇到了不可控因素，造成了偏差。找出具体原因才能对计划或标准进行修正。

📖 **知识链接**

关键绩效指标法

关键绩效指标（Key Performance Indicator，KPI）是通过对组织内部流程的输入端、输出端的关键参数进行设置、取样、计算、分析，衡量流程绩效的一种目标式量化管理指标，是把企业的战略目标分解为可操作的工作目标的工具，是企业绩效管理的基础。KPI可以使部门主管明确部门的主要责任，并以此为基础，明确部门人员的业绩衡量指标。建立明确的、切实可行的KPI体系，是做好绩效管理的关键。KPI是用于衡量工作人员工作绩效表现的量化指标，是绩效计划的重要组成部分。

特点：KPI是对公司战略目标的分解、对绩效可控部分的衡量、对重点经营活动的衡量，而不是对所有操作过程的反映。KPI是组织上下认同的考核指标。

用途：①根据组织的发展规划或目标计划来确定部门或个人的业绩指标。②监测与业绩目标有关的运作过程。③及时发现潜在的问题，发现需要改进的领域，并反馈给相应部门或个人。④KPI可作为绩效评价的基础和依据。

效果：①把部门和个人的目标与公司整体的目标联系起来。②对于管理者而言，阶段性地对部门或个人的KPI进行评价和控制，可引导其朝正确的目标发展。③集中测量公司所需要的行为。④定量和定性地对直接创造利润和间接创造利润的贡献者做出评估。

三、纠正偏差

利用科学的方法，根据客观的标准，通过对工作绩效的衡量，企业可以发现计划执行中出现的偏差。纠正偏差就是在此基础上，分析偏差产生的原因，采取必要的纠正措施。这项工作使控制过程得以落实，并将控制与管理的其他职能联系起来；通过纠偏，使组织计划得以落实，使组织机构和人事安排得到调整，使领导活动更加完善。为了保证纠偏措施的针对性和有效性，企业在制订和实施纠偏措施的过程中需注意以下问题。

1. 找出偏差产生的主要原因

并非所有的偏差都可能影响企业的最终成果。有些偏差可能反映了计划制订和执行工作中的严重问题，而另一些偏差则可能是由一些偶然的、暂时的、局部性的因素引起的，不一定会对组织活动的最终结果产生重要影响。因此，在采取纠正措施以前，必须首先对反映偏差的信息进行评估和分析。首先，要判断偏差的严重程度，判断其是否对组织活动的效率构成威胁，是否值得去分析原因，采取纠正措施；其次，要探寻产生偏差的主要原因。

纠正措施的制订以对偏差原因的分析为依据。同一偏差可能由不同的原因造成。例如，销售利润下降既可能是因为销售量降低，也可能是因为生产成本提高。前者既可能是因为市场上出现了新技术或更加先进的新产品，也可能是由于竞争对手采取了某种竞争策略，或是企业产品质量下降；后者既可能是因为原材料、劳动力消耗和占用数量增加，也可能是由于购买价格提高。不同的原因要求采取不同的纠正措施。因此，要通过评估反映偏差的信息，分析影响因素，透过表面现象找出造成偏差的深层原因，在众多的深层原因中找出最主要者，为纠偏措施的制订指明方向。

2. 选择适合的纠偏措施

针对产生偏差的主要原因，需要制订改进工作或调整计划与标准的纠正方案。在纠偏措施的选择和实施过程中要注意以下几个方面。

（1）使纠偏方案双重优化。在实施对象上可以纠正偏差，对同一对象的纠偏也可采取多种不同的措施。是否采取措施，要视采取措施纠偏带来的效果是否大于不纠偏的损失而定。如果纠偏行动的费用超过偏差带来的损失，最好的方案也许是不采取任何行动。这是纠偏方案选择过程中的第一重优化。第二重优化是在此基础上，通过对各种经济可行方案的比较，找出其中追加投入最少、解决偏差效果最好的方案。

（2）充分考虑原先计划实施的影响。由于对客观环境认识能力提高，或者由于客观环境本身发生了重大变化而引起纠偏的需要，可能导致对原先计划与决策的局部甚至全局的否定，从而要求对企业活动的方向和内容进行重大调整。这种调整有时被称为"追踪决策"，即"当原有决策的实施表明将危及决策目标的实现时，对目标或决策方案所进行的一种根本性修正"。

追踪决策是相对于初始决策而言的。初始决策是所选定的方案尚未付诸实施，没有投入任何资源，客观对象与环境尚未受到人的决策的影响和干扰，因此是以零为起点的决策。进行重大战略调整的追踪决策则不然，企业外部的经营环境或内部的经营条件已经由于初始决策的执行而有所改变，是"非零起点"。因此，在制定和选择追踪决策的方案时，要充分考虑伴随着初始决策的实施已经消耗的资源，以及这些消耗对客观环境造成的种种影响。

（3）注意消除人们对纠偏措施的疑虑。任何纠偏措施都会在不同程度上造成组织的结构、关系和活动的调整，从而影响某些组织成员的利益，因此，不同的组织成员会对纠偏措施持不同态度。原先决策的制订者和支持者因害怕改变决策，从而会公开或暗地里反对纠偏措施的实施；执行原决策、从事具体活动的基层工作人员则会对自己参与的、已经形成或开始形成的活动结果怀有感情，或者担心调整会使自己失去某种工作机会，影响自己的既得利益，而极力抵制任何重要的纠偏措施的制订和执行。因此，控制人员要充分考虑组织成员对纠偏措施的不同态度，特别是要注意消除执行者的疑虑，争取更多人理解、赞同和支持纠偏措施，以避免在纠偏方案的实施过程中可能出现的人为障碍。

任务实施

1. 任务讨论

讨论控制过程的各个环节。

2. 任务执行

（1）根据班级的实际情况和班干部的学期工作完成情况，制订一套有效的班干部绩效考核方案。

（2）要求每4~5人为一小组。每一小组经过内部讨论、修改，提交一份班干部绩效考核方案。

（3）从工作态度、业绩、能力三方面进行绩效考核方案的设计。

（4）明确绩效考核方案的目的、内容、程序与方法。

（5）利用课余时间，在全班进行各小组方案交流与评价。

3. 总结评价

（1）根据方案的完整性、规范性、实用性等进行评分。

（2）由部分学生对交流学生的方案进行评估。

（3）教师进行最后点评，确定成绩。

任务四　控制方法

任务描述

控制的方法有哪些？

任务分析

控制的方法包括行为控制、预算控制和非预算控制。本任务要求学生掌握控制的方法，学会分析企业控制管理。

相关知识

一、行为控制

控制最终是通过人来实现的。除非控制能使人们改变行为，否则难以奏效。虽然控制的标准来自组织的目标和计划，但是只有当相关的管理人员或操作人员由于实行了控制而使工作做得更好时，控制才算是有效的。因此，要使控制真正发挥作用，就必须认识和了解控制对行为产生的影响，以便使人们对控制做出积极的反应。

1. 行为控制的影响因素

人们对标准的确立、业绩的衡量及各种纠偏措施的反应，实际上取决于各自的具体情况，并没有一个统一的标准。一个人对上级的印象、对工作的喜爱程度、自我实现的机会等，都将影响他对控制活动的反应。一般情况下，人们对控制活动的反应，主要取决于以下几个方面。

（1）组织目标的接受程度。从本质上说，控制活动就是要推动人们向某一目标和方向花费更多的精力，但是组织成员对同一目标的认识和接受程度却是千差万别的。而且，如果组织目标是多重的，情况就会更加复杂。因而，目标的接受程度，特别是组织目标与组织成员个人需要的重合程度，会直接影响人们对控制活动的反应。

（2）标准的合理化水平。经常出现的情况是，一个人可能会同意某一目标，但仍不愿接受某种控制，原因在于有关工作成效的标准定得不合理，且容易让人产生不满的是标准本身变化不断。标准的合理化水平也取决于其执行情况，执行中应考虑那些超出人们力所能及范围之外的事件，如果生硬地执行标准，只需一两件"不公平"的处理就会引起人们对控制的持续厌恶。另外，标准的合理化水平也会受到控制频度的影响，大多数人可以承受对其工作的某些控制，但当他的工作受到各种报表和标准的检查越来越多时，情况就会发生变化，人们就会有种受压迫的感觉，从而形成对标准合理性的质疑。

（3）衡量业绩是否恰当。当人们对业绩的衡量过程缺乏应有的信任时，控制就有可能引起不同部门之间的冲突，进而使人们对控制产生不良反应。在控制活动涉及许多部门和人员利益的情况下，保持业绩衡量的公正性，并注意不要因为控制工作而损害部门之间的合作精神就显得非常重要。可以说，业绩衡量的恰当与否最直接地影响组织成员对控制的持续反应。

（4）来自组织传统的压力。人们对控制的反应也部分地取决于谁在试图实行控制，以及这种控制是否"合法"，而组织活动中控制的"合法性"基础主要来自组织长期形成的正式或非正式的传统，即组织的"社会结构"。一旦一个组织建立起"社会结构"，人们就将对控制行动是"合法"这一问题非常敏感。在实施控制的过程中，如果控制被人们认为是"不合法"的，就会引起强烈的反对。

2. 行为控制的要领与方法

在组织运行过程中，不管人们对控制的反应如何，控制都是不可缺少的。为了使控制工作更为有效，就必须关注人们对控制的反应，尽量减少人们对控制的消极态度，促使人们对控制的态度保持积极，这也正是行为控制原理所要解决的问题。为了提高人们对控制的积极反应，一般应从以下几个方面着手考虑。

（1）保持一种不带偏见的控制观。在控制过程中经常出现这种情况，一旦控制牵涉两个或两个以上的人时（特别是在纠正偏差的阶段），控制者往往会做出动感情的反应，会从个人身上查找和思考这样做的原因。这种倾向可能在控制者和被控制者身上都存在，就要求控制者必须学会采取客观的、不动感情的方法来分析问题产生的原因和寻找解决方案。当然，这也并不是要求控制者对个人感情无动于衷，而只是强调控制者既要注意既定目标，又要考虑达到目标所必需的行动。控制者应该知道，控制只是发现问题的手段，使用这些手段的目的在于寻求解决办法，而不是责备人。

（2）鼓励下属参与制定标准。参与对人们接受制定的目标、行动的标准和衡量业绩的方法等非常有帮助。一个人真正地参与制订组织目标、计划和标准时，常常会在心理上觉得介入了该项工作，并由于对该项工作有更充分的了解，会更愿意承担责任。因此，鼓励下属参与制定标准，是诱发人们对控制的积极反应的一项重要措施。

（3）运用"事实控制"，而不用主管的、权威的控制。所谓"事实控制"，是指任何纠正偏差的控制行动都应根据某一特定环境中的事实提出，而不应根据某一位负责监督的管理人员的权威或压力提出。在很多情况下，使用详细的控制图和来自高层管理的压力，往往只能使工作绩效比平时稍好一些，并不足以达到理想的控制目标；而如果让人们充分了解实际情况，并对事实的要求做出反应，控制效果就会好得多。更重要的是，运用事实控制还可以避免由权威或压力控制导致的紧张和不满情绪，调动人们的工作热情。

（4）在实施控制中应对个人需求和组织"社会结构"的压力具有敏感性。既然控制"合法性"的基础在于组织的"社会结构"，而且个人需求又直接影响人们对控制的反应，那么，企业在诱发人们对控制的积极反应时，必须对个人需求的变化及组织"社会结构"的压力保持高度敏感，尽量使控制行动、个人需求和"社会结构"相适应。

知识链接

行政控制

当直接监督的成本过高，目标管理又不合适时，管理者可以转向另一种塑造和激励员工行为的机制——行政控制。行政控制是一种由规则和标准操作程序——塑造和规范事业部、职能部门和员工个人的行为——组成的综合系统进行控制的方法。在世界各国拥有 1 200 家连锁店的美国通用面粉公司，在发现其经营的中式餐厅问题层出不穷的时候，决定对烹制较为复杂的中式食品的加工进行规范。高层领导制定了足够细致的规则与标准操作程序，供餐厅经理遵守并传授给厨师与侍者，并为此对餐厅经理进行了为期 4 个月的集中培训。通过各种努力，餐厅获得了成功。

二、预算控制

1. 预算控制的含义

预算控制是指通过编制预算并以预算规定的收入和支出标准为基础，检查、监督和控制组织各个部门的活动，在活动过程中比较预算和实际的差距及原因，以保证各种活动或各个部门在充分达成既定目标的过程中对资源的合理利用，从而使费用支出受到严格有效的约束，企业的预算控制体系见表 8-1。

表 8-1　企业的预算控制体系

组织层次	控制的内容
公司层次	利润、在行业中的位置、方针、组织结构、销售、采购、财务、研究与发展
分公司层次	产出、原材料和人工成本、产品质量
运作层次	人工标准、原材料标准、间接变动成本、废品
职能层次	（1）销售：产品、广告、赊销、销售人员、产品组合 （2）采购：质量、成本、存货 （3）财务：现金、应收账款和应付账款、资本支出、资本结构 （4）研究与开发：纯理论和应用型、新产品、降低成本、单个项目 （5）人事：选拔和培训、激励、工资和薪水

2. 预算控制的类型

（1）收支预算。收支预算又称营业预算，是指组织在预算期内以货币单位表示的收入和经营费用收支的计划预算，即组织日常活动所发生的各项预算。它综合反映了组织经营活动的财务状况，从财务角度计划和预测未来活动的成功及为此付出的费用。收支预算主要包括销售预算、生产预算、直接材料采购预算、直接人工预算、制造费用预算、单位生产成本预算、管理费用预算等。

（2）实物量预算。实物量预算又称非货币预算，它是用实物单位表示的预算，作为货币收支预算的补充。因为产品价格在不同的时期会发生波动，以货币量表示组织收支状况会受到影响，从而导致预算数与实物产出计划的时间不一致，所以，用实物单位作为货币单位的补充可以有效避免价格波动给组织带来的困扰。常用的实物量有原材料数量、直接工时数、场地面积等。

（3）资本支出预算。资本支出预算是指组织为更新设备或扩大规模，对购置、扩建、改造、更新等固定资产投资活动进行分析，增加固定资产各项支出的预算。该预算阐述了组织何时进行投资、投资多少、资金来源、何时获得收益、每年的现金流量、投资回报率等问题。资本支出预算涉及的资金额巨大，回收时间长，所以需要结合组织发展战略及长期规划来制定。

（4）现金预算。现金预算是指组织对未来生产与销售活动中现金的流入与流出进行测试，反映计划期间预计的现金收支的详细情况。现金是指随时可以使用的资金；应收账款在客户实际支付以前不能作为现金收入；购进的原材料在组织未向供应商付款以前也不能列作现金支出。因此，现金预算不反映组织资产负债情况，而是反映企业未来活动中的实际现金流量。通过现金预算，可以发现资金的闲置或不足，从而指导企业及时利用暂时过剩的现金，或及时筹集维持运营的短缺资金。这种预算是组织中最重要的一种控制。

（5）资产负债预算。资产负债预算是对组织在一个会计年度期末的财务状况进行预测。其编制以计划期间开始日的资产负债表为基础，汇总计划期间各部门的分预算，通过分析组织各项活动是否达到预先规定的标准，然后根据有关资料进行必要的调整措施。资产负债预算是根据汇总分预算做出的，所以，不需要提出新的计划或决策。但通过对分预算的分析，可以发现某些分预算中存在的问题；同时，也可以进行对比分析，将本期预算与上期实际发生的资产负债情况进行对比，及时发现对组织不利的变化，起到事前控制的作用。资产负债预算是以其他各种预算为基础的，因此，可以检验其他所有预算的准确性。

（6）总预算。总预算是以组织目标和计划为依据，将各种预算综合而成，反映会计年度末的财务状况的一种预算。它包括预计的资产负债表和利润表。

（7）弹性预算。弹性预算是在成本习性分析的基础上，按照一系列可能达到的预计业务量水平，编制能适应多种情况的预算。这种预算的控制力度稍弱，但有较强的环境适应性。在编制弹性预算时，由于组织中固定成本在一定产量范围内保持不变，产量范围变化，其固定成本也发生改变。总的来看，固定成本在产量连续分布的范围内表现为阶梯状的变化关系。弹性预算拟定一个产量幅度，在这个幅度内，固定成本是不变的，如果产量低于该幅度则需要采取措施降低固定成本；如果产量高于该幅度就需要编制新的弹性预算。

（8）零基预算。零基预算是指在每个预算年度开始时，将所有还在进行着的管理活动都看作重新开始，即以零为基础，根据组织目标，重新审查各项活动对组织目标的意义与效果，并在费用—效果分析的基础上，重新排列出各项管理活动的优先次序，并据此决定资金和其他资源的分配。

3. 预算控制常用类型的具体编制步骤

（1）弹性预算。弹性预算又称变动预算，是指企业成本在按其性态分类的基础上，以业务量、成本和利润之间的依存关系为依据，按照预算期可预见的各种业务量水平，编制能够适应不同业务量预算的方法。它按照预算内某一相关范围内可预见的多种业务活动水平，确定不同的预算额。弹性预算适用于业务量水平经常变动的企业，其具体编制步骤如下。

1）确定某一相关范围，预期在未来某时期内业务活动水平将在"相关范围"内变动。

2）选择经营活动水平的计量标准，如产量单位、直接人工小时、机器小时等。

3）根据成本与计量标准之间的依存关系，将企业的成本分为固定成本、变动成本、混合成本。

4）按照成本函数将混合成本分解为固定成本和变动成本。

5）确定预算期内各业务活动水平。

6）可利用多栏式的表格，分别编制对应不同经营活动水平的预算。

（2）零基预算。零基预算就是在制订某项职能预算时从零起点开始其预算过程，即每次都是由零开始重新编制预算。零基预算的具体编制步骤如下。

1）一是在审查预算前，主持这一工作的主管人员应首先明确组织的目标，并将长远目标、近期目标、定量目标和非定量目标之间的关系和重要次序搞清楚，建立起一种可考核的目标体系。

2）二是在开始审查预算时，将所有过去的活动都清零，重新开始。要求在下一年度继续进行的活动或续建项目，都必须提交计划完成情况的报告。新增项目必须提交可行性分析报告，所有要继续进行的活动和项目必须向专门的审核机构证明自己确有存在的必要；所有申请预算的项目和部门必须提交下一年度的计划，说明各项开支要达到的目标和效益。

3）三是确定哪些项目是真正必要的，然后根据已定出的目标体系重新排出各项活动的优先次序。

三、非预算控制

非预算控制是指与预算无关的控制方法，常用以下几种方式。

1. 报告控制

报告控制是指通过书面或口头方式向管理人员提供第二手资料，对组织运作状况进行分析，衡量实际工作绩效并采取恰当的纠偏措施。任何一个组织都需要建立一套有效的报告制度，通过报告向管理人员全面、系统地阐述组织计划的进展情况、存在的问题，以及问题产生的原因、已采取的措施、产生了何种效果、预计可能出现的问题等，从而形成时间上定期、任务上定人、内容上定性、格式上定型的控制。应用书面报告控制比较规范，反映的信息量大且全面。口头报告则传递速度快，可以通过肢体语言加深管理者对信息的理解，但不易保留。组织中对于管理复杂的部门及重要项目、重点活动，要实施书面报告制度，做到报告重点突出，例外情况分析详细，内容简明扼要。

2. 比率分析控制

一般来说，单一的、绝对数量的度量数据无法全面反映经营成果，不能解释组织出现的问题。因此，在分析并判断组织经营成果、财务状况之前，需要了解所有数据之间的内在联系，进行对比分析，才能全面解释组织的现实问题。反映组织财务状况和经营成果的指标主要有财务比率和经营比率。财务比率可以分析组织的偿债能力和获利能力等财务状况，主要指标包括流动比率、资产负债率、销售利润率、资金利润率等。经营比率也称获利比率，反映了组织经营效率和各种资源的利用程度，主要指标包括存货周转率、固定资产周转率、销售收入与销售费用的比率等。

3. 组织文化控制

组织中需要建立以人为本的组织文化，依靠文化来控制和激励员工。因为控制者与被控制者之间存在固有的矛盾，想通过单一的制度指令来约束员工的行为甚至心理活动必然引发被控制者的抵触情绪。所以，企业需要在制度的约束下塑造组织文化，使之成为一种无形的约束，在长期的潜移默化中让员工形成趋同的道德规范和行为准则，从制度约束的低层次转变为自我约束的高境界。

4. 视察控制

视察控制是各级管理人员通过对下一级工作人员执行计划的过程进行实地监督、检查和评价，及时发现问题并采取有力措施予以纠正。视察控制是一种直接、面对面的控制方法，通过这种控制方法，管理人员可以获得及时的信息，以保证控制工作的有效性。

5. 线性规划控制

线性规划控制是指在系统各项现有资源的约束下，为某一目标找出最优方案。该控制方法是事前把达到预定目标的方案进行归纳总结，并根据有限的资源进行优化配置，以充分利用资源为目的，选出最佳方案，使组织获得最大的效益。

📋 任务实施

1. 任务讨论

讨论如何选择合适的控制方法。

2. 任务执行

（1）把全班同学按照 5~6 人一组分成不同的小组，每个小组确定一个负责人。由小组负责人组织本组成员，访问一家当地企业或通过网络收集企业案例，了解企业控制系统的相关内容。

（2）总结该企业的控制类型，分析该公司的控制过程和主要环节。

（3）联系实际，分析该企业在控制方面的优点和不足；针对存在的问题，提出改进意见。

（4）以小组为单位，写出调研报告。

（5）以小组为单位，制作 PPT 在全班进行讲解交流，教师做出评价。

3. 总结评价

教师根据学生的任务完成情况进行考核与评价。

实践训练

实训项目——麦当劳公司的控制系统分析

1. 实训目标

（1）掌握并学会运用控制的要领与主要方法。

（2）掌握控制系统的构成要素与作用。

2. 实训内容与要求

（1）认真阅读下面的案例，先以小组为单位讨论，然后以班级为单位讨论。

（2）在班级讨论的基础上，每名学生针对讨论内容，写出书面分析报告，上交教师存档。

（3）讨论下列题目

1）麦当劳提出的"质量超群，服务优良，清洁卫生，货真价实"口号是如何反映它的公司文化的？以这种方式来概括一个组织或公司的文化，具有哪些特色或不足？

2）麦当劳公司所创设的管理控制系统，具有哪些基本构成要素？

3）该控制系统怎样促进麦当劳公司全球扩张战略的实现？

麦当劳公司的控制系统

麦当劳公司以经营快餐闻名遐迩。麦当劳许诺，每个餐厅的菜单基本相同，而且"质量超群，服务优良，清洁卫生，货真价实"。它的产品加工和烹制程序乃至厨房布置，都是标准化的，经严格控制。它撤销了在法国的第一批特许经营权，因为它们尽管盈利可观，但未能达到在快速服务和清洁方面的标准。

麦当劳的各分店由当地人所有和经营管理。鉴于在快餐饮食业中维持产品质量和服务水平是其经营成功的关键，因此，麦当劳公司在采取特许连锁经营这种战略开辟分店和实现地域扩张的同时，特别注意对各连锁店的管理控制。如果管理控制不当，使顾客吃到不对味的汉堡包或受到不友善的接待，不仅这家分店会失去这批顾客，还会影响其他分店的生意，乃至损害整个公司的信誉。为此，麦当劳公司制订了一套全面、周密的控制办法。

麦当劳公司主要通过授予特许权的方式来开辟连锁分店。购买特许经营权的人在成为分店经理人员的同时也成为该分店的所有者，从而在直接分享利润的激励机制中把分店经营得更加出色。特许经营使麦当劳公司在独特的激励机制中实现了对其扩展业务强有力的控制。麦当劳公司在出售其特许经营权时非常慎重，通过各方面调查了解后，挑选那些具有卓越经营管理才能的人为店主，而且如事后发现其能力不符合要求则撤回这一授权。

麦当劳公司还通过详细的程序、规则和条例，使分布在世界各地的麦当劳分店的经营者和员工们都遵循标准化、规范化的作业。麦当劳公司对制作汉堡包、炸土豆条、招待顾客和清理餐桌等工作都事先进行翔实的动作研究，确定各项工作开展的最好方式，然后再编成书面规定，用以指导各分店管理人员和一般员工的行为。公司在芝加哥开办了专门的培训中心——汉堡包大学，要求所有的特许经营者在开业之前接受为期一个月的强化培训。回去之后，他们还被要求对所有的工作人员进行培训，以使公司的规章条例得到准确的理解和严格的贯彻执行。

为了确保所有特许经营分店都能按统一的要求开展活动，麦当劳公司总部的管理人员还经常走访、巡视世界各地的经营店，进行直接的监督和控制。有一次巡视中，巡视人员发现某家分店在店厅里摆放电视机和其他物品吸引顾客，这种做法因与麦当劳的风格不一致，立即进行了纠正。除了直接控制外，麦当劳公司还定期对各分店的经营业绩进行考评。为此，各分店要及时提供有关营业额和经营成本、利润等方面的信息，这样，总部管理人员就能把握各分店经营的动态和出现的问题，以便商讨和采取改进对策。

麦当劳公司的另一个控制手段是在所有经营分店中塑造公司独特的组织文化，这就是大家熟知的"质量超群，服务优良，清洁卫生，货真价实"口号所体现的文化价值观。麦当劳公司的共享价值观建设，不仅在世界各地的分店、在上上下下的员工中进行，而且还将公司的一个主要利益团体——顾客，也纳入建设体系中，公司特别重视满足顾客的要求，如为他们的孩子们开设游戏场所、提供快乐餐和组织生日聚会等，以形成家庭式的氛围，这样既吸引了孩子们，也提高了成年人对公司的忠诚度。

3. 实训成果

麦当劳公司的控制系统分析报告。

4. 实训考核与评价

教师根据学生的讨论情况和书面分析报告进行考核与评价，综合给出实训成绩。

案例分析

天安公司的管理创新

天安公司是一家以生产微波炉为主的家电企业。2005年该厂总资产5亿元。而五年前，该公司还是一个人员不足200人、资产仅300万元且濒临倒闭的小厂。五年间企业之所以有如此大的发展，主要得益于公司内部的管理创新，主要如下。

第一，生产管理创新。公司对产品的设计严格要求；依靠公司设置的关键质量控制点对产品的生产过程全程监控，同时，利用PDCA（戴明循环）方法，持续不断地提高产品的质量；加强员工的生产质量教育和岗位培训。

第二，供应管理创新。天安公司把所需采购的原辅材料和外购零部件，根据性能、技术含量以及对成品质量的影响程度，划分为A、B、C三类，并设置了不同类别的原辅材料和零部件的具体质量控制标准，并协助供应厂家生产达到质量控制要求的产品。

第三，服务管理创新。公司通过大量的市场调研和市场分析活动制定了售前决策，进行了市场策划，树立了公司形象；与经销商携手寻找最佳点共同为消费者提供优质服务；公司建立了一支高素质的服务队伍，购置先进的维修设备，建立消费者投诉制度和用户档案制度，开展多种形式的售后服务工作，提高了消费者满意度。

请根据上面的案例回答：天安公司的控制类型有哪些？请分别指出，并说出各自的特点。

项目测试

一、单选题

1. 哪种控制具有监督和指导两方面作用（　　）。

A. 前馈控制　　　　　　　　　B. 反馈控制

C. 同期控制　　　　　　　　　D. 直接控制

2. 一个有效的控制系统的控制主体应该是（　　）。

A. 各级管理者　　　　　　　　B. 全体员工

C. 监督机构　　　　　　　　　D. 上级机关

3. 一个工人每天或每周必须完成一定数目的零件，且必须保持不超过1%的废品率，必须在指定的6个月内完成预定的工作，在生产特定数目的零件时不能超过所规定的物料消耗。对于控制来讲，这是在（　　）。

A. 衡量实际绩效　　　　　　　B. 进行差异分析

C. 采取纠偏措施　　　　　　　D. 明确控制标准

4. 某企业制定劳动定额时，出现了以下四种意见，你认为哪一种意见比较合理（　　）。

A. 劳动定额主要是为了考核用的，所以应该选择最先进的标准

B. 定额标准的确定应该结合企业实际，并考虑有助于员工积极性的调动

C. 为使绝大多数员工能超额完成任务，应选择最低的定额标准

D. 考虑到员工操作水平的差异性，定额标准宜取最高标准与最低标准的平均值

5. 小李是一家合资企业的总经理助理，为了提高企业的经济效益，总经理要求他研究提出一套加强企业的管理控制、建立企业有效管理控制系统的可行方案。总经理在提出工作要求时提醒他一定要做到"牵牛要牵牛鼻子"。小李分析了半天也不知道应该如何"去牵牛鼻子"和"什么是牛鼻子"。你认为下面哪一条是总经理所说的"牛鼻子"？（　　）。

A. 确定控制对象　　　　　　　B. 选择关键控制点

C. 制定标准　　　　　　　　　D. 采取纠偏措施

二、简答题

1. 如何理解管理控制的作用与功能？

2. 适度控制包括哪些方面？

3. 非预算控制包括哪些方面？

4. 衡量工作绩效需要考虑的内容是什么？

5. 行为控制的影响因素有哪些？

项目九 创新与创业

📋 项目介绍

　　创新是管理能力和管理效益不断提高的根本途径，也是使组织维持生存和不断发展壮大的根本要求。创业是一种创新性活动，其本质是独立地开创并经营一种事业，使该事业得以稳健发展、快速成长的理念和行为。

🎯 学习目标

　　(1) 了解创新的含义、类型。
　　(2) 熟悉创新的内容、作用。
　　(3) 掌握创业的相关知识。

📍 技能目标

　　(1) 能够认知到创新也是管理的一项重要职能。
　　(2) 能够运用所学的创新内容来抓住创新机会，进行实践性的创新活动。
　　(3) 能够认识和理解创业过程，了解大学生的主要创业途径。

📦 案例引入

特斯拉的颠覆式创新

　　2021 年全球新能源汽车销量为 650.14 万辆，特斯拉横扫全球，以 93.57 万辆的销量优势遥遥领先，连续 4 年摘得全球最畅销新能源车企的桂冠。大多数传统汽车制造企业为典型的制造业商业模式，主要依靠销售新车实现盈利。这对于汽车主机厂来说，属于重资产经营，生产线建造成本高昂，固定资产折旧压力相对较大，毛利率、净利率水平相对较低，后续在向电动化智能化方向转型方面，还需要投入大量资金进行研发。因此，在传统纯制造业商业模式下，企业后续盈利能力面临较大的挑战。特斯拉在车类市场取得的瞩目成就，主要是因为综合了全新的商业模式和颠覆性的技术创新。

1. 利用第一性原理，重新定义汽车产品

第一性原理本来是物理学中的概念，可以理解为当你遇到一个问题，问题背后一定有其原因，这个原因的背后还有原因，就这样一步一步向前推演，直至找到问题最本质的原因。然后，从这个本质原因开始，重新向后推演，直到找到解决问题的方法。那么，汽车的本质是什么呢？汽车的本源需求是解决人类的移动出行。随着智能时代的到来，追求更多具有价值感、意义感的智性活动和更多闲暇成为人们的刚需，而数字智能化技术将替代人们进行各种事务的判断、操作，从而极大地将人们从繁重和重复的劳动中解放出来。因此，为了提供更好的出行解决方案，马斯克为特斯拉引入了自动驾驶、中控大屏，并通过高频更新软件 App 实现各种功能。在特斯拉的带动下，互联网企业、造车新势力纷纷入场，同时，新款车型推出周期从过去的 5 年缩短到现在的 2~3 年。

2. 改变汽车行业的商业模式

特斯拉与传统汽车制造商的主要差别在于商业模式，它改变了传统汽车制造商仅仅打造汽车并出售给客户的模式，它是在构建一个全新的电动汽车生态系统，即服务电动汽车的供应链，包括电池供应，充电桩安装，服务站网络建设，交易平台和技术支持等。如果关注特斯拉的收入结构可以发现其中约有7%来自"服务与其他"，这部分收入实际上是特斯拉完全自动驾驶的服务套餐。在理想状态下，就像苹果手机不再依靠卖手机赚钱，而是利用苹果商城收取平台费用，马斯克也希望通过特斯拉汽车作为流量入口，通过软件实现持续收费。

3. 生产技术与设计理念的革新

马斯克秉持保护环境、提高汽车使用体验的目标，开发出全新的电动运动车型，特斯拉实现了汽车新一代驱动系统，即可以利用大量电池储能，又将更多科技元素融入其中，从而提高汽车的安全性和操控性。特斯拉利用其优质、绿色的电动驱动技术为客户带来更优质的汽车交通经历，如安全驾驶告警、自动转向灯、能量补给信息、报警等，颠覆了传统汽车制造商的生产模式。

特斯拉是马斯克的独特创新，其在电动车行业开辟的新模式，为社会带来更加节能的运输方式，也为马斯克获得了极大的声誉和商业利益。

结合以上案例，谈谈特斯拉成功的原因是什么？给企业管理的启示是什么？

任务一　创　新

■ 任务描述

创新包括哪些内容？

■ 任务分析

创新的内容包括观念创新、目标创新、技术创新、制度创新、组织创新、环境创新、文化创新等。本任务要求学生掌握创新的内容，学会分析企业创新的内容。

相关知识

一、创新的含义

创新首先是一种理念及在这种理念指导下的实践活动，其次是一种战略及在这种战略指导下的组织行为。美国经济学家熊彼特（Schumpeter）认为，创新是对"生产要素的重新组合"，具体包括：①生产一种新产品，也就是消费者还不熟悉的产品，或是已有产品的一种新用途或新特性。②采用一种新的生产方法，也就是有关制造部门中未曾采用的方法，这种方法不一定非要建立在科学新发现的基础上，它可以是以新的商业方式来处理各种产品。③开辟一个新的市场，就是使产品进入以前不曾进入的市场，不管这个市场以前是否存在过。④获得一种原材料或半成品的新供给来源，不管这种来源是已经存在还是第一次被创造出来。⑤实现一种企业组织的新形式，如建立或打破一种垄断地位。

在此之后，许多研究者也对创新进行了定义，代表性的观点主要有：创新是开发一种新事物的过程，这一过程从发现潜在的需求开始，经历新事物的可行性研究阶段的检验，到新事物的广泛应用为止；创新是运用知识或相关信息创造和引进某种有用的新事物的过程；创新是对一个组织或相关环境新变化的接受；创新是指新事物本身，是指被相关使用部门认定的任何一种新的思想、新的实践或新的制造物；创新是新思想落实到具体行动的过程。

知识链接

创新的过程

不少杰出的创新都留下了动人的传说：瓦特看到壶盖被蒸汽顶起而改良了蒸汽机，牛顿被落下的苹果砸了头而发现了万有引力，门捷列夫玩纸牌时想出了元素周期表……如果创新如此简单，创造学就不用学了。研究创新的过程，是把过程看得比结果更为重要。创新是由创新思维的过程决定的，而结果仅是过程的成功产物。

创新的"四阶段理论"是一种影响最大、传播最广，而且具有较大实用性的过程理论，由英国心理学家 G. 沃勒斯（G. Wallas）提出。该理论认为，创新的发展分四个阶段：准备期、酝酿期、明朗期和验证期。

1. 准备期

准备期是准备和提出问题阶段。一切创新都是从发现问题、提出问题开始的。问题的本质是现有状况与理想状况的差距。爱因斯坦认为："形成问题通常比解决问题还要重要，因为解决问题不过牵涉数学上的或实验上的技能而已，然而明确问题并非易事，需要有创新性的想象力。"他还认为，对问题的感受性是人的重要资质。准备期还可分为下列三步，力求使问题概念化、形象化和具有可行性。

（1）对知识和经验进行积累和整理。

（2）收集必要的事实和资料。

（3）了解自己所提出问题的社会价值，确定能满足社会的何种需要及其价值前景。

2. 酝酿期

酝酿期也称沉思和多方思维发散阶段。在酝酿期，要对收集的资料、信息进行加工处理，探索解决问题的关键，因此常常需要耗费很长时间，花费巨大精力，是大脑高强度活动时期。在这一时期，要从纵横、正反等各个方面进行思维发散，让各种设想在头脑中反复组合、交叉、碰撞、渗透，按照新的方式进行加工。加工时应主动使用创造方法，不断选择，力求形成新的创意。

为使酝酿过程更加深刻和广泛，还应注意把思考的范围从熟悉的领域，扩大到表面上看起来没有什么联系的其他专业领域，特别是常被自己忽视的领域。这样，既有利于冲破传统思维方式和"权威"的束缚，打破成见，独辟蹊径，又有利于获得多方面的信息，利用多学科间的交叉优势，在一个更高层次上把握创新活动的全局，寻找创新的突破口。有时也可把思考的问题暂时搁置，让习惯性思维被有意识地切断，以便产生新思维。

酝酿期的思维强度大，困难重重，常常百思不得其解，"山重水复疑无路"却又欲罢不能。此时，良好的意志品质和进取精神显得格外重要，因为这是酝酿期取得进展乃至突破的心理保证。

创造性思维的酝酿期通常是漫长的、艰巨的，也很有可能归于失败。唯有坚持下去，方法正确，才能迎来希望。

3. 明朗期

明朗期即顿悟期或突破期，这一时期寻找到了解决办法。明朗期很短促，很突然，呈猛烈爆发状态。久盼的创造性突破在瞬间实现，人们通常所说的"豁然开朗"等就是描述这种状态。如果说"踏破铁鞋无觅处"描绘的是酝酿期的话，"得来全不费功夫"则是明朗期的形象刻画。

这一阶段的心理状态是高度兴奋甚至感到惊愕的，像阿基米德那样，因在入浴时获得灵感而裸身狂奔，欣喜呼喊"我发现了！我发现了！"虽不多见，但完全可以理解。

4. 验证期

验证期是评价阶段，是完善和充分论证阶段。突然获得突破，飞跃出现在瞬间，结果难免稚嫩、粗糙，甚至存在若干缺陷。验证期是把明朗期获得的结果加以整理、完善和论证，并且进一步充实。创新思维所取得的突破，假如不经过这个阶段，创新成果就不可能真正取得。论证一是在理论上验证，二是放到实践中检验。

验证期的心理状态较平静，但需耐心、周密、慎重，不急于求成和不急功近利。

管理故事

大疆的创新

深圳市大疆创新科技有限公司（以下简称"大疆"）成立于2006年，是全球领先的无人飞行器控制系统及无人机解决方案的研发和生产商，客户遍布全球100多个国家和地区，占据着全球70%的无人机市场份额。

作为全球顶尖的无人机飞行平台和影像系统自主研发和制造商，大疆始终以领先的技术和尖端的产品为发展核心。从最早的商用飞行控制系统起步，逐步研发推出了ACE系列直升机飞控系统、多旋翼飞控系统、筋斗云系列专业级飞行平台、多旋翼一体机Phantom、Ronin三轴手持云台系统等产品，不仅填补了国内外多项技术的空白，还在全球同行业中领先。大疆以飞行影像系统为核心发展方向，通过多层次的空中照相机方案，带给人类全新的飞行感官体验。

管理启示：产品创新是企业发展的源动力，也是新行业兴起与发展的基础。

二、创新的类型

1. 按创新的基本内容划分

按创新的基本内容划分，创新可分为目标创新、技术创新、制度创新和环境创新。

（1）目标创新是指企业在一定的经济环境中从事经营活动，而一定的环境要求企业按照一定的方式提供特定的产品。一旦经济环境发生变化，企业的生产方向、经营目标，以及企业在生产过程中与其他社会经济组织的关系应进行相应的调整。

（2）技术创新是一个从新产品或新工艺设想的产生到市场应用的完整过程，包括新设想产生、研究、开发、商业化生产、扩散等一系列活动。

（3）制度创新是指对组织的制度做出新安排或对现有的制度安排做出变更。

（4）环境创新是指通过企业积极的创新活动去改善环境，引导环境朝着有利于企业经营的方向转变。

2. 按创新的规模及创新对组织的影响程度划分

按创新的规模及创新对组织的影响程度划分，创新可分为局部创新和整体创新。

（1）局部创新是指在组织性质和目标不变的前提下，组织活动的某些内容、某些要素的性质或其相互组合的方式、组织的社会贡献的形式或方式发生变动。

（2）整体创新则往往改变组织的目标和使命，涉及组织的目标和运行方式，影响组织的社会贡献性质。

3. 按创新与环境的关系划分

按创新与环境的关系划分，创新可分为消极防御型创新与积极攻击型创新。

（1）消极防御型创新是指由于外部环境的变化对组织的存在和运行造成了某种程度的威胁，为了避免威胁或由此造成的组织损失的扩大化，组织在内部展开的局部或全局性调整。

（2）积极攻击型创新是组织在观察外部世界的过程中，敏锐地预测到未来环境可能提供的某种有利机会，从而主动地调整组织的目标和战略，以积极地开发和利用这种机会，谋求发展。

管理故事

华为三年破解 13 000 颗器件封锁

华为三年破解 13 000 颗器件封锁，你可能会问，这有什么了不起的？不就是换了一些零部件吗？其实不然，这背后涉及华为在面对美国制裁的艰难挑战，如何坚持自主创新，如何保障产品质量和稳定性，如何培养科技人才和合作伙伴，如何探索未来技术的前沿等问题。这是一场关乎华为生死存亡的战斗，也是一场展现华为企业精神和社会责任的战斗。

2019 年 5 月，美国政府将华为列入实体清单，禁止美国企业向华为出口技术和产品。

这意味着华为无法使用美国供应商提供的芯片、软件、工具等关键零部件和服务。这对于华为来说是一个巨大的打击，因为华为的很多产品都依赖于美国的技术和供应链，例如，华为的手机、平板、笔记本等消费电子产品都需要使用谷歌的安卓系统和应用商店，华为的服务器、路由器、交换机等网络设备都需要使用英特尔、高通、博通等公司的芯片，华为的研发设计也需要使用美国公司提供的 EDA 软件、编译器和数据库等工具。

如果没有这些零部件和服务，华为的产品就无法正常运行，甚至无法生产。这对于一个全球领先的科技公司来说是一个致命的威胁。

但是，华为没有放弃，也没有屈服。相反，华为选择了自力更生，自主创新。在美国制裁下，华为用三年时间完成了 13 000 多颗器件的替代开发、4 000 多个电路板的反复换板开发……"直到现在我们电路板才稳定下来，因为我们有国产的零部件供应了。"这是华为创始人任正非在"难题揭榜"火花奖颁奖典礼上说的话。

你可能不知道，这 13 000 多颗器件中有多少是高端芯片，有多少是复杂软件，有多少是精密仪器。你可能也不知道，在替代开发过程中有多少困难要克服，有多少问题要解决，有多少创新要攻克，有多少艰辛要付出。据报道，华为在这三年中，累计投入了超过 1 000 亿元人民币的研发费用，动员了数万名研发人员，与数千家供应商合作，才完成了这一壮举。在这个过程中，华为还面临着各种技术难题、市场风险、人才流失等挑战，但华为没有退缩，而是以"胡杨精神"和"昆仑精神"激励自己，坚持不懈地攻坚克难。

管理启示：主动创新可以为企业带来新的机会，为企业谋求新的发展。企业要根据自身发展和市场趋势变化，与时俱进，持续创新。

4. 按创新的组织程度划分

按创新的组织程度划分，创新可分为自发创新与有组织的创新。

（1）自发创新是指组织内部与外部有直接联系的其他组织在接收到环境变化的信号以后，在工作目标、工作内容、工作方式等方面自发进行的积极或消极的调整，以应对变化或适应变化的要求。

（2）有组织的创新是与自发创新相对应的。有组织的创新包含两层含义：一是组织的管理人员根据创新的客观要求和创新活动本身的客观规律，制度化地检查外部环境状况和内部工作，寻求和利用创新机会，计划和组织创新活动。二是组织的管理人员积极地引导和利用各要素的自发创新，使之相互协调，并与组织有计划的创新活动相配合，使整个组织内的创新活动有计划、有组织地展开。有组织的创新也有可能失败，但是，有组织的创新取得成功的机会远远大于自发创新。

三、创新的内容

1. 观念创新

观念创新是指形成能够比以前更好地适应组织内外部环境变化，并能更有效地利用资源的新概念、新看法或新构想的活动。观念、认识是行动的指南，组织的管理者只有根据内外环境的变化和组织自身发展的要求不断更新自己的观念，转变自己的认识，才能做出正确的管理决策并付诸实践，引导组织健康发展。所以，观念创新是其他一切创新活动的先导或基础。观念创新要求人们实事求是，抛弃各种陈见，不断转变对新事物的认识，用符合事物发展规律的新思想、新观念去看待组织发展中出现的问题，并寻求创造性的解决办法。

📋 **管理故事**

到非洲卖鞋子

美国有一个很大的鞋厂，由于国内市场已经饱和，准备在海外开辟鞋市场。一天，鞋厂老板找来营销主管，指示他们派出两批市场调查组到非洲寻找市场。去后不久，两个市场调查组都发来传真、电话。

甲组说："这里没有穿鞋的，即使生产出鞋来，在这里也卖不出去，还是赶快给我们寄返美机票打道回府。"而乙组结论却与甲组完全相反。乙组十分兴奋地告诉老板："这里人人都没有鞋穿，鞋子市场很大，急待我们开发。请汇款5万美元，我们在这里筹建工厂，设计适合当地土著人穿的鞋。"

老板对两个截然相反的调查结论进行了比较，深信乙组是对的，于是做出在非洲建厂的决策，结果这个鞋厂在非洲的营业额大幅增长。

管理启示：面对同样的市场环境，不同的理念会产生不同的思路。企业要立于不败之地，就需要不断地进行观念创新。

2. 目标创新

企业每一个具体的经营目标都需要适时地根据市场环境、消费需求的特点和变化趋势进行调整，每一次调整都是一次创新。知识经济时代的到来，导致企业管理观念的革命、企业内部结构的变化和企业与社会的联系日益紧密，进而需要企业重新定位经营目标。众所周知，美国最为推崇的是利润最大化，盈利能力曾是评价美国企业经营成败的唯一标准。而在今天，评价企业的标准已经发生巨大变化，适应时代发展的企业经营目标观念和相互协调的多元目标体系被广泛接受，如在全球享有盛誉的《财富》杂志在2023年评选"最受赞赏公司"时，主要从企业创新、管理质量、产品质量、人才吸引、长期投资价值、企业资产运用等不同维度进行评价。

3. 技术创新

技术创新是企业创新的重要内容。技术水平是反映企业实力的一个重要标志，现代工业企业的一个主要特点是在生产过程中广泛运用先进的科学技术。技术创新是企业提高技术水平、增强自身竞争力的重要途径。这里需要澄清两个概念，技术创新和技术创造。技术创造是指新技术的产生，属于技术创新；但是技术创新不一定是技术创造。技术创新一方面是通过降低成本而使企业产品在市场上更具价格竞争优势，另一方面是通过增加用途、完善功能、改进质量及保证使用而使产品对消费者更具吸引力，从而从整体上推动企业竞争力不断提升。

技术创新有几种重要来源。第一是意外的成功或失败。意外的成功能够为企业创新提供丰富的机会，企业可投入较小的代价及承担相对比较小的风险来利用这些机会；而意外的失败出现时，企业必须搞清究竟发生了什么变化及其原因，据此制定策略，充分利用这种变化，使之成为企业的发展机会。第二是企业内外不协调。技术创新产生的原因，可分为宏观或行业经济景气状况与企业经营绩效的不协调、预期与实际的不协调、消费者价值判断与实际的不协调，其中，消费者价值判断与实际的不协调最常见，其不利影响也最为严重。第三是过程改进的需要。生产过程具有一定的稳定性，但并非一成不变，新技术的产生、新方法的使用都要求生产过程随之做出相应改变。除此之外，行业和市场结构的变化、人口结构的变化、观念的改变及新知识的产生都对技术创新提出了要求。

由于技术都是通过物质载体来体现的，因此，企业的技术创新主要表现在要素创新、要素组合方式的创新和产品创新三个方面。

（1）要素创新。企业的生产过程是一定的劳动者利用一定的劳动手段作用于劳动对象，使之改变物理、化学形式或性质的过程。参与这个过程的要素包括材料、设备及人事三类。

1）材料创新。材料是构成产品的物质基础，材料费用在产品成本中占的比重很大，材料的性能在很大程度上影响着产品的质量。材料创新的内容包括开辟新的来源，以保证企业扩大再生产的需要；开发和利用大量廉价的普通材料（或寻找普通材料的新用途），以降低产品的生产成本；改造材料的质量和性能，以保证和促进产品质量的提高。

2）设备创新。现代企业在生产过程中广泛使用机器和机器系统，劳动对象的加工往往由机器设备直接完成。设备是现代企业进行生产的物质技术基础，设备的技术状况是企业生产力水平的主要标志。设备创新主要从几个方面进行：①利用新的设备，减少劳动的比重，提高企业生产过程的机械化和自动化程度。②将先进的科学技术成果用于改造和革新原有设备，延长其技术寿命，提高其效能。③有计划地进行设备更新，以更先进、更经济的设备取代过时的设备，使企业生产建立在先进的物质生产技术基础上。

3）人事创新。任何生产手段都需要依靠人来操作和利用，企业在增加新设备、使用新材料的同时，还需要不断提高人的素质，使之符合技术进步后的生产与管理。企业的人事创新，既包括根据企业发展和技术进步的要求，对企业内部现有人力的继续培训，也包括从外部招聘合格的人力资源，使之适应技术进步的要求。

（2）要素组合方式的创新。利用一定的方式将不同的生产要素加以组合，是形成产品的先决条件。要素的组合包括生产工艺和生产过程的时空组织两个方面。

1）生产工艺。生产工艺是劳动者利用劳动手段加工劳动对象的方法，包括工艺配方、工艺参数、工艺过程等内容。工艺创新既要根据新设备的要求，改变原材料、半成品的加工方法，也要求在不改变现有设备的前提下，不断研究和改进操作技术和生产方法，使现有设备得到更充分的利用，使现有材料得到更合理的加工。工艺创新与设备创新是互相促进的，设备创新要求工艺方法进行相应调整，而工艺方法的不断完善必然促进设备创新。

2）生产过程的时空组织。生产过程的时空组织包括设备、工艺、在制品及劳动者在空间上的布置和时间上的组合。生产过程的时空组织不仅影响设备、工艺装备和空间的利用效率，而且影响人机配合，影响在制品、设备、工艺装备的占用数量，从而影响生产成本和生产周期。

（3）产品创新。生产过程中各种要素组合的结果是生产出企业向社会贡献的产品。企业是通过生产和提供产品来得到社会承认、证明其存在价值的，也是通过销售产品来补偿生产消耗、取得盈余、实现其社会存在的。产品是企业的生命，企业只有不断创新产品，才能更好地生存和发展。产品创新包括很多内容，最重要的是物质产品本身的创新，主要包括品种创新和结构创新。

品种创新要求企业根据市场需求的变化，根据消费者偏好的转移，及时调整企业的生产方向和生产结构，不断开发受顾客欢迎的产品。结构创新即不改变原有品种的基本性能，而对正在生产的各种产品进行改进和改造，找出更加合理的产品结构，使其生产成本更低、性能更加完善、使用更加安全，从而更具市场竞争力。

产品创新是企业技术创新的核心内容，它既受制于技术创新的其他方面，又影响其他技术创新效果的发挥。新产品、产品的新结构，往往要求企业利用新的设备和新的工艺方法；而新设备、新工艺的应用又会为产品的创新提供更优越的条件。

📋 管理故事

苹果的历次创新

经过 40 多年的发展，苹果已成为一家价值上万亿美元的公司。企业考察了所有已知的人与电脑互动的技术，并从中挑选出最好的技术，最后通过硬件和软件的一体化设计进行优化组合。

20 世纪 80 年代，施乐帕克发明了鼠标，苹果则让它成为主流。鼠标配上图形用户界面，让家用电脑成为可能。在 21 世纪初，点击式触摸转盘出现，它配上 iPod 的简单软件，成为用户的最爱。

2006 年，iPhone 及其神奇的触摸屏问世。它带给用户的体验要比用户在 ATM 或公用电话亭上的体验好得多，再配上 iOS 操作系统，使智能手机迅速普及开来。

在接下来的五年时间里，苹果经历了类似的过程。它考察全世界人机互动的技术，从中选择最优的技术进行优化组合，发现了一种很酷的技术。2011 年 10 月 4 日，它推出了基于这种技术的新产品，这就是语音助手软件 Siri。与鼠标、点击式触摸转盘和触摸屏一样，Siri 也是人类驱动电子设备的新方法，它的原理是让人的声音通过电脑的麦克风，让电脑做出相应的反应。

管理启示：产品创新包括很多内容，最重要的是物质产品本身的创新，主要包括品种创新和结构创新。

对企业而言，技术创新战略是一系列选择的综合结果，一般涉及创新的基础、创新的对象、创新的水平、创新的方式及创新的时机等。

第一，企业要选择好创新基础，需要解决的问题是企业在何种层次上组织创新，如何利用现有的知识，对目前的产品结构、作业方法、生产工艺进行创新。第二，企业要选择好创新对象，涉及产品、工艺、生产手段等领域。产品创新可以为消费者带来一种全新的体验，降低产品的成本；工艺创新可以为产品质量的形成提供更加可靠的保证，加强企业的特色优势；生产手段创新可借助外部的力量完成。第三，创新水平的选择是在行业内进行的，需要解决的是在组织企业内部进行技术创新时，是采取先发制人的领先战略还是利用后发优势的跟随战略。第四，企业需要选择创新方式，即企业需要确定独立开发还是与别的企业进行联合开发。独立开发要求企业拥有数量众多、实力雄厚的技术人员，还要求企业能够调动足够的资金；联合开发，即与合作伙伴集中更多的资源进行更为深入的创新研究，各合作企业可以共同承担风险。第五，企业要选择创新的时机，即企业需要根据自身实力和市场状况，做出创新决策。在企业实力较强、市场环境良好时，可以加大基础创新的投入，抢占行业制高点；在企业实力较弱、市场环境不利时，则要重点进行应用创新的投入，缩短创新投资周期，快速获得回报。

4. 制度创新

要素组合创新主要从技术角度分析了生产要素的各种结合方式的变化，而制度创新则从社会经济角度分析企业各成员间正式关系的调整和变革。制度是组织运行方式的原则规定，企业制度主要包括产权制度、经营制度和管理制度。

（1）产权制度。产权制度是决定企业其他制度的根本性制度，规定了企业最重要的生产要素的所有者对企业的权益和责任。不同时期，企业各种生产要素的相对重要性是不一样的。

（2）经营制度。经营制度是有关经营权的归属及其行使条件、范围、限制等方面的原则规定。它表明企业的经营方式，确定经营者，确定行使企业生产资料的占有权、使用权和处置权的人，确定决定企业的生产方向、生产内容、生产形式的人，确定向企业生产资料所有者负责的人，以及负何种责任。经营制度的创新方向是不断寻求企业生产资料最有效的利用方式。

（3）管理制度。管理制度是行使经营权、组织企业日常经营的各种具体规则的总称，包括对材料、设备、人员及资金等各种要素取得和使用的规定。在管理制度的众多内容中，分配制度是最重要的制度。分配制度涉及如何正确地衡量成员对组织的贡献，并确定如何在此基础上提供足以维持这种贡献的报酬。劳动者是企业众多要素中唯一具有能动性的决定性因素，因此，提供合理的报酬以激发劳动者的工作热情，对企业经营有着非常重要的作用。

产权制度、经营制度、管理制度三者之间的关系是错综复杂的，因为在实践中很难具体界定。企业制度创新的方向是不断调整和优化企业所有者、经营者、劳动者三者之间的关系，使各个方面的权利得到充分体现。

管理故事

付款方式

英国将澳洲变成殖民地之后，因为那儿地广人稀，尚未开发，英政府就鼓励国民移民到澳洲。可是当时澳洲非常落后，没有人愿意去。英国政府就想出一个办法，把罪犯送到澳洲去。这样一方面解决了英国本土监狱人满为患的问题，另一方面也解决了澳洲的劳动力问题，还有一条，他们以为把坏家伙们都送走了，英国就会变得更美好。

英国政府雇佣私人船只运送犯人，按照装船的人数付费，多运多赚钱。很快政府就发现，这样做有很大的弊端，就是罪犯的死亡率非常高，平均超过了百分之十，最严重的一艘船死亡率达到了百分之三十七。政府官员绞尽脑汁降低罪犯运输过程中的死亡率，包括派官员上船监督、限制装船数量等，却都收效甚微。

最后，他们终于找到了一劳永逸的办法，就是将付款方式变了一下：由根据上船的人数付费改为根据下船的人数付费。船东只有将人活着送达澳洲，才能赚到运送费用。

新政策一出，罪犯死亡率立马降到了百分之一左右。后来，船东为了提高生存率，还在船上配备了医生。

管理启示：制度创新在人类社会的发展中至关重要。制度作为人类社会的"游戏"规则，其本身也是人类社会发展的产物。随着人类实践活动的不断丰富和深化，人类社会的制度应不断得到创新。有了好的制度，才能保证社会良好和高效率地运行。

📖 **知识链接**

> ### "一国两制"是一项伟大的制度创新
>
> "一国两制",即"一个国家,两种制度",是中国政府为实现国家和平统一而提出的基本国策。"一国两制"的基本内容是:在一个中国的前提下,国家的主体坚持社会主义制度,香港、澳门是中华人民共和国不可分割的部分,它们作为特别行政区保持原有的资本主义制度长期不变。在国际上代表中国的,只能是中华人民共和国。
>
> 实现祖国完全统一,是全体中华儿女的共同心愿,是中华民族根本利益所在。新时代十年,我们全面准确推进"一国两制"实践,坚持"一国两制""港人治港""澳人治澳"、高度自治的方针,推动香港进入由乱到治,并走向由治及兴的新阶段,香港、澳门保持长期稳定发展良好态势。"一国"原则愈坚固,"两制"优势愈彰显。必须坚定不移、全面准确贯彻"一国两制"方针,坚持和完善"一国两制"制度体系。党的二十大报告强调,"和平统一、一国两制"方针是实现两岸统一的最佳方式,对两岸同胞和中华民族最有利。统一的时、势、义始终在祖国大陆这一边。祖国完全统一进程不可阻挡!

5. 组织创新

为了更合理地组织管理人员的工作,提高管理劳动的效率,保证企业正常运行,组织既要具有符合企业及其环境特征的运行制度,又要具有与之相适应的运行载体,即合理的组织形式。因此,企业制度创新必然要求组织形式的变革和发展。

从组织理论的角度考虑,企业系统是由不同成员担任的不同职位和岗位的结合体,这个结合体可以从结构和机构两个层次去考察。结构与各管理部门之间,特别是不同层次的管理部门之间的关系有关,主要涉及管理劳动的纵向分工问题,即管理权力的集中或分散问题。机构则是指企业在构建组织时,根据一定的标准,将类似的或目标一致的职务或岗位归并在一起,形成不同的管理部门,主要涉及管理劳动的横向分工问题。组织创新的目的在于更合理地激发管理人员的创造力,提高管理的效率。

📝 **管理故事**

稻盛和夫的"阿米巴经营模式"

"阿米巴"在拉丁语中是单个原生体的意思,属原生动物变形虫科,虫体赤裸而柔软,其身体可以向各个方向伸出伪足,使形体变化不定,故而得名"变形虫"。变形虫最大的特性是能够随外界环境的变化而变化,不断地进行自我调整来适应所面临的生存环境。

"阿米巴经营模式"是日本经营之圣稻盛和夫独创的经营模式,稻盛和夫先后创建了三家世界500强企业——京瓷、第二电信和日航,正是"阿米巴经营模式"让这三家企业茁壮成长,长盛不衰。

"阿米巴经营模式"就是将整个公司分割成许多个被称为"阿米巴"的小型组织,每个小型组织都作为一个独立的利润中心,按照小企业、小商店的方式进行独立经营。例如,制造部门的每道工序都可以成为一个"阿米巴",销售部门也可以按照地区或者产品分割成若干个"阿米巴"。

"阿米巴经营模式"成功的关键在于通过这种经营模式明确企业发展方向，并把它传递给每位员工。因此，必须让每位员工深刻理解"阿米巴经营模式"，包括组织构造、运行方式及其背后的思维方式。如果员工对"阿米巴经营模式"没有一个正确的理解，会以自我为中心，为了自己的利益而损害其他部门利益，也有可能会因为达成目标的压力过大，而导致员工心理疲劳。

（资料来源：百度百科，阿米巴经营模式）

管理启示：组织创新对企业来说，往往意味着重要的变革，会产生全面、持久的影响。好的组织形式能够理顺部门间、岗位间的权责利关系，提高组织运行效率，调动组织成员的积极性和创造性，激发团队凝聚力和企业竞争力。

6. 环境创新

环境是企业经营的土壤，同时也制约着企业的经营。环境创新不是指企业为适应外界变化而调整内部结构的活动，而是指通过企业积极的创新活动去改造环境，从而引导环境朝着有利于企业经营的方向发展。如通过企业的公关活动，影响社区政府政策的制定；通过企业的技术创新，影响社会技术进步的方向。就企业而言，市场创新是环境创新的主要内容。市场创新是指通过企业的活动去引导消费，创造需求。市场创新主要通过营销活动来进行，即在产品材料、结构、性能不变前提下，通过市场的地理转移、揭示产品新的物理实用价值，影响人们的某种消费行为，诱导、强化消费者的购买动机，增加产品的销售量。

7. 文化创新

现代管理中，文化管理发挥着核心作用，企业文化通过员工价值观与企业价值观的高度统一，通过企业独特的管理制度体系和行为规范，使管理效率得到极大提高。文化创新不仅是现代企业文化的一个重要支柱，而且是社会文化的一个重要组成部分。如果文化创新已成为企业文化的基本特征，那么创新价值观就能得到全体员工的认同，企业的创新动力机制就会高效运行。

管理故事

海尔的文化理念创新

崛起于改革大潮之中的海尔集团，在首席执行官张瑞敏的带领下，经过多年的创新和艰苦奋斗，从一个濒临倒闭的小厂发展成在国内外享有较高声誉的跨国集团，走出了一条独具海尔特色的文化理念创新发展之路。

1985年，张瑞敏分析了当时电冰箱市场品种繁多、竞争激烈的形势，提出了"起步晚、起点高"的原则，制定了海尔发展的"名牌战略"。这个战略阶段一直持续到1991年。在这个时期，张瑞敏带领海尔致力于冰箱这一种产品，探索并积累了企业管理的经验，为今后的发展奠定了坚实的基础，总结出了一套可移植的管理模式。

1992年开始，海尔进入多元化战略阶段，实施了OEC管理模式（当天的事当天完成），提出了海尔文化"激活休克鱼"的战略。1992年9月，海尔通过ISO9001国际质量体系认证，标志着海尔已成为合格的世界级供应商。1993年11月19日，海尔冰箱股票在上海证券交易所挂牌上市交易。1995年7月，原红星电器有限公司整体划归海尔集团。海尔以"激活休克鱼"的方式，通过输入海尔文化，盘活被兼并企业，使企业规模不断扩展。1997年9月，以进入彩电业为标志，海尔进入黑色家电、信息家电生产领域。同时，海尔以低成本扩张的方式先后兼并了广东顺德洗衣机厂、莱阳电熨斗厂、贵州风华电冰箱厂、合肥黄山电视机厂等18个企业，在多元化经营与规模扩张方面，进入了一个更广阔的发展空间。

从1998年到2005年是海尔的国际化战略阶段，实施"市场链"流程再造，提出"走出去、走进去、走上去"的"三步走"战略。这个阶段，海尔的产品批量销往全球主要经济区域市场，此时的海尔已经拥有自己的海外经销商网络与售后服务网络，海尔品牌已经有了一定知名度、信誉度与美誉度。2005年8月30日，海尔被英国《金融时报》评为"中国十大世界级品牌"之首，跻身世界级品牌行列，其影响力随着国际化战略的实施快速上升。2005年，海尔全球营业额实现1 034亿元。

2005年年底至2012年，海尔正式开始实施全球化品牌战略，从"以企业为中心卖产品"转变为"以用户为中心卖服务"，探索"人单合一双赢"商业模式。这个阶段也是继名牌战略、多元化战略、国际化战略阶段之后的第四个发展战略创新阶段。海尔将在每一个国家的市场创造本土化的海尔品牌。海尔实施全球化品牌战略的关键是提升产品的竞争力和企业运营的竞争力，与分供方、客户、用户实现共赢。从单一文化转变到多元文化，实现持续发展。

2012年至今，海尔进入"网络化的市场、网络化的企业"阶段，提出"互联网时代的平台型企业"战略，继续探索"人单合一双赢"商业模式。在海尔看来，网络化企业发展战略的实施路径主要体现在三个方面：企业无边界，管理无领导，供应链无尺度，即大规模定制，按需设计，按需制造，按需配送。海尔从此进入全新的发展阶段。

（资料来源：360百科，海尔）

管理启示：企业文化创新既必要又迫切。人们必须把旧的、不良的习惯和传统彻底抛弃，为此，企业可能要放弃一些过去支持人们成功而今天已成为前进障碍的东西。

四、创新的作用

1. 创新可以提高企业的竞争实力

通常，企业在市场上面临着激烈的竞争，而在竞争中保持优势的方法只有一个，那就是不断创新。创新可以把企业的劣势变为优势，将不利因素转化为有利因素。

2. 创新可以为企业的持续发展提供动力

企业的持续发展离不开创新，不进行创新的企业会缺乏推动力。早在1994年，美国著名经济学家保罗·克鲁格曼（Paul Krugman）就提出了"虚拟的亚洲经济"的观点。他认为，亚洲（除日本之外）经济的增长主要是依靠资金和劳动力的大量投入，而不是依靠科技进步，因此，这一地区的经济高速增长是不可能持续很久的。果不其然，1997年爆发的东南亚金融危机波及整个亚洲，导致这些国家的经济增长放缓，甚至出现负增长。

与此相反，美国自里根时代以来，强调和重视创新的作用，从而出现持续很长时间的经济增长。由此可见，只靠资金和劳动力的大量投入来推动经济增长是不可持续的，必须把重点转移到企业创新上来。

1. 任务讨论

讨论创新的内容。

2. 任务执行

（1）将全班同学分组，6~8人一组，假设每组就是一家网络游戏公司，组员的任务是设计出一款新的网络游戏。网络游戏可以是任何类型，可以针对任何年龄段，唯一的要求就是要有新意。

（2）给各组10分钟时间，让每组选出一名组长，对他们设计的产品进行详尽的介绍，内容包括名称、目标群体、卖点、广告、预算等。

（3）由教师带领学生讨论下列问题。

1）什么样的创意会让你觉得眼前一亮？怎样才能想出这些创意？

2）时间的限制对想出好的创意是否有影响？

3）一个好的方案是不是只要有好创意就可以了？如果不是，还需要什么？

（4）让大家评判出最好的组，评判的标准是以最小的成本实现最好的创意。

（5）通过评选最优创意激发大家的兴趣。例如，最炫的名字，最动人的广告创意，花钱最少的玩具等。

3. 总结评价

教师根据学生的创意报告和在班上交流的情况评定成绩。

任务二　创　业

创业的过程是怎样的？

创业的过程包括寻找创业模式、确立创业目标、制定创业原则、规划创业步骤、创造创业条件、确定创业期限、处理与投资人的关系、产生好创意、组织好的团队、选择风险投资商。本任务要求学生掌握创业的过程，学会分析一个企业的成长历程。

一、创业的基本知识

1. 创业的含义

创业是一个发现和捕获商业机会并由此创造出新颖的产品、服务或实现其潜在价值的过程。创业必须贡献出时间，付出努力，承担相应的财务、精神和社会风险，并获得金钱的回报、个人的满足和独立自主。对创业的概念，可以从以下四个方面理解。

（1）创业是一个复杂的创造过程。它创造出某种新事物，这种新事物必须是有价值的，不仅对创业者本身有价值，而且对社会也有价值。价值属性是创业的重要属性，也是创业活动的意义和价值。

（2）创业必须贡献必要的时间和大量的精力，付出极大的努力。要完成整个创业过程，要创造新的、有价值的事物，就需要大量的时间，而要获得成功，没有极大的努力是不可能的，很多创业活动的创业初期是在非常艰苦的环境下实现的。

（3）创业要承担必然的风险。创业的风险取决于创业的领域和创业团队的资源，但通常的创业风险主要是人力资源风险、市场风险、财务风险、技术风险、合同风险、精神方面的压力等。创业者应具备超人的胆识，甘冒风险，勇于承担多数人望而却步的风险事业。

（4）创业将给创业者带来回报。作为一个创业者，最重要的回报可能是从创业中获得的独立自主，以及随之而来的物质财富的满足。对于追求利润的创业者，金钱的回报无疑是重要的，对其中的许多人来说，物质财富是衡量成功的一种尺度。通常，风险与回报成正相关关系。创业带来的回报，既包括物质的回报，也包括精神的回报，它是创业者进行创业的动机和动力。

2. 创业的过程

（1）产生好创意。绝大多数好创意已经有人想到或尝试过，重要的是在好创意面前能否做足准备，探寻可行路径并坚持下去。

（2）创造创业条件。创业之初不一定万事俱备，但是，影响公司运营的关键事项要提前准备充分，如创业启动资金、产品或业务模式、经营场所、主要经营设备、团队关键成员等。

（3）确立创业目标。建立目标体系，具体可由财务目标、事业目标、社会贡献目标等组成。

（4）组建好创业团队。创业团队应简单可靠，个人能力不一定最强，只要能齐心协力、形成合力，就是一个好的团队。

（5）制定创业原则。在公司初创期，应确定公司的经营宗旨、价值观、企业愿景、运行机制等基本原则，为公司持续经营、稳健发展奠定制度基础。

（6）预设创业期限。一个好的业务模式，至少要经过三年才能得到验证，否则时间太长，不确定因素增多，风险会有所增加。因此，创业最好以三年为限，努力在三年内使经营步入正轨，把产品做到最好。

（7）处理好与投资人的关系。第一，选择能同甘共苦的投资人；第二，确定各自的股份占比及股权管理机制；第三，发掘有重要影响力的投资人，借助他们的经验和资源，扩大企业的经营。

3. 创业的类型

（1）从个人、组织、环境、过程等四个方面进行考察，创业类型可分为八种。

1）创业者拥有专业技术，预先洞察未来市场趋势与顾客新需求，因而决定抓住机会，创立新公司。

2）创业者运用原有的专业技术与顾客关系创立新公司，并且能够提供比原公司更好的服务。

3）离职创立新公司，产品或服务和原有公司相似，但是在流程与营销上有所创新，能为顾客提供更满意的产品与服务。

4）离职创立新公司，新公司与原任职公司属于不同行业，也面临激烈的市场竞争。

5）新公司由原行业精英人才组成，企图以最佳团队组合，集众家之长，发挥竞争优势。

6）为特殊市场提供更好的产品与服务而离职创立新公司，新公司具有服务特殊市场的专业能力与竞争优势。

7）接手一家营运中的小公司，实现创业梦想。

8）创业者为实现创业理想，在一个新兴行业中从事创新，企图获得领先同行的竞争优势，但相对风险也较高。

（2）克里斯蒂安（Christian，2000）认为创业应按其对市场和个人的影响程度进行分类。

1）复制型创业。复制原有公司的经营模式，创新的成分很低。例如，某人原本担任某公司经理，后来离职自行创立一家与原公司类似的新公司。新创公司中属于复制型创业的比率很高，这类型创业的创新贡献很少。

2）模仿型创业。模仿型创业的创新成分也很少，但与复制型创业的不同点在于，创业过程对于创业者而言还是具有很大的冒险成分。例如，某一传统制造企业的经理辞掉工作，开设一家当下流行的电子商务公司。这种形式的创业具有较多的不确定性，学习过程长，犯错机会多，风险也较大。但是，这种创业者如果具有良好的创业特性，经过系统的创业培训，抓住市场进入时机，有很大机会取得成功。

3）安定型创业。安定型创业，虽然为市场创造了新价值，但对创业者而言，本身并没有发生很多改变，做的也是比较熟悉的工作。这种创业类型强调的是创业精神的实现，也就是创新的活动，而不是新组织的创造，企业内部创业即属于这一类型。例如，研发部门的某小组在完成一项新产品后，继续开发另一项新品。

4）冒险型创业。冒险型创业，除了给创业者本身带来极大挑战外，还给新企业的持续经营带来很大的不确定性。冒险型创业是一种难度很高的创业类型，但其成功所得的报酬很惊人。冒险型创业想要获得成功，对创业者综合能力、创业时机把握、创业战略抉择、商业模式规划、创业过程管理等方面都有很高要求。

二、创业者素质与类型

1. 创业者素质

（1）身体素质。创业之初，受资金、人员等限制，很多事需要创业者亲力亲为，若无充沛的体力、旺盛的精力、清晰的思路，必然难以承受创业重任。

（2）心理素质。创业者的心理素质是决定创业成败的关键因素。在创业过程中，难免会遇到各种压力、诸多挫折甚至是失败，这就要求创业者必须具备优良的心理承受和调适能力，能够保持积极、稳重、自信、坚强的心态。

（3）知识素质。深厚的知识储备对创业成功起着重要作用。创业者要进行创业管理和企业经营活动，必须掌握丰富的专业知识，具有健全的知识结构。具体而言，创业者应该掌握以下几方面的知识：熟悉政策法规，知法守法、依法经营；拥有专业的企业管理知识和技能，提高管理水平；掌握与本行业相关的专业知识，依靠科技创新增强竞争能力；具备市场经济方面的知识，如战略管理、人力资源、市场营销、国际贸易等。

（4）创业意识和激情。要想取得创业成功，创业者必须具备实现自我、追求成功的强烈意愿，从而克服创业道路上的各种艰难险阻，不断挖掘和寻找创业资源（包括团队、资金、技术、市场等），创造性地解决经营过程中遇到的各种问题。

（5）竞争意识。创业者若缺乏竞争意识，等于放弃了自己的创业生涯。创业者只有敢于、善于竞争，才能取得成功。

（6）诚实守信。诚信乃创业者之本。创业者在创业过程中，要珍惜自己的信誉，讲质量、重承诺，以诚信动人；如果不讲信誉，必将失去社会各界的支持，无法开创自己的事业。

2. 创业者的类型

【拓展知识】创业者与职业经理人、商人的区别

（1）生存型创业者。生存型创业者大多为下岗工人、失去土地或因为种种原因不愿留守乡村的农民，以及刚刚毕业找不到工作的大学生。这是中国数量最大的一部分创业人群。

（2）变现型创业者。变现型创业者多指那些过去在国企、民营企业当经理人期间聚拢了大量资源的人。在机会适当的时候，这些人辞职办企业，实际是将过去市场关系和资源变现，将无形资源变现为有形的货币。在 20 世纪 80 年代末至 90 年代中期，变现型创业者较多。

（3）主动型创业者。主动型创业者又可以分为两种，一种是盲动型创业者，一种是冷静型创业者。前一种创业者大多极为自信，做事冲动。这样的创业者很容易失败，但一旦成功，往往就是一番大事业。冷静型创业者是创业者中的"黑马"，其特点是谋定而后动，不打无准备之仗，或是掌握资源，或是拥有技术，一旦行动，成功概率通常很高。

三、大学生创业

1. 大学生创业概述

大学生创业群体主要由在校大学生和应届大学毕业生组成。现今大学生创业越来越受社会各界的关注，因为大学生属于高级知识人群，经过多年的教育往往背负着社会和家庭的种种期望。在现今社会经济不断发展就业形势却不容乐观的情况下，大学生创业自然成了大学生就业之外的较好选择。但是由于大学生相对缺乏社会经验，需要全社会的关心和帮助。

大学生创业逐渐被社会所承认和接受，这也是提高大学生毕业就业率和社会稳定的重要途径。

2. 大学生创业的基本能力

（1）自我认知及科学规划。刚出校门的大学生，对自己、社会的认知还非常有限。仅靠自己的冥思苦想来制订自己的未来发展规划，是不尽合理的。最好的方法是观察同龄人的行动，征求"过来人"的意见，再结合自己的实际情况，确定一个宏观的发展方向，然后通过实现一个个小目标，慢慢地调整和细化自己的人生规划。

凡事预则立，不预则废。在创业过程中，要提前做好计划或规划。在制订计划时要综合考虑各种因素并形成切实可行的动作分解，而在实施的过程中，要根据具体情景适时进行调整。

（2）胆识和远见。创业初期甚至是筹备之初，创业者都会面临各种各样的决策。在这一时期，创业者可能会大量地征求亲朋好友的建议。一旦企业步入正轨，就必须自己做出决策，处理各种事务。做决策时，谨慎是必不可少的，但优柔寡断往往会错失最佳的商业时机。同时，决策要有远见，提前做好规划和准备，才能规避风险，占得先机。

（3）目标管理。创业首先要有明确的方向和目标，在不同的创业阶段，把目标进行分解和细化，形成阶段性的具体目标和行动计划。具体可以借鉴目标管理的方法，首先确定长远目标（企业愿景），再按不同时期分解成阶段性目标，阶段性目标又进一步分解到对应部门并具体落实到每个相关人。通过目标管理，既可以建立规范、高效的企业经营目标体系，又能确保整体计划的顺利推进和长期目标的达成。

（4）团队管理。单打独斗式的个人英雄主义已不能适应时代发展。各取所长，团结协作，发挥创业团队的力量，才是当今创业企业发展壮大和竞争制胜的至高战略。创业企业要发挥团队力量，首先要建立科学合理的利益分配机制和激励机制；要创建尊重人才、齐心创业的团队文化，激发每个成员的创业积极性和主动性；要建立科学的管理制度，如业务管理、人才培养、绩效管理等制度，从而使企业运行有规可依、流程规范、责任明确、关系顺畅，确保企业高效运行。

（5）沟通与谈判。沟通与谈判能力是创业者必须具备的核心能力之一。创业者良好的沟通能力，在企业内部有利于了解员工动态和企业运行状况，协调意见，达成共识；在企业外部有利于展示良好的企业形象，获取最新的市场信息，争取有利的资源和发展商机。创业者主要通过竞争赢得市场，而谈判是竞争的主要解决方式，良好的谈判能力有利于占得主动地位，获得更多的利益。

（6）学习。现代社会已进入信息大爆炸的知识经济时代，学习能力已成为个人和企业发展的核心竞争力。社会发展日新月异，市场竞争日益激烈，创业者要想抢占市场先机，引领行业发展潮流，就必须具备强大的学习能力，比竞争对手更快捷地获取、更高效地利用各种知识。对于大学生创业者而言，除了学好本专业的理论知识外，更要重视创业管理知识积累和社会实践能力的提升。

（7）处理突发事件。创业过程中，会时常发生一些突发事件，且很大部分是创业者不愿见到的。这些突发事件如果处理不当，极有可能使企业形象受损。相反，如果能积极妥善地处理，则可能化害为利，让顾客更加认同企业，不断传播好口碑。

（8）保持身心健康。创业过程往往面临极大的挑战，创业者要经常与孤独和挫折为伴，创业者只有保持积极乐观的心态，才能面对各种压力和挑战，不断激发创造力，开拓新局面。大学生创业者更要保持平和的心态，戒骄戒躁，稳步前进。切忌失意时怨天尤人、灰心丧气，得意时沾沾自喜、忘乎所以。

创业是一条艰辛与收获同在的长征路，创业者只有保持良好的心态和良好的身体素质，不断学习、吸收各种知识，不断吸取经验教训，才能欣然面对各种挑战，坚持不懈地走到底。

3. 大学生创业的优势与弊端

（1）优势。

1）大学生往往对未来充满希望，有着青春、蓬勃的朝气，以及"初生牛犊不怕虎"的精神，而这些都是一个创业者应该具备的素质。

2）大学生在学校里学到了很多理论性的东西，有着较高层次的技术优势。而目前最有发展前途的多是高科技产业，技术的重要性是不言而喻的。大学生创业大多会选择高科技、高技术含量的领域，"用智力换资本"是大学生创业的特色。一些风险投资家往往看中大学生所掌握的先进技术，而愿意对其创业计划进行投资。

3）现代大学生有创新精神，有对传统观念和传统行业挑战的信心和欲望，而这种创新精神也往往成为大学生创业的动力源泉，成为成功创业的精神基础。

4）大学生创业的最大好处在于能增长经验、提高能力，以及学以致用；最大的诱人之处是通过成功创业，可以实现自己的理想，证明自己的价值。

（2）弊端。

1）由于社会经验不足，大学生常常盲目乐观，没有充足的心理准备。对于创业中的挫折和失败，许多创业者感到十分痛苦，甚至沮丧、消沉。看到成功，更要看到失败，这才是应有的心理准备，也只有这样，才能使年轻的创业者更加理智。

2）急于求成、缺乏市场意识及商业管理经验，是影响大学生创业成功的重要因素。大学生虽然掌握了一定的书本知识，但终究缺乏必要的实践能力和经营管理经验。此外，由于大学生对企业运营等缺乏足够的实践经验，很难快速胜任企业经理人的角色。

3）大学生对创业的理解还停留在仅有一个奇妙想法与概念上。在大学生提交的相当一部分创业计划书中，许多人还试图用一个自认为很新奇的创意来吸引投资。这样的事以前确实有过，但在今天几乎是不可能了。现在的投资人看重的是创业计划真正的技术含量，以及市场的潜力。而对于这些，创业者必须有一整套科学细致的可行性论证与实施计划。

4）大学生的市场观念较为淡薄。不少大学生乐于向投资人大谈自己的技术如何领先与独特，却很少涉及这些技术或产品究竟会有多大的市场空间。就算谈到市场的话题，他们也多半只会计划花钱做广告，而对于诸如目标市场定位与营销手段组合这些重要方面，则几乎没有概念。其实，先进的东西并不一定能引起投资人的兴趣，而那些技术含量一般却能切中市场需求的产品或服务，常常会得到投资人的青睐。同时，创业者应该有非常明确的市场运营规划，能强有力地证明赢利的可能性。

4. 大学生创业的必备条件

（1）经验。大学生长期待在校园，对社会缺少了解，更缺乏企业经营管理的实践经验，很容易陷入自以为是、眼高手低的误区。因此，大学生创业前要做好充分的准备：一方面，积极参加创业培训，接受专业指导，积累创业知识；另一方面，参加学校组织的社会实践或从事兼职工作，积累相关经验，提高创业成功率。

（2）资金。通常，大学生缺乏收入来源，缺少创业启动资金。巧妇难为无米之炊，没有资金，再好的创意也难以落地。因此，大学生创业要拓展思路，在创业项目选择上，发挥智力资本优势，选择轻资本或无资本项目。在拓宽筹资渠道上，除了自筹资金、银行贷款等传统途径外，还可利用创业基金、天使投资、风险投资等融资渠道。

（3）技术。发挥智能因素，已成为大学生创业的特色之路。很多风险投资往往因为看中了大学生所掌握的先进技术，而对其创业项目进行投资。因此，计划在高科技领域创业的大学生，一定要重视技术创新，开发创新型产品，吸引投资商。

5. 大学生创业的学习途径

（1）校园途径。通过课堂上的创业通识教育，能够了解基本的创业理论；在大学图书馆，通常能找到创业指导方面的报刊和书籍，可以增加对创业管理的了解；创新创业社团活动能锻炼各种创业实践能力，为大学生创业积累实践经验。

（2）与人交流。大学生在日常生活中，往往会碰到创业成功的优秀人才或事业有成的企业家。同时，也可以找有创业经验的亲朋好友交流，得到最直接的创业经验和教训。甚至还可以通过电话或电子邮件向自己崇拜的商界人士请教。

（3）媒体资讯。一是纸质媒体，如《创业邦》《中国企业家》《商界》等；二是网络媒体，创业类、管理类、营销类网站是必要的，如全国大学生创业服务网、创业邦、MBA智库等；三是创业类 App，如投资界、青创头条等。

（4）先就业再创业。先就业再创业是当下很多大学生的选择。毕业后，由于社会阅历和创业经验等准备不足，大学生可以先到与创业行业相关的企业积累一定的知识和经验，然后再创业。

（5）创业实践。大学生的创业实践是学习创业知识、积累创业经验的最好途径。间接的创业实践，主要通过某些课程的角色扮演、情景模拟完成；可以参加校内外举办的各类创业大赛、模拟经营大赛、营销大赛等；对知名企业家的成长经历、典型创业案例进行分析研究，也属于间接学习范畴。直接的创业实践主要通过课余兼职、假期工作、申请专利、试办公司等进行；也可通过举办创意项目活动、创建网上店铺等形式实现。

总之，创业知识广泛存在于大学生的生活、学习之中，只要善于发现，勤于思考，总能创造到创业所需的条件。

6. 大学生创业的项目选择

（1）选择个人感兴趣或擅长的项目。"兴趣是最好的导师"，这句话同样适用于创业。对于创业者来说，能遇到感兴趣或擅长的创业项目是一件比较幸运的事，这样的创业项目一般既符合自己的创业意愿，创业者又有一定的专业基础，更容易上手，更有动力坚持下去，也更容易走向成功。

（2）选择投资成本较低的项目。对于多数大学生来说，由于自身缺少社会实践经验，缺乏创业运作经验，创业之初总会经历几个项目。选择低成本的创业项目，一方面投资较少，创业者的资金压力较小；另一方面，船小好掉头，如创业项目验证不可行，可及时撤出，进入其他项目。

（3）选择风险较小的项目。风险较小的创业项目更适合作为多数大学生的创业初选项目，这是由大学生的实践经验、资金实力、风险承受能力等自身因素限制的，也是由积累创业资本、丰富实践经验、锻炼经营能力等创业目的因素共同决定的。

（4）选择客户认知度较高的项目。客户认知度较高的项目一般具有良好的社会认知度、广泛的顾客消费群体、较成熟的商业模式等特点。这样的创业项目一般有成功经验或模式可供借鉴，客户开发成本也较低，创业风险较小，成功可能性更大。

（5）选择市场消耗比较频繁或购买频率比较高的项目。这类创业项目具有普遍的商业机会、成熟的运营模式、大量的消费群体等特点，对企业运营能力和客户管理与开发能力要求较高。作为创业项目能够快速入门，积累大量实践经验，快速提高企业经营能力。

（6）先选择网络创业，后进入实体创业项目。电子商务已经成为社会生活的重要组成部分，也已成为很多在校大学生创新创业的重要平台。网络创业具有形式多样、启动资金少、运营成本低、时空限制少、方式灵活等特点，大学生可以利用网络创业积累经验和资金，验证和优化经营模式，积累和开发市场资源。待企业发展到一定规模且时机成熟时，再进入实体创业项目，可使企业得到更好的发展。

7. 大学生创业的领域

（1）高科技领域。大学校园往往是新理念、新技术产生和传播的发源地，高校学生具有"近水楼台先得月"的优势，"大疆无人机""今日头条""36 氪"等大学生创业企业的成功，就得益于此。有意在高科技领域创业的大学生，可积极参加相关的比赛项目和学术活动，从而获得脱颖而出的机会。

（2）智力服务领域。在智力服务领域创业，大学生具有天然优势和更强的竞争力。例如，教育培训领域就非常适合大学生创业，一方面，这是很多大学生勤工俭学的传统渠道；另一方面，大学生能够充分利用教育资源和高校品牌优势，更容易开拓市场。

（3）连锁加盟领域。统计资料显示，在相同的经营领域，个人创业的成功率低于 20%，而加盟创业则高达 80%。对创业资源十分有限的大学生来说，借助连锁加盟的品牌、模式、采购、技术、营销等优势，可以较少的投资、较低的门槛实现自主创业。但连锁加盟并非"零风险"，在连锁品牌良莠不齐的情况下，大学生在选择加盟项目时最好选择运营时间在 5 年以上、拥有 10 家以上加盟店的成熟品牌。

（4）校园店。大学生在校园及周边开店，一方面可充分利用高校丰富的人流资源；另一方面，可以利用熟悉同龄人消费习惯和偏好的优势，推出适销对路的产品和开展针对性的营销活动，扩大销量，提高影响力。

8. 大学生创业的注意事项

（1）创业计划要充分。创业是一项复杂的系统工程，涉及项目选择、资金使用、人才管理、企业运营等诸多领域。因此，大学生创业前一定要进行细致的准备：第一，要通过各种渠道学习创业理论；第二，要根据自己的实际情况选择合适的创业项目；第三，要撰写一份详细的创业计划书，包括市场机会评估、商业模式分析、创业过程中可能遇到的问题与对策等，打有准备之仗。

（2）学习政策，用好政策。各级政府部门都有鼓励和支持大学生创业的政策，创业时一定要认真学习，努力争取相关政策的支持，如财政支持、信贷优惠、税收减免等。这些政策可以大幅降低创业风险，减少创业初期的成本支出。

（3）经商之道，战略制胜。创业活动实质上是一场"斗智斗勇"的"智力游戏"，是竞争者之间的谋略大比拼。因此，常有"商场如战场"一说，面对激烈的市场竞争，大学生创业项目要想站稳脚跟，生存下来，并发展壮大，就必须考虑清楚自己的核心优势是什么，业务领域在哪里，商业模式如何建立，如何开发市场等战略问题，以便明确方向，有的放矢。

（4）养成健康心态，时刻保持清醒。心理素质过硬是创业者能够战胜各种挑战、不断发展壮大的前提。大学生创业者要养成健康的心态，不能好高骛远、急功近利、一意孤行，也不能畏首畏尾、优柔寡断、怨天尤人，而是要树立必胜的信心，养成积极乐观、豁达宽容的心态。创业者要时刻保持清醒的头脑，理性看待外部环境的变化及由此产生的机会与威胁，客观分析企业经营过程中产生的各种问题，理智地做出各种决策，努力为企业发展扫除障碍，抓住机会，争取利益。

9. 大学生创业的相关风险

创业过程中将会出现各种风险，无论采用何种方法，处理风险的基本原则是以最小的成本，获得最大的保障。应对风险的主要方式有回避风险、预防风险、自留风险、转移风险等。大学生创业者要认真分析创业过程中可能遇到的风险、各种风险产生的影响、自身的承受力。大学生创业的风险主要有以下几个方面。

（1）项目选择风险。大学生创业并非毫无代价，也会产生时间成本、资金成本，甚至创业失败还会对自己失去信心。一般来说，大学生创业之初要深入调研、虚心求教、详细规划，依据自身的专业特长、资金实力，尽量选择门槛要求不高、启动资金较少、人员配备不多的项目，从小本经营做起。

（2）技能匮乏风险。很多大学生创业者谈论创业计划时头头是道，待实际执行时才发现自己对关键技能和企业运营知之甚少，这样的创业无异于纸上谈兵。为解决这个问题，大学生创业者应积极参加学校组织的社会实践或到企业兼职实习，积累相关的专业技能和经营管理经验；另一方面，也要积极参加创业培训，掌握创业理论，接受创业指导，提高创业成功率。

（3）资金风险。资金风险在创业初期会常伴左右，是否有足够的资金创办企业，是否有足够的资金维持企业的日常运作，是否有足够的资金投资新的项目或开展新的业务等都是常见问题。对于初创企业来说，如果连续几个月入不敷出或者因为其他原因导致资金链断裂，就会严重影响日常经营甚至关门。因此，创业之初要做好资金规划，广开筹资渠道，资金使用上要加强预算管理，企业经营上要开源节流，确保资金安全。

（4）团队风险。创业企业在诞生或成长过程中最主要的力量来源一般是创业团队，一个优秀的创业团队能使创业企业迅速地发展起来。一旦创业团队的核心成员在某些问题上产生分歧并得不到妥善解决，就有可能对企业造成巨大的影响。同时，做好团队管理工作也非易事，特别是与权力、利益相关时，很多创业团队因此闹得不欢而散。

（5）管理风险。创业失败者，首先都是在管理方面出现问题，主要表现在企业文化畸形、权责不清、沟通不畅、用人不当等方面。所以，大学生创业者要想创业成功，不仅要精通技术，更要学好管理，提高管理能力，这样才能使企业不断发展壮大。

（6）市场风险。经营必然面临竞争，如何面对竞争是每个创业者都要认真考虑的事情。一些不良商家为了独占市场，常会采取低价销售的策略排挤新进入者。对于实力雄厚的企业来说，短时间的低价并不会对其造成致命伤害，而对初创企业则可能是灭顶之灾。因此，研究同业竞争的主要方式及采取何种措施加以应对，是创业之初的主要任务。

（7）意识上的风险。意识上的风险是隐藏在创业者或创业团队思想中的风险，有极强的破坏力。意识风险主要表现为投机心理、侥幸心理、贪婪心理等。

需要特别注意的是，大学生创业过程中可能遇到的风险不止以上七点，造成的危害可能更为严重。大学生创业者只有结合自身优势，不断学习，不断成长，才能越走越稳，越走越远。

10. 大学生创业的相关政策

应届大学毕业生创业。为支持大学生创业，国家各级政府出台了很多优惠政策，涉及融资、开业、税收、创业培训、创业指导等诸多方面。对于打算创业的大学生来说，了解这些政策，才能走好创业的第一步。根据国家有关规定，应届大学毕业生创业可享受在校大学生无息创业贷款、融资支持、房租补贴、成果转化支持、创业税收优惠、免收有关行政事业性收费、培训补贴、免费创业服务、取消高校毕业生落户限制政策。

教育部官网于 2022 年 11 月 16 日正式公布《关于做好 2023 届全国普通高校毕业生就业创业工作的通知》（以下简称《通知》），部署各地各高校深入学习贯彻党的二十大精神，实施"2023 届全国普通高校毕业生就业创业促进行动"，千方百计促进高校毕业生多渠道就业创业。

《通知》指出，深入开展全国高校书记校长访企拓岗促就业专项行动，组织开展"校园招聘月""就业促进周"等岗位开拓和供需对接系列活动。实施"万企进校园计划"，高校要创造条件主动邀请用人单位进校招聘。

《通知》还要求，高校应建设高质量就业指导服务体系，全面加强就业指导，健全完善分阶段、全覆盖的大学生生涯规划与就业指导体系，为学生提供个性化就业指导和服务。深入推进就业育人，引导高校毕业生从实际出发选择职业和工作岗位。

任务实施

1. 任务讨论

讨论创业的过程。

2. 任务执行

（1）把全班同学分成两大组，第一组学生负责访问企业，第二组负责了解管理者。

（2）第一组学生走访某一个企业，要求学生了解该企业组织机构的形式。

（3）第二组学生走访某一位管理者，向管理者了解他的职位、工作职能、胜任该职务所需的管理素质和技能等情况。

3. 总结评价

（1）每位学生写出访问报告或小结。

（2）教师评阅后写出评语、小结，组织全班交流。

实践训练

实训项目——企业创新方案

1. 实训目标

通过对某企业创新方案的设计，进一步深化对创新的认识与理解，熟悉企业创新内容，提升自己分析问题、解决问题的能力。

2. 实训内容

（1）充分调查和收集某企业的相关信息。

（2）分析其技术、制度、组织结构状况，指出存在的问题。

（3）针对该企业存在的问题提出方案。

3. 实训要求

（1）学生以小组为单位分别联系相关企业，采用多种方法获取该企业详尽的信息。

（2）对收集的信息进行详细分析，指出其存在的问题，并提出相应的创新实施方案。

（3）每个小组上交一份创新设计方案。

4. 成果评价

（1）要求学生填写实训报告，内容包括实训项目、实训目的、实训内容、本人承担任务及完成情况、实训小结。

（2）教师评阅后写出实训评语、实训小结，组织全班交流。

案例分析

今日头条创始人张一鸣的创业史

1983 年，张一鸣出生于福建龙岩一个事业单位家庭，父亲在东莞开办电子产品加工厂，母亲是护士。与事业单位大院里其他父母对子女严加管束不同，热爱尝试新鲜事物的父母很早就给了张一鸣一个比较宽松的环境，让他在很小的时候就能自主决定自己的人生走向。

2001 年，18 岁的张一鸣考进南开大学，他报考了微电子专业，但是学习成效却并不理想，"花两个多小时，才做好一个正弦波信号发生器，还经常不能发射"。因此，张一鸣申请转到软件工程专业。换专业之后，张一鸣立马找到了感觉。在读书期间发明了一个电路板自动化软件，并获得了全国大学生"挑战杯"二等奖。

2005 年，张一鸣大学刚毕业，当时的互联网行业已经走出寒冬。他的一位师兄在 BBS 上看了他的背景资料，找他一起创业。这位师兄只在电话中简单地告诉张一鸣，他即将开发一款挺有需求的产品，市面上的产品都做得不好，但只要按照他的思路就能做出很好、很有用的产品。张一鸣回忆说："这种对话比较容易吸引我。不必说上市、赚钱这些事情，先打电话再面对面吃饭。"那场对话两周后，张一鸣决定加入师兄团队，他们创业目标是开发一款面向企业的 IAM 协同办公系统，但由于产品的市场定位失误，最终项目失败。

2006 年，张一鸣为旅游搜索网站酷讯研发出国内第一个全旅游搜索引擎。在酷讯工作时，有件事让张一鸣感受强烈：他想订一张回家的火车票，但那时去火车站买票很难，网上也不知道何时会出现二手票。酷讯当时已有的搜索是需要用户主动输入信息去搜，实时查询二手票信息。于是，张一鸣在午饭时段花了一个小时写出一个自动化查票程序，让网站机器定时自动帮他搜索火车票信息，通过这个程序，张一鸣很快就买到了所需的车票。这件事情给了张一鸣很大的启发，他一直在思考，如何更有效地发现信息。2008 年，张一鸣离开酷讯，去了微软，但是进入大公司之后，张一鸣感觉没有清晰、强烈的目标，每天都在做一些离用户很远的基础开发，所以，他又选择了离开。

2008 年 9 月，张一鸣以技术合伙人的身份加入饭否，饭否是美团王兴所创办的公司，两位福建老乡在这个时候结下了缘分。2009 年 10 月，饭否关闭，当时从饭否离职了两个人，其中一个就是张一鸣。离开饭否之后，张一鸣创办了垂直房产搜索引擎"九九房"，6 个月内推出了掌上租房、掌上买房等 5 款移动应用，两年便"拿下"150 万用户，成为当时房产类应用的第一名。在此期间，张一鸣对于移动互联网有了更加清晰的认识，"我这时候对移动市场有了认识，感觉个性化信息推荐在手机上的需求更大"。为此，他辞去了九九房的职务，开始了自己的第五次创业。

2012 年，张一鸣创办了字节跳动公司，开始了内容创业之旅。当时的互联网大公司都对内容创业不重视，张一鸣却看中了。张一鸣坚信："越是在移动互联网上，越是需要个性化的个人信息门户。我们就是为移动互联网而生的。"之后推出了今日头条，作为新闻类 App，今日头条从上线到拥有 1 000 万用户只用了 90 天，并于 2012 年 7 月获得 SIG 海纳亚洲等数百万美元 A 轮投资，2013 年 9 月获得 DST 等数千万美元 B 轮投资。2014 年 6 月 3 日，获得 1 亿美元 C 轮融资，红杉资本领投，新浪微博跟投。此轮融资估值 5 亿美元。截至 2015 年 4 月，今日头条已经为 2.4 亿的用户服务，日活跃用户超过 2 000 万。

目前，字节跳动旗下产品包括今日头条、抖音、火山小视频、西瓜视频、激萌等，所有产品月活跃用户超过 4 亿，其中，抖音更是现象级产品，日活跃用户超过 1.8 亿。

请根据上面的案例，回答以下问题。

（1）张一鸣创业的特征有哪些？

（2）谈谈张一鸣创业成功给你的启示。

项目测试

一、单选题

1. 从作为管理职能的基本内容来看，创新可分为目标创新、技术创新、制度创新和（　　）。

　　A. 局部创新　　　　　　　　　　B. 整体创新

　　C. 自发创新　　　　　　　　　　D. 环境创新

2. 形成比以前能更好地适应组织内外部环境变化，更有效地利用资源的新概念、新看法或新构想的活动，称为（　　）。

　　A. 观念创新　　　　　　　　　　B. 目标创新

　　C. 技术创新　　　　　　　　　　D. 组织创新

3. 关于创业的概念，下列理解错误的是（　　）。

　　A. 创业是一个复杂的创造过程　　B. 创业必须要付出大量的时间和精力

　　C. 创业一般没有什么风险　　　　D. 创业将给创业者带来回报

4. 创业按其对市场和个人的影响程度分类，下列选项不正确的是（　　）。

　　A. 复合型创业　　　　　　　　　B. 模仿型创业

　　C. 安定型创业　　　　　　　　　D. 冒险型创业

二、简答题

1. 创新有哪些特征？

2. 管理创新对企业发展有哪些作用？

3. 制度创新包括哪些内容？

4. 大学生创业的优劣势有哪些？

5. 大学生创业的基本能力有哪些？

参 考 文 献

[1] 张玉利，陈寒松，薛红志，等. 创业管理基础版 [M]. 4 版. 北京：机械工业出版社，2017.

[2] 张帏，姜彦福. 创业管理学 [M]. 北京：清华大学出版社，2018.

[3] 杨雪梅，王文亮. 大学生创新创业教程 [M]. 北京：清华大学出版社，2017.

[4] 苏世彬，陈永正. 创业管理 [M]. 2 版. 北京：高等教育出版社，2019.

[5] 陈劲，郑刚，蒋石梅.《创新管理：赢得持续竞争优势》案例集 [M]. 北京：北京大学出版社，2017.

[6] 张香兰，程培岩，史成安，等. 大学生创新创业基础 [M]. 北京：清华大学出版社，2018.

[7] 郭友鹏，高泽金. 大学生创新创业实务 [M]. 北京：高等教育出版社，2017.

[8] 周苏，褚赞. 创新创业：思维、方法与能力 [M]. 北京：清华大学出版社，2017.

[9] 王利平. 管理学原理 [M]. 4 版. 北京：中国人民大学出版社，2017.

[10] 王关义. 现代企业管理 [M]. 5 版. 北京：清华大学出版社，2019.

[11] 黄津孚. 现代企业管理原理 [M]. 北京：清华大学出版社，2017.

[12] 荆全忠. 现代企业管理 [M]. 2 版. 北京：北京大学出版社，2016.

[13] 宁凌. 现代企业管理 [M]. 2 版. 北京：机械工业出版社，2019.

[14] 齐永兴. 现代企业经营管理——理论与实验模拟 [M]. 北京：经济科学出版社，2015.

[15] 胡建宏. 现代企业管理 [M]. 2 版. 北京：清华大学出版社，2017.

[16] 吴吉明，王慧. 管理学原理 [M]. 北京：北京理工大学出版社，2019.